REGIMES ALIMENTARES E QUESTÕES AGRÁRIAS

SÉRIE ESTUDOS CAMPONESES E MUDANÇA AGRÁRIA

Conselho Editorial

Saturnino M. Borras Jr
International Institute of Social Studies (ISS)
Haia, Holanda
College of Humanities and Development Studies (COHD)
China Agricultural University
Pequim, China

Max Spoor
International Institute of Social Studies (ISS)
Haia, Holanda

Henry Veltmeyer
Saint Mary's University,
Nova Escócia, Canadá
Autonomous University of Zacatecas
Zacatecas, México

Conselho Editorial Internacional

Bernardo Mançano Fernandes
Universidade Estadual Paulista – Unesp
Brasil

Raúl Delgado Wise
Autonomous University of Zacatecas
México

Ye Jingzhong
College of Humanities and Development Studies (COHD)
China Agricultural University
China

Laksmi Savitri
Sajogyo Institute (SAINS)
Indonésia

FUNDAÇÃO EDITORA DA UNESP

Presidente do Conselho Curador
Mário Sérgio Vasconcelos

Diretor-Presidente
Jézio Hernani Bomfim Gutierre

Editor-Executivo
Tulio Y. Kawata

Superintendente Administrativo e Financeiro
William de Souza Agostinho

Conselho Editorial Acadêmico
Áureo Busetto
Carlos Magno Castelo Branco Fortaleza
Elisabete Maniglia
Henrique Nunes de Oliveira
João Francisco Galera Monico
José Leonardo do Nascimento
Lourenço Chacon Jurado Filho
Maria de Lourdes Ortiz Gandini Baldan
Paula da Cruz Landim
Rogério Rosenfeld

Editores-Assistentes
Anderson Nobara
Jorge Pereira Filho
Leandro Rodrigues

UNIVERSIDADE FEDERAL DO RIO GRANDE DO SUL

Reitor
Carlos Alexandre Netto

Vice-Reitor e Pró-Reitor de Coordenação Acadêmica
Rui Vicente Opperman

EDITORA DA UFRGS

Diretor
Alex Niche Teixeira

Conselho Editorial
Carlos Pérez Bergmann
Claudia Lima Marques
Jane Fraga Tutikian
José Vicente Tavares dos Santos
Marcelo Antonio Conterato
Maria Helena Weber
Maria Stephanou
Regina Zilberman
Temístocles Cezar
Valquiria Linck Bassani
Alex Niche Teixeira, *presidente*

PHILIP MCMICHAEL

REGIMES ALIMENTARES E QUESTÕES AGRÁRIAS

Tradução
Sonia Midori

Revisão Técnica
Bernardo Mançano Fernandes
Sergio Schneider

© 2013 Fernwood Publishing
© 2016 Editora Unesp

Título original: *Food Regimes and Agrarian Questions*

Livro pertencente à série "Agrarian Change and Peasant Studies" (Estudos Camponeses e Mudança Agrária)

Fundação Editora da Unesp (FEU)
Praça da Sé, 108
01001-900 – São Paulo – SP
Tel.: (0xx11) 3242-7171
Fax: (0xx11) 3242-7172
www.editoraunesp.com.br
www.livrariaunesp.com.br
feu@editora.unesp.br

Editora da UFRGS
Rua Ramiro Barcelos, 2500
90035-003 – Porto Alegre – RS
Tel./Fax: (0xx51) 3308-5645
http://www.ufrgs.br/
admeditora@ufrgs.br

CIP – Brasil. Catalogação na publicação
Sindicato Nacional dos Editores de Livros, RJ

M429r

Mcmichael, Philip
  Regimes alimentares e questões agrárias / Philip McMichael; tradução Sonia Midori. – 1. ed. – São Paulo; Porto Alegre: Editora Unesp; Editora da UFRGS, 2016.

Tradução de: Food Regimes and Agrarian Questions
ISBN Editora Unesp 978-85-393-0597-1
ISBN Editora UFRGS 978-85-386-0286-6

1. Regime alimentar. 2. Soberania alimentar. 3. Questão agrária. 4. Segurança alimentar. I. Título

15-23377

CDD: 630.277
CDU: 631.95

Editora afiliada:

Asociación de Editoriales Universitarias
de América Latina y el Caribe

Associação Brasileira de
Editoras Universitárias

SÉRIE ESTUDOS CAMPONESES E MUDANÇA AGRÁRIA DA ICAS

A série Estudos Camponeses e Mudança Agrária da Initiatives in Critical Agrarian Studies (Icas – Iniciativas em Estudos Críticos Agrários) contém "pequenos livros de ponta sobre grandes questões" em que cada um aborda um problema específico de desenvolvimento com base em perguntas importantes. Entre elas, temos: Quais as questões e debates atuais sobre as mudanças agrárias? Como as posições surgiram e evoluíram com o tempo? Quais as possíveis trajetórias futuras? Qual o material de referência básico? Por que e como é importante que profissionais de ONGs, ativistas de movimentos sociais, agências oficiais e não governamentais de auxílio ao desenvolvimento, estudantes, acadêmicos, pesquisadores e especialistas políticos abordem de forma crítica as questões básicas desenvolvidas? Cada livro combina a discussão teórica e voltada para políticas com exemplos empíricos de vários ambientes locais e nacionais.

Na iniciativa desta série de livros, "mudança agrária", um tema abrangente, une ativistas do desenvolvimento e estudiosos de várias disciplinas e de todas as partes do mundo. Fala-se aqui em "mudança agrária" no sentido mais amplo para se referir a um mundo agrário--rural-agrícola que não é separado e deve ser considerado no contexto de outros setores e geografias: industriais e urbanos, entre outros. O foco é contribuir para o entendimento da dinâmica da "mudança", ou seja, ter um papel não só nas várias maneiras de (re) interpretar o mundo agrário como também na mudança, com clara tendência favorável às classes trabalhadoras, aos pobres. O mundo agrário foi profundamente transformado pelo processo contemporâneo de globalização neoliberal e exige novas maneiras de entender as condições estruturais e institucionais, além de novas visões de como mudá-las. A Icas é uma *comunidade* mundial de ativistas do desenvolvimento e estudiosos de linhas de pensamento semelhantes que trabalham com questões agrárias. É um *terreno coletivo*, um espaço comunal para estudiosos críticos, praticantes do desenvolvimento e ativistas de movimentos. É uma iniciativa pluralista que permite trocas vibrantes de opiniões entre diferentes pontos de vista ideológicos progressistas. A Icas atende à necessidade de uma iniciativa baseada e concentrada em *vinculações* – entre acadêmicos, praticantes de políticas de desenvolvimento e ativistas de movimentos sociais, entre o Norte e o Sul do mundo e entre o Sul e o Sul; entre setores rurais-agrícolas e urbanos-industriais; entre especialistas e não especialistas. A Icas defende uma produção conjunta que *se reforce mutuamente* e um compartilhamento de conhecimentos que seja *mutuamente benéfico*. Promove o *pensamento crítico*, ou seja, os pressupostos convencionais são questionados, as propostas populares são examinadas criticamente e novas maneiras de questionamento são buscadas, compostas e propostas. Promove *pesquisas e estudos engajados*; assim se enfatizam pesquisas e estudos que, ao mesmo tempo, sejam interessantes em termos acadêmicos e relevantes em termos sociais; além disso, compreende ficar ao lado dos pobres.

A série de livros é sustentada financeiramente pela ICCO (Organização de Igrejas para a Cooperação no Desenvolvimento), nos Países Baixos. Os editores da série são Saturnino M. Borras Jr., Max Spoor e Henry Veltmeyer. Os títulos estão disponíveis em vários idiomas.

Sumário

Prefácio à edição brasileira 1
Eduardo Paulon Girardi

Prefácio 7
Saturnino M. Borras Jr., Max Spoor e Henry Veltmeyer

Agradecimentos 11

1 – O projeto de regime alimentar 13
    Análise do regime alimentar 16
    Contornos do regime alimentar 18
    Método do regime alimentar 21
    Especificações do regime alimentar 23
    Conclusão: Um mundo pós-regime alimentar? 34

2 – Formas históricas do regime alimentar 37
    A pré-história do regime alimentar 39
    A estruturação do regime alimentar e sua reestruturação 41
    Conclusão 60

3 – O regime alimentar corporativo   63
   Um terceiro regime alimentar?   64
   O regime alimentar corporativo   71
   Soberania alimentar   84
   Conclusão   88

4 – Regimes alimentares e a questão agrária   89
   A reformulação da questão agrária?   90
   A questão agrária no regime alimentar   93
   Questão agrária ou crise agrária?   97
   A inversão das políticas de questão agrária   102
   Uma questão agrária do alimento   110
   Conclusão   114

5 – Reformulações do regime alimentar   117
   Análise do regime alimentar regional   117
   Relações do regime alimentar   132
   Conclusão   148

6 – Crise e reestruturação   149
   Crise? Que crise?   150
   Crise da acumulação de capital   156
   A reestruturação do regime alimentar corporativo   160
   A fronteira do capital   168
   A mercantilização da segurança agrária   170
   Conclusão   175

7 – O regime alimentar e as relações de valor: quais valores?   177
   As relações de valor   179
   Revisitando a questão agrária   182
   Reprodução social *versus* reprodução do capital   186

Recampesinização: uma reavaliação da
questão agrária? 194
Soberania alimentar 197
Ascensão 204
Conclusão 208

Glossário 211
Referências bibliográficas 217
Índice remissivo 247

PREFÁCIO À EDIÇÃO BRASILEIRA

Eduardo Paulon Girardi

A publicação em português do livro *Regimes alimentares e questões agrárias* é, sem dúvida, uma grande contribuição para levar a um público mais amplo o conjunto de interpretações esclarecedoras que Philip McMichael apresenta sobre as relações entre a questão agrária e os problemas alimentares no mundo. O objetivo da Icas – de publicar livros de ponta sobre grandes questões – foi certamente atingido com esta obra.

Regime alimentar é o principal instrumento analítico que o autor utiliza na sua argumentação. Esse conceito compreende o "modo como a cadeia alimentar interliga e transforma as diversas culturas mundiais por meio da mercantilização"; "não se trata apenas do alimento em si, mas da política das relações alimentares" e suas ligações com a ordem mundial e períodos de acumulação definidos. Segundo as postulações de Friedmann (1993) retomadas por McMichael, "o conceito de regime alimentar define uma ordem mundial capitalista regida pelas regras que estruturam a produção e o consumo de alimentos em escala mundial". Em suma, *regime alimentar* refere-se à forma como os alimentos são utilizados em escala global para o processo de acumulação.

A espinha dorsal do livro está nas implicações para o campo e para a alimentação humana dos três regimes alimentares estabelecidos em escala global. O primeiro seria o *regime alimentar imperial*, determinado pela Grã-Bretanha (décadas de 1870-1930); o segundo, *regime alimentar intensivo*, centrado nos Estados Unidos (décadas de 1950-1970) e o terceiro, *regime alimentar corporativo*, dirigido pelas corporações (décadas de 1980-2000). Também é central no livro o desfecho ao qual levará a crise estabelecida no regime alimentar corporativo, cuja perspectiva para McMichael é a migração para novas formas de tratar a agricultura e os alimentos, baseadas sobretudo nos princípios da soberania alimentar. Essa mudança seria gestada na própria crise do regime corporativo, com problemas alimentares que distanciam cada vez mais os povos da soberania alimentar e alcançam níveis críticos social e ambientalmente. Um dos indicativos dessa transformação seria o processo de recamponização que ocorre em alguns países e o surgimento de fortes debates e movimentos em torno da soberania alimentar, alavancados principalmente pela Via Campesina e pelos movimentos a ela ligados.

Uma das principais contribuições do livro é demonstrar como o controle da produção (o que, como e onde se produz) e da distribuição de alimentos em escala mundial foi determinado pelos agentes político-econômicos dominantes nos regimes alimentares (Inglaterra, Estados Unidos e grandes corporações) como instrumento para garantir o processo geral de acumulação na indústria. Isso resultou em alimentos cada vez mais baratos para os trabalhadores urbanos (acalmando os estômagos revoltosos) e liberou braços empobrecidos do campo, transformando o alimento cada vez mais em uma mera mercadoria. Além disso, o próprio alimento abria novas possibilidades para o processo de acumulação (demanda de máquinas e insumos industrializados para a agricultura, produção, circulação, transformação/industrialização e varejo do alimento-mercadoria). O preço foi pago principalmente pelas populações nativas das novas terras colonizadas e transformadas em fronteira agrícola e pelos camponeses, desintegrados na concorrência desigual com a grande agricultura industrial.

A relação de submissão Norte-Sul global é frequentemente salientada por McMichael. Na análise geral, o Sul consistiu na fonte de novas terras e mais alimentos para a acumulação nos países centrais. Essas novas terras receberam milhões de imigrantes europeus desnecessários para o processo de acumulação no Velho Mundo, os quais passaram a produzir alimentos mais baratos para exportação, constituindo assim o processo de acumulação nas novas terras. É um histórico de transferência de calorias alimentares do Sul para o Norte e de empobrecimento e destruição do campesinato no Sul, muito mais rápido e intenso do que no Norte, cujos agricultores contam com subsídios disfarçados em políticas de desenvolvimento rural.

Embora o Brasil não seja analisado em detalhe, o leitor familiarizado com a bibliografia da questão agrária local conseguirá traçar conexões claras entre os objetivos globais nos três regimes alimentares e os processos internos referentes ao campo brasileiro, a exemplo da produção de açúcar no período colonial, da imigração de milhões de europeus, da permanência e do investimento intensivo na grande agricultura capitalista, da relação entre as políticas agrícola e agrária do regime militar e o regime alimentar, da abertura da fronteira agropecuária no Cerrado e na Amazônia e do estabelecimento da produção de grãos e carnes gerenciados hegemonicamente pelas grandes corporações americanas e europeias no país. É possível compreender o Brasil como mais uma peça no sistema montado pelos regimes alimentares.

Os problemas decorrentes dos três regimes alimentares são tratados por McMichael a partir da perspectiva da *soberania alimentar*, principalmente como é proposta pela Via Campesina, que enfoca os aspectos de proximidade entre produtores e consumidores locais, práticas agroecológicas e direitos dos produtores e consumidores de alimentos sobre qualidade e variedade. Segundo o autor, para o contexto do livro, a soberania alimentar

é um movimento civilizacional, que combina uma crítica conjuntural à "segurança alimentar" neoliberal (como um jogo de poder corporativo e um estratagema ao equiparar a agroexportação ao conceito de "alimentar o mundo") com os princípios *longue dureé* de autodeterminação reconfigurados como direitos democráticos para e de cidadãos e seres humanos.

No decorrer do livro McMichael elenca e analisa vários problemas gerados pelos três regimes alimentares, com ênfase no corporativo, cujos princípios são: o aumento das distâncias entre local de produção e de consumo e entre produtores e consumidores; dependência alimentar de vários países; a extrema industrialização e artificialização dos alimentos; a expropriação de povos nativos e a desintegração dos camponeses; a intercambiação crescente entre uso alimentar e energético dos produtos agrícolas; a queda constante do preço pago aos agricultores pelos alimentos que produzem; concentração do controle dos estoques globais por um pequeno número de corporações; financeirização da agricultura; mudanças nas culturas alimentares locais; diminuição da diversidade de cultivares; ameaça à diversidade biológica; problemas de saúde causados por dietas inadequadas e pelo uso crescente de agrotóxicos; superexploração ambiental; permanência da fome no mundo. Como propõe o autor, a perspectiva de novas formas de agricultura baseadas na soberania alimentar pode contribuir para resolver esses problemas gerados pelos regimes alimentares.

Contudo, talvez a face mais contraditória de todo esse processo e seu elo mais devastador com a questão agrária seja o fato de que a fome é hoje um fenômeno rural. A maior parte da população faminta do mundo constitui-se de agricultores empobrecidos pela evolução dos regimes alimentares. Para McMichael, todos os problemas já mencionados, agravados pela fome mundial e pela crise alimentar, correspondem a "uma crise de alerta de governança e, talvez, uma crise terminal de sustentabilidade". Nisso estaria o motor dos debates e movimentos baseados na soberania alimentar, *sementes* de novas formas de conceber a produção e o consumo de alimentos no mundo.

Como o próprio autor escreve, a abordagem da questão agrária no livro é situada no contexto histórico-mundial e examinada a partir das lentes do regime alimentar, de modo que a interpretação centra-se não somente na discussão clássica sobre o capital, mas principalmente considera a "ecologia e os agricultores/camponeses como temas históricos; uma questão agrária reformulada refere-se a quem deve cultivar a terra e com que finalidade socioecológica". A perspectiva aqui apresentada é a da gestação, no interior da crise da agricultura industrial, de um "novo campesinato com potencial de sustentabilidade agrícola", permitindo assim maior proximidade da soberania alimentar e considerando a agricultura industrial apenas como alternativa. Com isso haveria então a possibilidade de "extrair uma lógica saudável de reprodução de relações sociais e ecológicas".

Como livro revelador, *Regimes alimentares e questões agrárias* permite que o leitor compreenda que o que chega ao seu prato (o que, quanto e com qual qualidade) não é exatamente fruto de sua própria escolha e muito menos da escolha dos agricultores, mas sim determinado por projetos muito mais amplos que submetem países, povos, agricultores e consumidores às necessidades do processo incansável de acumulação do capital. Como esperança para o drama dos agricultores camponeses empobrecidos, daqueles seres humanos que não comem e dos que comem comida não saudável, estão as propostas da soberania alimentar capitaneadas principalmente pelos movimentos sociais e cuja agricultura camponesa de base agroecológica se apresenta como a mais apta a fornecer resultados social e ambientalmente mais sustentáveis.

PREFÁCIO

Regimes alimentares e questões agrárias de Philip McMichael é o terceiro volume da Série Estudos Camponeses e Mudança Agrária publicada pela Initiatives in Critical Agrarian Studies (Icas – Iniciativas em Estudos Críticos Agrários). O primeiro é *Dinâmicas de classe da transição agrária*, de Henry Bernstein, e o segundo, *Camponeses e a arte da agricultura*, de Jan Douwe van der Ploeg. O livro de Phil é a sequência perfeita, na medida em que toma por base e trata dos principais temas abordados nos dois anteriores. Juntas, essas três obras reiteram a importância estratégica e a relevância das lentes analíticas da economia política agrária nos estudos agrários da atualidade. Estabelecem para a série um padrão politicamente relevante e cientificamente rigoroso.

Uma breve explanação ajudará a enquadrar este volume no projeto intelectual e político da Icas. A pobreza global persiste de modo significativo como um fenômeno rural, respondendo por três quartos da população mundial de pobres. Desse modo, a problemática da pobreza global e o desafio de sua extinção, que é uma questão multidimensional (econômica, política, social, cultural, de gênero, ambiental etc.), relacionam-se intimamente com a resistência dos trabalhadores do campo contra o sistema que gera e continua a reproduzir as condições de pobreza rural e sua luta por uma subsistência sustentável. A preocupação com o desenvolvimento no campo e a manutenção desse foco permanecem cruciais para a concepção do desenvolvimento. No entanto, isso não implica uma dissociação entre as questões rurais e as urbanas. O desafio está em compreender melhor as conexões existentes entre ambas, em parte porque os caminhos propostos por políticas neoliberais para superar a pobreza rural, bem como os esforços empreendidos pela corrente dominante de instituições de desenvolvimento e as entidades financeiras internacionais que travam a guerra contra a pobreza global, em grande medida, simplesmente substituem as formas de pobreza rural pela urbana.

O pensamento dominante sobre os estudos agrários conta com generosos financiamentos e, assim, tem dominado a produção e a publicação de pesquisas e estudos sobre questões agrárias. Muitas das instituições (como o Banco Mundial) que propagam essa perspectiva também produzem e propagam publicações altamente acessíveis e orientadas a políticas que são amplamente disseminadas mundo afora. Pensadores críticos de instituições acadêmicas de ponta desafiam essa corrente dominante de muitas maneiras, mas essas ideias costumam ficar confinadas a círculos acadêmicos, com limitado alcance e impacto popular.

Uma lacuna significativa persiste no atendimento à necessidade de acadêmicos (professores, catedráticos e alunos), ativistas de movimentos sociais e militantes do desenvolvimento dos hemisférios Sul e Norte por livros sobre estudos agrários críticos, que sigam o rigor científico sem deixar de ser inteligíveis e sejam politicamente relevantes, orientados a políticas e acessíveis. Em resposta a essa necessidade, a Icas lançou esta série. Seu objetivo é publicar o "estado da arte" da questão em pequenos livros que tratam de tópicos específicos de desenvolvimento com base em questões estratégicas, tais como: quais são os problemas e objetos de debate atuais sobre o tópico em questão e quem são os mais destacados pesquisadores/pensadores e os efetivos militantes? Como cada um desses pontos de vista surgiu e evoluiu ao longo do tempo? Quais são as possíveis futuras trajetórias? Quais são os principais materiais de referência? Por que e como profissionais de ONGs, ativistas de movimentos sociais, os círculos oficiais de fomento e as entidades doadoras não governamentais, estudantes, acadêmicos, pesquisadores e especialistas devem se engajar nos pontos cruciais explanados no livro? Cada volume combina discussão teórica e orientação política com exemplos empíricos de diferentes cenários nacionais e locais.

A série sobre Mudanças Agrárias ficará disponível em diversos idiomas, pelo menos inicialmente em três línguas além do inglês: mandarim, espanhol e português. A edição asiática é organizada em parceria com a Faculdade de Desenvolvimento e Ciências Humanas da Universidade Agrícola da China, em Pequim, com a coordenação de Ye Jingzhong; a publicação em espanhol é coordenada pelo programa de PhD em Estudos de Desenvolvimento da Universidade Autônoma de Zacatecas, no México, com a coordenação de Raúl Delgado Wise; e esta edição em português é realizada junto à Universidade Estadual Paulista, Presidente Prudente (Unesp) no Brasil, com a coordenação de Bernardo Mançano Fernandes, e à Universidade Federal do Rio Grande do Sul, com a coordenação de Sergio Schneider.

Estamos satisfeitos e honrados em publicar o livro de Henry Bernstein como o primeiro da série, o de Jan Douwe van der Ploeg como o segundo e o de Phil McMichael como o terceiro: juntos, eles formam um conjunto perfeito no que diz respeito à temática, à acessibilidade, à relevância e ao rigor analítico. Estamos entusiasmados e otimistas com o futuro brilhante da série!

Saturnino M. Borras Jr., Max Spoor e Henry Veltmeyer
Editores da Icas Book Series

Agradecimentos

O saudoso Terence K. Hopkins foi quem me introduziu à questão agrária, com uma leitura inspirada de *The Development of Capitalism in Russia* [O desenvolvimento do capitalismo na Rússia], de Lenin, em meu primeiro seminário da graduação. Tornou-se a referência da minha dissertação sobre a questão agrária na Austrália colonial, lida pelo também saudoso Fred Buttel. Com sua intuição fora do comum, Fred convidou Harriet Friedmann a escrever comigo um artigo sobre a história da alimentação e o capitalismo. A brilhante pesquisa de Harriet sobre o mercado mundial de trigo foi precursora da análise do regime alimentar. Aprendi muito com esses três colegas, assim como com Dale Tomich. Preocupavam-nos as questões levantadas pela escola de Binghamton, com base em Hopkins e Immanuel Wallerstein, sobre a história mundial política do capital, suas formas sociais agrárias e o método materialista histórico de Marx. Essas grandes questões supriram o projeto de regime alimentar, promovendo a preciosa colaboração de toda uma carreira com Harriet, apesar de vivermos sob regimes relativamente diversos. Também aprendi muito com meus colegas australianos da Agri-Food Research Network.

No início da década de 1990, Fred Buttel e eu enaltecemos a questão agrária, mas Farshad Araghi logo a reavivou com sua impressionante pesquisa sobre descampesinização. Ele e Raj Patel têm se destacado como formidáveis *provocateurs* intelectuais na última década e meia; e Dia da Costa me ensinou a pensar fora da caixa do capital e perceber a dialética. Meus extraordinários alunos de pós-graduação e o trabalho de Harriet sobre o Toronto Food Policy Council mostraram-me como conectar a pesquisa com o mundo do ativismo. No início da década de 2000, tive a sorte de conhecer Nettie Wiebe em uma reunião organizadora do contramovimento na Cidade do México, em preparativo à Conferência Ministerial de 2003 da OMC. Nettie, um dos membros fundadores da Via Campesina, foi quem despertou meu interesse pelo movimento de soberania alimentar, o que então me levou a Jun Borras, a quem sou grato pela liderança intelectual e moral como um catedrático-ativista, e pelo constante apoio. A energia de Jun é contagiosa – um sinal de nossos tempos; com a publicação desta série e do *The Journal of Peasant Studies*, ele presta um serviço inestimável a pesquisadores e ativistas, sem distinção. Jun e Farshad, além de Jason Moore, contribuíram com seus argutos *insights* e incentivo na preparação deste livro. Kate Kennedy aprimorou o texto com sua cuidadosa revisão e Beverly Rach foi uma editora executiva especialmente complacente.

Regimes alimentares e questões agrárias é uma tentativa de reescrever o projeto do regime alimentar, de modo não tanto abrangente quanto ilustrativo, para suscitar novas questões sobre o mundo agroalimentar, no sentido geral, e a abordagem do regime alimentar, em particular. O trabalho original que Harriet e eu produzimos foi um esboço estilizado do significado político das relações agroalimentares em escala mundial, a ser aprimorado por colegas analistas tanto do mundo acadêmico quanto do ativista. Espero que futuras interpretações aprimorem e ampliem sua promessa como uma lente politizadora sobre as questões agroalimentares.

1
O PROJETO DE REGIME ALIMENTAR

O projeto de regime alimentar é uma análise feita por catedráticos e ativistas da geografia política do sistema alimentar global. Nas extremidades das extensas cadeias de abastecimento alimentar, produtores e consumidores conscientizam-se cada vez mais do alcance global do sistema alimentar no século XXI (Patel, 2007). Os produtores, desde que firmam contratos com grandes empresas como migrantes ou trabalhadores da terra até pequenos agricultores espoliados em nome da eficiência do sistema alimentar global, sabem muito bem como seu trabalho, seus recursos e seus habitats suprem consumidores em toda parte. Estes últimos, abastecidos de hambúrgueres a bifes ao longo da cadeia alimentar global, cada vez mais se deparam com as disparidades entre um produto de procedência conhecida e outro de procedência desconhecida (Bové; Dufour, 2001). O modo como a cadeia alimentar interliga e transforma as diversas culturas mundiais por meio da mercantilização é o tema do projeto de regime alimentar.

O conceito de "regime alimentar" foi um resultado de seu tempo: política nacional de regulação em declínio e "globalização" em alta. A análise de regime alimentar combinou o conceito de sistema-mundo de Immanuel Wallerstein (1974) com o de regulação da acumulação de capital de Michel Aglietta (1979), situando a ascensão e o declínio das agriculturas domésticas no âmbito da história geopolítica do capitalismo. Não se tratava apenas do alimento em si, mas da política das relações alimentares. Segundo uma definição inicial, o regime alimentar associava "as relações internacionais de produção e consumo de alimentos a formas de acumulação que distinguiam de modo genérico os períodos da transformação capitalista desde 1870" (Friedmann; McMichael, 1989, p.95). O capitalismo foi periodizado em termos geopolíticos, e sua periodização coincidiu com dois momentos da existência do Estado-nação. Essa análise elucidou as condições históricas sob as quais o Estado-nação emergiu pelas lentes do comércio agroalimentar. Ele se baseou no *insight* de que a economia nacional integrada, ausente na estratégia britânica de *workshop of the world*,[1] surgiu nos Estados coloniais do Novo Mundo. No caso, os *setores* agrícolas e industriais domésticos eram mutuamente condicionantes.

O projeto de regime alimentar irrompeu no final da década de 1980 em um contexto "desnacionalizante" em que os Estados enfrentavam a perspectiva de transformação interna, pela reestruturação agroalimentar em escala mundial, e externa, considerando-se os novos princípios multilaterais em discussão na Rodada Uruguai do Acordo Geral de Tarifas e Comércio (GATT) (1986-1994). Parecia provável que esses princípios sujeitariam as nações a relações internacionais de propriedade que passavam por uma reestruturação agroalimentar. Após uma década de neoliberalismo, aquele era um momento de transição significativa na organização de nações e economias, sistemas políticos, império e ordem mundial. Estratégias globais de corporações transnacionais suplantavam o comércio administrado da era pós-guerra de regulação nacional. O termo "globalização" migrava da mídia especializada de negócios para o discurso acadêmico e público. Cadeias globais de *commodities* que distribuem durante todo o ano frutas e vegetais provenientes de várias regiões do mundo, conforme a estação climática, tornaram-se cada vez mais organizadas pelo agronegócio especializado em agroinsumos,

---

1 *Workshop of the world* é a expressão utilizada pelos britânicos a respeito de sua própria nação no período pós-Revolução Industrial, aproximadamente de 1815 a 1870, quando não havia nação que conseguisse competir com a Grã-Bretanha em qualidade, produtividade e preço no setor industrial. (N. E.)

cultivo e produção por contratos [*farming contracts*], bem como em processamento e distribuição. As dietas ocidentais resultaram em um comércio de grãos disseminado pelo planeta. A reestruturação agroalimentar desencadeava poderosas forças integradoras, padronizando processos entre regiões ou reconfigurando relações espaciais como elementos diferenciados de um processo global compartilhado (McMichael, 1994, p.3). Nesse sentido, a "globalização" era um processo formativo e contraditório – um *meio de reestruturação*, em vez de uma inevitável finalidade (como se assume comumente no discurso social científico e popular).

O projeto de regime alimentar surgiu, assim, como uma iniciativa metodológica para especificar as relações entre a ordem mundial e o comércio agroalimentar. Segundo ele, episódios de reestruturação e transição são delimitados por períodos de padrões estáveis de acumulação. Trata-se de uma abordagem intrinsecamente *comparativa* da recente história mundial, pois os regimes alimentares oscilam em função do reordenamento político, em uma dinâmica mutuamente condicionante.[2] A distinção entre os dois primeiros regimes alimentares está no papel da instrumentalização do alimento para assegurar a hegemonia global – no primeiro, o projeto britânico de *workshop of the world* conectava a riqueza de um capitalismo industrial emergente com zonas de abastecimento de alimentação barata em expansão pelo mundo; no segundo, os Estados Unidos lançaram mão da ajuda alimentar para criar alianças, mercados e oportunidades para seu modelo agroindustrial intensivo. A hegemonia de mercado define o terceiro regime alimentar e seu papel em um amplo projeto neoliberal dedicado a assegurar rotas transnacionais de capital e *commodities*

---

2 André Magnan observa que "a análise do regime alimentar propõe narrativas históricas estruturais – sempre sujeitas a reinterpretação [...] [em que] elementos históricos formam a base de comparação, mas entende-se também que constroem o todo (regimes alimentares) historicamente. Em contrapartida, as análises de regimes alimentares rastreiam sucessivos períodos de estabilidade e transformação como lentes sobre a evolução histórica do todo... dando prioridade a heterogeneidade e contingência" (2012, p.375), representando uma forma de "comparação incorporada" (McMichael, 1990).

(incluindo alimentos) – transformando pequenos agricultores em uma força de trabalho global informal em prol do capital. A incidência cíclica e os vestígios transicionais dos regimes alimentares sinalizam uma verdade subjacente, a saber, que o sistema estatal está profundamente arraigado em relações agroalimentares. Hoje, no século XXI, a civilização humana não tem nenhum outro fundamento mais importante do que seus ecossistemas e fontes de abastecimento alimentar, e a ordem política contemporânea ignora tal fato por sua (e nossa) conta e risco.

Análise do regime alimentar

O conceito de "regime alimentar" foi formulado inicialmente por Harriet Friedmann (1987), com base em uma pesquisa sobre a ordem alimentar internacional após a Segunda Guerra Mundial. Na investigação, foram demonstrados graficamente a ascensão e o declínio do programa norte-americano de ajuda alimentar como arma geopolítica durante a Guerra Fria (Friedmann, 1982). As evidências de um preço mundial relativamente estável para grãos no curso desse programa (1954-década de 1970) repercutiram em pesquisas sobre um episódio semelhante de um preço mundial administrado de grãos no final do século XIX (Friedmann, 1978), desta vez por meio da relação de importação de alimentos que a Grã-Bretanha estabeleceu com seu "império de livre-comércio" e, em especial, os Estados coloniais que exportavam grãos e carne. Uma investigação sobre a questão agrária e a ascensão do Estado colonial (McMichael, 1984) sugeriu uma ligação sequencial entre esses dois episódios, centrada na troca da guarda imperial: da Grã-Bretanha ao mais poderoso Estado colonial, os Estados Unidos. O pivô da economia mundial capitalista deslocou-se do primeiro para o segundo, à medida que o império britânico sucumbia e a economia norte-americana se consolidava com a "domesticação" do continente. O amadurecimento contínuo do sistema de Estado-nação estava associado inequivocamente à transformação da agricultura e seu papel no comércio mundial de alimentos.

Por conseguinte, em 1989, um artigo preliminar intitulado "Agricultural and the state system: the rise and decline of national agricultures, 1870 to the present" [Sistema agrícola e estatal: ascensão e declínio das agriculturas domésticas, de 1870 até o presente] foi publicado na revista *Sociologia Ruralis*, com a pretensão de explorar "o papel da agricultura no desenvolvimento da economia mundial capitalista e nos rumos do sistema estatal" (Friedmann; McMichael, 1989, p.93). Esse enfoque foi motivado pela sombra lançada pelo desenvolvimentismo no período pós-Segunda Guerra Mundial, uma sombra que agora é atenuada diante das críticas feitas a partir da teoria da dependência e da análise de sistemas-mundo. Duas chaves interpretativas fundamentais animaram nesses intercâmbios o projeto de regime alimentar. A escola convencional, desenvolvimentista, enfatizava a complementaridade dinâmica de setores agrícolas e industriais na moderna "economia nacional" como fonte de desenvolvimento (Rostow, 1960). A escola da teoria da dependência argumentava que a complementaridade só se evidenciava nas economias "capitalistas avançadas", uma vez que as economias periféricas eram moldadas pela dependência de exportações durante a era colonial (Amin, 1974; De Janvry, 1981). O dinamismo econômico dos Estados Unidos derivou certamente dessa dinâmica "interna" no período de crise e transição do modelo britânico "voltado para fora" (no início do século XX). No entanto, o conceito de regime alimentar ressaltou o perfil agrícola exportador dos Estados coloniais e, portanto, essa articulação intersetorial nacional era a representação *ideal* de uma realidade histórica mais complexa. Na realidade, o projeto de desenvolvimento norte-americano no período pós-guerra proclamava a "economia nacional" como a meta universal (ideal) para os Estados pós-coloniais (McMichael, 1996).

A análise de regime alimentar, portanto, girou em torno do papel dos Estados Unidos em suprir a Europa e, depois, o Terceiro Mundo, a partir de sua extensiva e, então, intensiva agricultura comercial durante períodos de hegemonia econômica mundial britânica e, posteriormente, norte-americana. A análise de regime alimentar não dizia respeito somente às relações agrícolas internacionais de produção e consumo, mas também ao papel da agricultura comercial no processo de construção do Estado na era moderna. Nesses dois períodos, esse papel implicou o abastecimento de complexos urbano-industriais em ascensão (tanto domésticos quanto estrangeiros) com matérias-primas e alimentos, desse modo, fortalecendo a indústria nacional. E, nesse período, a agricultura do Novo Mundo foi decisiva no estímulo à industrialização, primeiramente nas nações europeias e, a seguir, nas do Terceiro Mundo.

O regime alimentar abastece a relação entre Estado e mercado. Ele tem sido associado às ordens político-econômicas internacionais institucionalizadas durante os períodos de hegemonia das nações britânica e norte-americana e, mais recentemente, no período de domínio da Organização Mundial do Comércio (OMC) como uma entidade de Estados-membros responsável pela regulação do comércio internacional. Enquanto as duas primeiras ordens mundiais foram regidas pelos princípios de livre-comércio e apoio ao desenvolvimento (além da livre-iniciativa), respectivamente, o último sistema de comércio tem sido regido por princípios neoliberais, apoiando ambas as liberdades. Esses princípios foram aplicados de modo desigual, com agricultores corporativos no hemisfério norte retendo significativos subsídios (via *dumping* do excedente de alimentos pelo mercado global) à custa de agricultores no hemisfério sul, por quem as proteções à importação são removidas e onde o agronegócio (predominantemente do norte) conta com mobilidade global.

Contornos do regime alimentar

O primeiro regime alimentar, centrado na Grã-Bretanha (1870-década de 1930), combinava produtos tropicais enviados das colônias para a Europa e a importação de grãos básicos e pecuária de Estados coloniais, abastecendo, no geral, as classes industriais europeias emergentes e, em particular, subscrevendo o *workshop of the world* britânico. Complementando as monoculturas impostas nas colônias de ocupação, a Grã-Bretanha terceirizou sua produção de gêneros de primeira necessidade em meados do século XIX com as colônias, explorando as fronteiras do solo virgem do Novo Mundo.

O estabelecimento de setores de agricultura comercial em Estados coloniais emergentes (notadamente Estados Unidos, Canadá e Austrália) moldou o "desenvolvimento" no século XX como uma dinâmica articulada entre setores agrícolas e industriais domésticos.

O segundo regime alimentar, centrado nos Estados Unidos (décadas de 1950-1970), redirecionou os fluxos de alimentos (excedentes) dos Estados Unidos para seu império informal de Estados pós-coloniais estratégicos no perímetro da Guerra Fria. Os excedentes alimentares eram resultantes de políticas agrícolas subsidiadas, impulsionando um programa de apoio a alimentos de baixo custo que subsidiava o trabalho assalariado em nações selecionadas do Terceiro Mundo, garantindo lealdade anticomunista e mercados imperiais. Estados desenvolvimentistas internalizaram o modelo norte-americano de agroindustralização nacional, adotando as tecnologias da Revolução Verde e instituindo a reforma agrária para refrear a inquietação dos camponeses e estender as relações de mercado ao campo. Enquanto isso, o agronegócio esmerava-se em criar vínculos transnacionais entre setores agrícolas nacionais, que se subdividiam em uma série de agriculturas especializadas ligadas por cadeias de suprimento global (como o complexo transnacional de proteína animal que ligava grãos/carboidratos, soja/proteína e confinamento). Em outras palavras, enquanto o modelo nacional de desenvolvimento econômico enquadrava a política de descolonização, uma "nova divisão internacional do trabalho" na agricultura surgia em torno de complexos transnacionais de *commodity* (Raynolds et al., 1993).

Um terceiro regime alimentar corporativo (décadas de 1980-2000) aprofundou esse processo, incorporando novas regiões às cadeias de proteína animal (por exemplo, Brasil e China), integrando cadeias de suprimento diferenciadas a uma "revolução do supermercado" (Reardon et al., 2003) e subdividindo os alimentos em duas categorias – itens de qualidade e itens padronizados –, para suprir dietas de classe bifurcadas. O *dumping* de excedentes de alimentos subsidiados pelo hemisfério norte (como grãos, leite em pó e partes proteicas de animais) intensificou-se sob as regras de liberalização da OMC, desapossando agricultores "ineficientes", gerou grande contingente de desalojados vivendo em favelas e estimulou um movimento de protesto global de agricultores, pescadores, criadores de animais e trabalhadores sem terra. Um princípio unificador de soberania alimentar defende uma política democrática no que se refere a direitos do fazendeiro/camponeses, segurança alimentar local e agricultura ecológica voltada à preservação do solo e da saúde humana. Inspirados por visões sociais alternativas ou por demandas políticas (e ecológicas) que expressam insatisfação com um sistema alimentar dependente de combustíveis fósseis, esses movimentos registram o agravamento da crise da agricultura industrial.

Cada período, e as transições entre eles, reformulou a política de desenvolvimento e o escopo e o significado das tecnologias agrícolas e alimentares, abarcando as consequências futuras (quanto à sustentabilidade ambiental, ao acesso a alimentos, à segurança alimentar, às relações energéticas, aos direitos de propriedade intelectual, ao desalojamento da população e à saúde pública). Nesse sentido, o conceito de regime alimentar serve como uma abordagem histórico-comparativa sem igual para compreender as relações políticas e ecológicas do capitalismo moderno em grande escala.

Embora cada regime tenha seu próprio perfil institucional, elementos de regimes anteriores são transferidos para os regimes sucessores de modo reformulado.[3] Assim, enquanto o regime alimentar do final do século XIX foi crucial para o desenvolvimento do mercado mundial por meio da manipulação britânica do padrão-ouro,[4] sua crise no início do século XX culminou no fim do sistema entre

---

3 Por essa razão, alguns analistas argumentam que o mercantilismo do regime de ajuda alimentar norte-americano (associado à transnacionalização agroindustrial liderada pelos Estados Unidos) permeia as regras de comércio da OMC (por exemplo, Pritchard, 2009; Friedmann, 2005).
4 Países mantêm depósitos em libra esterlina em bancos da City de Londres, que ofereciam empréstimos-ponte para redistribuir liquidez a regiões periféricas com o propósito de estender mercados (Saul, 1960, p.45-58).

Estados (com a descolonização) sob a hegemonia dos Estados Unidos – por via de um novo regime alimentar que integrava um bloco anticomunista e iniciativas de ajuda e investimento para assegurar a construção da nação no período pós-colonial. Um regime alimentar sucessor, o corporativo, combinou elementos de cada um dos dois anteriores, restaurando o princípio de mercado mundial por meio de um vínculo contraditório de protecionismo agrícola no hemisfério norte e liberalização de setores agrícolas e mercados alimentares no hemisfério sul. O novo princípio neoliberal acarretou uma subordinação explícita das nações aos mercados e um regime estruturado na mercantilização do abastecimento alimentar. É esta última resolução que permeia o conceito de "regime alimentar do capital" de Araghi (2003), a partir de relações de valor globais – primeiramente aparecendo no regime alimentar centrado na Grã-Bretanha e, a seguir, reaparecendo no final do século XX (cf. McMichael, 1999). Embora a regulação do intercâmbio de alimentos, possibilitada por meio de moedas internacionais (libra esterlina/ouro e dólar/ouro), possa ter sido o foco inicial da análise do regime alimentar, cabe a questão das relações de valor subjacentes – a dinâmica de acumulação – que condiciona o vínculo do Estado com o mercado em cada ordem alimentar mundial, incluindo as relações tecnológicas, financeiras, de trabalho e ecológicas.

Método do regime alimentar

Afirmar que o regime alimentar constitui-se por meio das relações entre Estado e mercado significa simplesmente grifar as dimensões políticas dos mercados. Mas isso será uma abstração, a menos que especifiquemos essa relação no tempo e no espaço. Até aqui, a análise do regime alimentar tomou por foco as coordenadas temporais e espaciais associadas às relações temporais e espaciais anglo-americanas – possivelmente porque tais coordenadas moldaram as recentes ordens mundiais e/ou o modo como pensamos sobre esse ordenamento. Essas coordenadas estão perdendo importância no mundo multipolarizado da atualidade e, por conseguinte, o conceito original de regime alimentar passa por uma transformação conforme experimentamos a transição e uma grande incerteza global. Dependendo da maneira em que for colocada em prática, veremos se a análise do regime alimentar pode ser capaz de interpretar os desdobramentos atuais. De toda maneira, essa perspectiva tem sido amplamente implementada como um marcador periódico de ordens agroalimentares relativamente estáveis. Para Bill Pritchard (2007, p.8), trata-se de "uma ferramenta retrospectiva. Pode ajudar a ordenar e organizar a realidade desordenada da política alimentar global, mas suas aplicações dependem necessariamente de um futuro vindouro e desconhecido". Essa contingência, porém, está aberta a interpretação, sobretudo porque períodos transicionais expressam a elucidação de um regime anterior como consequência de suas tensões estruturais (e discursivas). Dadas as origens da análise de regime alimentar nas relações Estado/mercado, os períodos transicionais acarretarão transformações uma vez que condicionam a organização e os usos da agricultura global. Embora a contenção social e política possa ser contingente, a atenção que o conceito de regime alimentar presta a relações político-econômicas que estão por vir (bem como suas tensões) ajuda a organizar nossa compreensão dos parâmetros e daquilo que está em jogo. Esse é o objetivo da historicização.

O projeto do regime alimentar faz um relato histórico ao detalhar a construção política das ordens agroalimentares que, ao mesmo tempo, moldam e são moldadas pela dinâmica da acumulação específica. Nesse sentido, o regime alimentar e a história do capital podem ser compreendidos como mutuamente condicionantes. De modo *formal*, o conceito de regime alimentar define uma ordem mundial capitalista regida pelas regras que estruturam a produção e o consumo de alimento em escala mundial (Friedmann, 1993, p.30-31). De modo *substantivo*, o conceito de regime alimentar refere-se à projeção de poder por rotas alimentares decorrentes de relações historicamente específicas de produção e acumulação de capital. De modo *abstrato*, o regime alimentar pode ser compreendido como "a face política das relações de valor histórico-mundiais" (Araghi, 2003, p.51). Isso se refere à estruturação política do capitalismo mundial, e sua forma de organizar agriculturas para suprir mão de obra e/ou consumidores de modo a reduzir custos salariais e aumentar a lucratividade. De modo *concreto*, um regime alimentar representa uma conjuntura histórico-mundial em particular, no qual regras dominantes definem uma relação de abastecimento alimentar com preço mundial administrado.

Essas regras expressam formas históricas de exercício de poder por meio de uma ideologia legitimizadora, como o livre-comércio, o apoio ao desenvolvimento e a livre-iniciativa. Três desses períodos foram identificados, correspondendo a conjunturas geopolíticas dominadas pelo Estado britânico (décadas de 1870-1930), pelo Estado norte-americano (décadas de 1950-1970) e pelo poder financeiro corporativo (décadas de 1980-2000). A configuração de poder em cada período tem sido bastante distinta, sendo seu traço unificador a organização de produção e circulação mundial de alimentos, para sustentar essa configuração de poder, arraigada em uma dinâmica de acumulação específica. As duas asserções que resultam disso são: (1) o capitalismo não segue uma trajetória linear, mas envolve ciclos politicamente organizados de acumulação; e (2) relações agroalimentares são essenciais para tais ordens políticas na medida em que sustentam requisitos materiais e de legitimidade. Uma afirmação adicional, a ser detalhada a seguir, é a de que, em consonância com a história do capital, o regime alimentar é introduzido sob formas de cercamento ao longo do tempo e do espaço. Essa dimensão é crucial porque o cercamento altera as relações ecológicas: substituindo processos extrativos locais por processos extrativos mundiais, assim obstruindo futuros locais em prol de um futuro capitalista impulsionado por um mercado variável e instável, em vez de necessidades socioecológicas duradouras.

Especificações do regime alimentar

A designação "projeto de regime alimentar" enfatiza a versatilidade da análise de regime alimentar. Em particular, desdobra-se na evolução conceitual por alguns analistas (assim como este livro vai tentar fazer), bem como a aplicação a determinados processos ou ocorrências a fim de situar e esclarecer suas implicações históricas e políticas mais amplas. Richard LeHeron e Nick Lewis (2009, p.346) argumentaram, por exemplo:

> Convencionalmente, o que as teorias do regime fazem em sua abstração é encorajar conhecimentos de mundo que eliminem sujeitos e subjetividades [...]. A literatura inicial sobre reforma agrária e alguns trabalhos subsequentes caracterizaram-se tipicamente pelo ímpeto de especificar regimes distintos – sob o risco resultante de obscurecer a diversidade e a fluidez de relações, atores, métricas, traduções e contextos.

Essa advertência será abordada oportunamente. Na mesma época, Friedmann (1993, p.30-1) definiu o regime alimentar como uma "estrutura regulamentada de produção e consumo de alimentos em escala mundial". A forma como as regras surgem no processo de desenho das relações globais de produção e consumo de alimentos é um detalhe a ser tratado no próximo capítulo, bastando dizer que representam o resultado de luta e negociação social e institucional sobre os termos do abastecimento alimentar e do exercício de poder relacionado. Friedmann (2005, p.234) sugere que:

> os regimes alimentares surgem de disputas entre movimentos sociais e instituições poderosas e refletem um enquadramento negociado para a instituição de novas regras. As relações e práticas de um regime logo vêm a parecer naturais. Quando o regime funciona bem, as consequências das ações são previsíveis, e tudo parece funcionar sem regras.

Tal definição de regras implícitas sugere a noção de um compromisso de classe, ou uma consequência hegemônica de normalização, pelo qual relações alimentares globais estruturam a economia mundial e seus elementos constituintes por determinado tempo, em um processo que parece bastante racional. Por conseguinte, o primeiro regime alimentar, centrado na Grã-Bretanha, foi concebido no âmbito:

de uma retórica geral de livre-comércio e da efetiva operacionalização do padrão-ouro. O mercado mundial de trigo que despontou nas décadas subsequentes a 1870 não foi desígnio de ninguém. No entanto, vastos carregamentos internacionais de trigo tornaram possível o que os atores realmente queriam fazer [...] O trigo foi o elemento que gerou receita de frete para as ferrovias, provendo às nações um meio de reter território contra os despossuídos e aos europeus diaspóricos um meio de obter renda. (Friedmann, 2005, p.231-2)

Com o trigo como um vetor, esse regime alimentar claramente ligou agricultores coloniais a consumidores industriais (empresas e trabalhadores assalariados) pelo Atlântico. Por meio de um processo de construção de Estado, a organização de uma fronteira do trigo condicionou a provisão de forças de trabalho fabril crescentes exigindo alimentos acessíveis, e vice-versa. Em última instância, a construção dessa fronteira para alimentos baratos serviu aos interesses do capital, em particular suas exigências de reproduzir uma força de trabalho assalariada em expansão, com baixo custo. As regras implícitas referiam-se à elaboração de relações de comércio internacional (para além dos antigos sistemas coloniais de comércio direto), desencadeadas pela abolição das *Corn Laws* [leis dos cereais] (que protegiam os agricultores ingleses das importações de produtos agrícolas) e facilitadas pelo padrão-ouro e a manipulação pela City de Londres dos balanços em libra esterlina a fim de manter e expandir as relações comerciais (McMichael, 1984). A divisão internacional de trabalho que definiu o sistema colonial aprofundou e acelerou o comércio entre as nações como a derradeira regra implícita a sustentar o regime alimentar. Isto é, ratificou o princípio ricardiano de "vantagem comparativa", segundo o qual o crescimento econômico ideal dependia de nações especializadas na produção e no comércio de produtos determinados por suas relativas dotações de recursos.

A noção de regras implícitas, de Friedmann (2005, p.228), é um método sutil de estabelecer que um regime alimentar envolve um período de "conjuntos relativamente estáveis de relacionamento" com "períodos instáveis intercalados e moldados por debates políticos sobre um novo caminho adiante". Isso significa que o que funciona, sob circunstâncias históricas específicas, não é tanto uma expressão direta de interesse quanto a destilação de lutas políticas entre grupos sociais em conflito. Não obstante, o poder na era capitalista reside, em última instância, nas relações de propriedade e na força da mercantilização, de modo que, enquanto cada episódio reflete um objeto de contenda distinto à medida que os cenários social e ecológico mudam, uma política de capital formula a resolução. Como tal, alimentos de baixo custo são pré-requisito para a acumulação de poder (cf. Moore, 2012). Quando se fala em alimentos de baixo custo, não se trata apenas de reduzir salários, mas também de criar legitimidade para determinadas ordens sociopolíticas, seja suprindo nações europeias industrializadas, seja ajudando nações em vias de industrialização no Terceiro Mundo no escopo da Guerra Fria ou suprindo o processamento alimentar e a "revolução supermercadista" na era neoliberal de crescentes níveis de obesidade (Reardon et al., 2003). Cada regime apresenta condições particulares de alimento a baixo custo, e cada conjunto relativamente estável de relacionamentos é expresso em produção, circulação e consumo de alimentos regidos por preços mundiais.

A reorientação de Friedmann para o debate social e a elaboração de regras implícitas suavizam a concepção estruturalista inicial de regimes alimentares, que combinava um *insight* da teoria da regulação com outro sob a perspectiva do sistema mundial. A teoria da regulação apresentava a ideia de uma "modalidade de regulação", que expressava um ambiente político conducente a um "regime de acumulação" e sua normalização (Aglietta, 1979). Nessa formulação, um regime alimentar representava um arranjo regulatório estável de relações alimentares internacionais para sustentar uma forma particular de acumulação. Assim, a ênfase em reduzir custos trabalhistas na manufatura europeia do final do século XIX com alimentos de baixo custo provenientes de Estados coloniais significava um regime de "extensa acumulação". Em meados do século XX, um novo regime de "acumulação intensiva" incluiu a industrialização da agricultura como parte de um modelo fordista de capitalismo de consumo, com a acumulação dependendo de alimentos de produção em massa processados e duráveis, em vez da mera redução de custos. A corrente do sistema mundial enfocava a construção e a reconstrução da divisão internacional do trabalho, além da geopolítica do abastecimento internacional de alimentos em cada período. O conceito de regime alimentar combinava essas correntes, em última análise enfatizando como a relação de desenvolvimentos agrícolas com a construção das nações era fundamental para a compreensão da ascensão e queda de ordens mundiais periódicas.

A corrente regulacionista despertou crítica de pensadores pós-modernos e neoempiricistas, que descartavam a análise de regime alimentar como uma grandiosa narrativa[5] homogeneizante e que confundia agricultura com indústria, e então retrocedeu para a análise de estudos de caso anômalos, locais e agroalimentares (cf. Goodman; Watts, 1994, 1997) – um "particularismo agrário" que, ao se livrar do supérfluo, dispensava o essencial (Araghi, 2003, p.51). O que os críticos negligenciaram na pressa em caracterizar o regime alimentar como um globalismo abstrato foi uma teoria histórica que esboçava uma história política não linear de capital através das lentes da mercantilização dos alimentos em escala mundial. Enquanto o pós-modernismo promove o localismo abstrato, o conceito de regime alimentar concretiza as relações históricas entre construção do Estado, colonização de terras/fronteiras, rotas de alimentos, agroindustrialização, padrões alimentares, estratégia corporativa transnacional e movimentos de protesto alimentares e agrários, entre

---

5 Le Heron (1993) implementou uma perspectiva regulacionista sobre reestruturação agrícola na segunda metade do século XX, embora com consideravelmente mais detalhes concretos na interação entre cenários institucionais e formas de regulação da agricultura, em todas as escalas, no âmbito e além do regime do GATT. Moran et al. (1996) defendem uma "regulação real" baseada em mobilizações de políticas organizadas por agricultores através de regiões e estados.

outros (conforme veremos a seguir). Ao rejeitar tanto o localismo abstrato (como o pós-modernismo) quanto o globalismo abstrato (como a análise de sistemas-mundos), o regime alimentar é, enfim, um constructo comparativo que não tem sentido fora de suas coordenadas histórico-mundiais (Araghi; McMichael, 2006). Não se trata de agricultura ou geografia rural, em si, mas sim de conceitualizar como determinados complexos alimentares (da tecnologia de sementes passando por sistemas de cultivo até o processamento/manufatura de alimentos) e rotas alimentares em cada regime sustentam o exercício de determinadas formas de poder ao expandir e sustentar esferas de mercado e domínio ideológico.

As relações de poder no sistema estatal incluem mobilização social e, para nossos propósitos, agricultores, trabalhadores e consumidores unem-se a empresas e nações (e suas instituições multilaterais, quando for o caso) para criar e recriar o regime alimentar. Para salientar esse ponto, Friedmann voltou a focalizar as transições do regime, em que os movimentos sociais atuam como "motores de crise e formação de regime" (2005, p.229). Assim, ela sinaliza o papel-chave de trabalhadores e agricultores na modelagem de regimes alimentares "coloniais-diaspóricos" e "mercantis-industriais". No primeiro caso, a inquietação da classe trabalhadora e a migração contribuem com os colonizadores, constituindo uma fronteira de agricultores familiares que "só poderiam subsistir com o comércio internacional e sofreriam muito com um colapso do regime" (2005, p.236). O desenredar desse regime para um colapso do preço de grãos e a estiagem da década de 1930 produziram um "novo tipo e um novo significado de política agrícola", pressionando o Estado norte-americano por medidas de estabilização e simbolizando o epíteto "mercantil" do segundo regime alimentar. Isso foi construído com base em apoio agrícola e programas protecionistas que impulsionaram a agroindustrialização por trás de barreiras tarifárias, gerando excedentes para um programa público de ajuda alimentar. Ao criar as bases de um regime "corporativo-ambiental" sucessor, Friedmann (2005, p.229) identifica contradições em um "capitalismo verde" vindouro, em que "uma nova rodada de acumulação parece emergir no setor agroalimentar, fundamentado na apropriação seletiva de demandas de movimentos ambientalistas e incluindo questões impostas por comércio justo, saúde dos consumidores e ativistas de defesa dos animais".

A renomeação dos regimes por Friedmann é notável para o papel dos pares. No primeiro, enquanto "colonial", carrega uma conotação *residual*, "diaspórico" significa agricultores que migram para uma nova fronteira da economia mundial e, portanto, sugere uma dinâmica política *emergente* que permeia o epíteto "mercantil" do regime sucessor. O epíteto "industrial" antecipa o sistema alimentar corporativo que é, ainda, um regime em formação a se apropriar de símbolos e algumas demandas de um amplo movimento ambientalista. O par desempenha a tarefa de identificar as principais tensões inerentes a cada regime alimentar: a distinção colonial/colonizador no primeiro, referindo-se a um novo projeto de construção de uma nação no entorno da Europa que se tornaria hegemônica, o descarte de alimentos regulamentado pelo Estado como um apoio a ser suplantado mais cedo ou mais tarde pela integração transnacional decorrente da dinâmica agroindustrial e a busca contínua pela qualidade dos alimentos e por padrões ambientais. Esses pares caracterizam as tensões sociopolíticas de cada regime.

Para Friedmann, o regime "corporativo-ambiental" ainda não se realizou por causa da ausência de condições características conforme definidas na literatura sobre organizações internacionais (Krasner, 1983) – isto é, "um conjunto específico de (comumente implícitas) relações, normas, instituições e regras em torno das quais as expectativas de todos os atores relevantes convergem" (Friedmann, 2009, p.335). Em especial, o regime corporativo-ambiental de Friedmann carece de uma moeda internacional estabilizadora (hegemônica) que regule o comércio em um mundo multipolarizado (ibid., p.399). Assim, "o dinheiro é cada vez mais e perigosamente instável. Está mais diretamente conectado com o poder interestatal, isto é, conflitos hegemônicos que permanecem sem solução" (ibid., p.388). O ponto defendido por Friedmann é o de que esse é apenas um regime emergente (com um futuro questionável) por causa da ausência de um mecanismo financeiro regulatório que administre as relações comerciais entre nações e suas profundas "restrições quanto à capacidade de autorregulação do capital" (ibid., p.340). Há várias questões envolvidas nisso. Primeiro, por toda era do regime alimentar, o capital transformou a si mesmo e ao sistema estatal. Ao mesmo tempo, a libra esterlina e o dólar desempenharam papéis distintos na organização do sistema estatal: a primeira moeda incubando-o com empréstimos por manipulação das contas em libra esterlina em Londres e a outra fixando os termos de intercâmbio entre moedas nacionais pelo sistema de Bretton Woods (Block, 1974). Em segundo lugar, o dólar opera desde o início da década de 1970 como a moeda mundial por *default*, manipulada como tal por políticas financeiras de uma hegemonia em declínio a fim de atrair capital para os Estados Unidos (Arrighi, 1994). Terceiro, o abastecimento de alimentos sob o regime alimentar centrado no modelo norte-americano foi regulado por uma política de descarte de excedentes (PL 480) em comércio bilateral, resultando em depósitos de fundos de contrapartida em bancos que se esquivavam do sistema monetário de Bretton Woods. Quarto, o comércio de alimentos durante a era do regime alimentar "corporativo" (décadas de 1980-2000) foi moldado por políticas de ajuste estrutural e por acordos de comércio bilateral (Nafta) e multilateral (OMC) em paralelo ao sistema dolarizado. E, em quinto lugar, um substancial volume de movimentação alimentar ocorre atualmente nas subsidiárias e, entre elas, de corporações transnacionais viabilizada por fluxos financeiros globais desregulamentados, incluindo seus próprios serviços financeiros (por exemplo, Pritchard; Burch, 2003). Na realidade, Burch e Lawrence argumentam: "é o processo de financeirização que 'enquadra' os demais processos sociais" (2009, p.277) – num presságio da reestruturação do regime alimentar corporativo (Capítulo 6), já evidente na diversificação do varejo e em investimentos de capital por supermercados e pela apropriação de terras[6] para fins de especulação financeira.

---

6 No original, *Land grab*. Trata-se de uma terminologia específica adotada para designar processos de aquisições de terras por parte de corporações, privando a população original de acesso aos recursos que possuíam. (N. E.)

REGIMES ALIMENTARES E QUESTÕES AGRÁRIAS   31

Dadas essas relações variáveis no decorrer da era moderna, os regimes alimentares expressam relações específicas a suas coordenadas de tempo/espaço, com diversas modalidades de estruturação. A estabilidade é um termo relativo que perpassa períodos históricos bastante diversos, e a "convergência" pode se expressar vigorosamente tanto em um preço mundial administrado de alimentos quanto na expressão de uma ordem agroalimentar que pode ou não girar em torno de um moeda dominante ou hegemônica. Nesse sentido, o "regime alimentar corporativo" (McMichael, 2005) gira em torno da internalização de princípios neoliberais de mercado por nações sujeitas à privatização por ajuste estrutural mandatário e acordos de livre-comércio – como alternativa a uma moeda internacional estável e hegemônica. O fato de uma internalização totalmente desigual na capacidade da União Europeia e dos Estados Unidos de reter subsídios agrícolas (substituindo preços agrícolas garantidos por um preço mundial) salienta as relações de poder que regem os mercados de *commodity* por quase um quarto de século. Sistemicamente, o neoliberalismo destituiu o comércio regulado por moeda ao impor "uma forma extrema de regime de livre-comércio internacional, tanto em ativos corporativos (por exemplo, bens e serviços) quanto em ativos intangíveis ou financeiros (como instrumentos de dívida, ações e títulos)", e direitos de propriedade intelectual, com a governança financeira internacional deslocando-se "dos Estados para instituições 'privadas', como o Banco de Compensações Internacionais [BIS, do inglês *Bank for International Settlements*]" (Nesvetailova; Palan, 2010, p.7-8).

Em última instância, a questão refere-se a qual é a condição estabilizante de um regime: comércio, moeda ou relações de produção agroalimentar e sua concretização por meio do comércio? O regime de ajuda alimentar centrado nos Estados Unidos certamente atenderia a este último critério – considerando-se que seu comércio administrado de alimentos a preços concessionários estabilizou os preços mundiais de alimentos de modo geral (Tubiana, 1989). Da mesma forma, o mercado mundial de trigo no final do século XIX foi marcado por preços em queda, assim como a década de 1990 testemunhou a redução nos preços de gêneros de primeira necessidade para seu ponto mais baixo em 150 anos (*The Economist*).

A questão da estabilização permeia o ponto de vista de Pritchard de que ainda não vimos um terceiro regime alimentar. De acordo com ele, a questão-chave para os analistas de regime alimentar é "como teorizar a incorporação agrícola à OMC". Em vez de um mecanismo institucional para governança de mercado das relações entre alimento e sociedade, ele vê a organização como uma "transição" centrada no Estado "da política da crise do segundo regime alimentar, em vez de uma representação de qualquer suposto sucessor", e considera o colapso de 2008 da Rodada de Doha como um indício do fracasso em instituir uma "regra de mercado irrestrita" (2009, p.297). Isto é, o Acordo sobre Agricultura da OMC sustentou a proteção de agricultores do hemisfério norte, apesar das reivindicações pela liberalização do sistema alimentar mundial – um argumento desenvolvido também pelo foco particular de Winders nas políticas agrícolas intervencionistas dos Estados Unidos como hegemônicas (2009). Pritchard observa:

> Nos cinco primeiros anos subsequentes à conclusão da Rodada Uruguai, o principal efeito de levar a agricultura à OMC não foi a reforma da agricultura global em linha com as racionalidades de mercado, mas o agravamento das já existentes desigualdades de oportunidades no sistema alimentar mundial. A combinação de reestruturação regulatória forçada no âmbito dos setores agrícolas de países em desenvolvimento com a manutenção de programas de subsídio na maior parte da OECD (Organização para a Cooperação e Desenvolvimento Econômico) entrincheirou o poder mundial dos alimentos nas mãos dos interesses da elite do norte. (Pritchard, 2009, p.301)

Evidentemente, a questão é essa; ou seja, a OMC era um instrumento a mais, além das políticas de ajuste estrutural, para reestruturar as relações mundiais de agricultura e comércio, estimulando "uma 'virada' inter-hemisférica na troca global de agroalimentos" – com os produtores comerciais do hemisfério norte exportando *commodities*, gado e laticínios de baixo valor, enquanto as nações do sul consolidavam as agroexportações de alto valor agregado, introduzidas durante a crise da dívida externa na década de 1980. Assim:

enquanto os cidadãos do hemisfério sul eram cada vez mais alimentados com milho doce cultivado nos Estados Unidos, trigo europeu ou leite em pó australiano, os consumidores no abastado norte enchiam seus carrinhos de compras com uma gama crescente de alimentos despachados por via aérea do Sul global. (ibid.)

O regime alimentar corporativo, portanto, é representado pela reestruturação da ordem alimentar mundial ao estilo da OMC – um regime que se originou em última análise da influência sobre os governos norte-americano e europeu, por parte de corporações agroalimentares, "pressionando por uma instituição supranacional que iria tanto entrincheirar legalmente seu controle quanto reprimir a autoridade de estendê-la mais" (Weis, 2007, p.132). Esse regime foi associado a uma lógica normativa de liberalização (ibid., p.159), muito embora a norma fosse aplicada desigualmente, deslocando-se os subsídios agrícolas do norte para um sistema de caixas (*box system*) no âmbito do Acordo sobre Agricultura da OMC. O resultado foi uma divisão internacional da força de trabalho agrícola construída politicamente.

Uma das articulações dessa divisão (oriunda de regimes anteriores) institucionalizou os armazéns do hemisfério norte centrados nos Estados Unidos e na União Europeia. Eles exportavam excedentes de alimentos (grãos, laticínios e carne e produtos processados de milho/soja) pelas regras de livre-comércio da OMC, desigualmente aplicadas por trás da retenção de subsídios agrícolas e proteções contra importações para os Estados Unidos e União Europeia de alimentos processados e semiprocessados. A outra articulação, oriunda de políticas de ajuste estrutural da década de 1980, estava focada em partes do Sul global, à medida que agroexportações não tradicionais eram expandidas para custear dívida nos assim chamados *New Agricultural Countries* [novos países agrícolas] (Friedmann, 1991).

Com efeito, a estruturação política em nome das disciplinas de mercado estabeleceu mercados globais para alimentos de baixo custo – explorando terras e mão de obra baratas para agroexportação do Sul global e fazendo *dumping* de exportações de alimentos artificialmente barateados do norte. Em qualquer dos casos, pequenos agricultores, sobretudo do hemisfério sul, enfrentavam políticas e protocolos que favoreciam a agroexportação de capital intensivo à custa de suas operações de terras e agriucultura, aprofundando padrões históricos de espoliação. Por uma grande ironia da história, esse regime – comércio e processamento transnacional do agronegócio de *commodities* agrícolas em escala global, convertendo camponeses em um exército reserva de mão de obra para manufatura terceirizada no hemisfério norte – foi a imagem espelhada do regime alimentar imperial baseado em terceirização da agricultura britânica. De qualquer maneira, a configuração do comércio de alimentos foi essencial para uma estruturação específica do sistema estatal.

Conclusão: Um mundo pós-regime alimentar?

Assim como o regime alimentar inicialmente girou em torno da tensão entre o sistema colonial e a ascensão do Estado-nação liberal, o regime alimentar corporativo girou em torno da tensão entre o modelo de exportação de agroalimentos ("agricultura sem agricultores")[7] e a orientação de mercado local da maioria dos agricultores no mundo. Em termos territoriais, essa tensão existe, em última instância, entre formas de integração transnacional de regiões produtoras e consumidoras definidas cada vez mais por alimentos padronizados (tanto monoculturas quanto insumos de fonte global) e sistemas alimentares biorregionais ou locais, encurtando a distância entre produtores e consumidores. Estes últimos sistemas são a meta do movimento de soberania alimentar e seu clamor por reduzir proporcionalmente os sistemas alimentares em nome de controle democrático, culinária apropriada e prática ecológica – em que a redução proporcional ressalta o caráter distintivo dos ecossistemas agrícolas. Essa tensão

---

7 Esta frase vem da Via Campesina.

central entre "alimento de procedência desconhecida"[8] e "alimento de procedência conhecida" (McMichael, 2002) pressupõe uma redundância do regime alimentar – na medida em que prevê a relocalização de sistemas alimentares como a solução não somente para uma tensão de regime alimentar, mas para uma questão de sobrevivência socioecológica em uma era pós-industrial-agrícola. Campbell reforça essa visão ao defender que um regime alimentar de procedência desconhecida criou um regime alimentar de procedência conhecida, partindo da premissa de *"feedbacks* e sinais ecológicos como um fator desencadeador de estratégias adaptativas" (2009, p.317). Inspirando-se nos *insights* ambientais originais de Friedmann (2000), ele salienta a tensão corrente entre abstração e situação de culturas alimentares. Trata-se de uma tensão entre os enquadramentos culturais que enfatizam o baixo custo, a conveniência, o processamento atrativo e o desconhecimento das origens dos alimentos e o *status* cultural que consumidores abastados atrelam aos alimentos que são socialmente amigáveis e ecologicamente corretos. Diferentemente do caráter emergente do regime corporativo-ambiental de Friedmann, o cenário de Campbell é de um binário desigual em que o regime de alimentos de procedência conhecida é "um novo subconjunto pequeno, porém importante, de contralógica" para o regime de alimento de procedência desconhecida (ibid., p.318). De modo intuitivo, Campbell observa que os regimes alimentares anteriores tinham a "habilidade de distinguir o que Marx havia [...] descrito como uma ruptura metabólica irreparável, ainda que invisível, que separou de modo progressivo a interação entre os humanos e a natureza" (ibid., p.312). É essa ruptura metabólica, a interrupção de ciclos nutrientes que reabastecem o solo (Foster, 1999), que pode muito bem promover a descentralização agroalimentar, uma vez que os humanos são forçados a recuperar o solo, a biomassa e a biodiversidade a fim de sobreviver em uma era pós-combustível fóssil.

---

8 Bové e Dufour (2001) – este conceito diferencia a agricultura artesanal da agricultura industrial.

Essa concepção gira em torno da noção original de um regime alimentar incorporando uma conjuntura histórica que compreende princípios contraditórios. Assim como a dinâmica dos regimes anteriores focaliza as tensões entre princípios geopolíticos opostos – relações coloniais/nacionais no primeiro; relações nacionais/transnacionais no segundo –, também o regime alimentar corporativo incorpora uma contradição central entre agricultura mundial e uma forma local de agroecologia. Além disso, essa formulação concentra atenção na condição de pequenos agricultores, pescadores e criadores de animais do mundo e na mobilização em defesa da soberania alimentar em resposta à narrativa modernista que considera supérfluos os pequenos agricultores (McMichael, 2006). Enquanto o primeiro regime alimentar estava arraigado nos movimentos sociais de agricultores migrantes na dinâmica cíclica do primeiro regime alimentar (Friedmann, 2005), a dinâmica do regime alimentar atual envolve movimentos sociais de agricultores que resistem à migração (McMichael, 2005).

Há, de alguma maneira, uma simetria relacional em tudo isso. O longo século de regime alimentar do capital é enquadrado por um impulso de agricultor colonizador do final do século XIX em cultivar uma planície fronteiriça para exportar alimentos de baixo custo. Por meio do cultivo especializado e da centralização do agronegócio em décadas intervenientes, os alimentos de baixo custo solaparam sistematicamente os pequenos agricultores por meio de sua circulação em escala global no final do século XX – desencadeando um movimento de protesto camponês. Além da aparente simetria, o ponto de vista mais amplo talvez seja que o regime alimentar do capital generalizou uma crise agrária de grandes proporções, registrada agora em um movimento crescente para estabilizar o campo, proteger o planeta e fomentar tanto a soberania alimentar para combater novas investidas contra culturas agrícolas quanto a oposição a "cadeias de valor" e apropriação de terras.

2
FORMAS HISTÓRICAS DO REGIME ALIMENTAR

Assim como o capitalismo, o regime alimentar assume várias formas históricas. Na realidade, o capitalismo em si é um regime alimentar, na medida em que sua reprodução depende do suprimento de produtos alimentícios necessários à reprodução (econômica) de sua força de trabalho. Isso implicou a conversão do alimento e da agricultura em relações de mercadoria, o que, além de baratear o primeiro, também insere ambos em uma lógica das estratégias de investimento. Recentemente, essas estratégias passaram a incluir a especulação no mercado futuro do agroalimento com efeitos inflacionários.

Na evolução dessas tendências, as dinâmicas de acumulação pertinentes a determinados episódios do regime alimentar são limiares essenciais. O colapso de um regime coincide com a transição para uma nova dinâmica de acumulação, deslocando as coordenadas e as consequências da mercantilização agrícola para um novo ciclo de expansão com novos limites, e assim por diante. Neste caso, o regime alimentar como tal contribui para uma conjuntura histórico-mundial mais ampla de "modernização" agrícola – uma conjuntura não linear e contraditória. Embora contradições episódicas sejam reprimidas e/ou resolvidas por meio do processo expansivo, protelando a "exaustão absoluta" do ecossistema global (Moore, 2012; Araghi, 2009), ao mesmo tempo há uma deterioração cumulativa da sustentabilidade do ecossistema cujos limites agora são identificados. Cada etapa do regime alimentar, portanto, é parte sucessiva de uma conjuntura histórica em evolução (a era da agricultura industrial). Em outras palavras, cada regime e a conjuntura mais ampla se condicionam mutuamente. Cada regime incorpora uma institucionalização de forças políticas e sociopolíticas que estruturam as relações agroalimentares internacionais naquele momento enquanto predizem um aprofundamento das relações agroalimentares de mercadorias.

Os sucessivos regimes representam as relações institucionais que organizam as formas em transformação da provisão de alimentos. O modo como essas relações são ordenadas, e representadas (ou legitimadas), varia de acordo com o tempo e o espaço histórico. Um regime em particular é definido por um *princípio organizador* que expressa uma forma de domínio ou hegemonia. Assim, a ordem político-econômica das relações alimentares internacionais desde o final do século XIX tem expressado três momentos identificáveis que foram institucionalizados em formas de domínio regidas pelos objetivos estratégicos dos poderes dominantes que definem esses momentos e legitimados pelas ideologias dominantes, notadamente: Grã-Bretanha/multilateralismo de livre-comércio; Estados Unidos/ajuda externa, desenvolvimento e livre-iniciativa; e OMC/livre-comércio e supremacia de mercado. Em cada caso, o comércio mundial de alimentos abarcou, por meio de um preço mundial administrado, uma expansão crescente da agricultura mercantilizada e o aprofundamento correlato das relações de consumo cada vez mais bifurcadas pelas dietas de classe.

Como sugerido, o regime alimentar possui dimensões tanto genéricas quanto episódicas. Embora cada episódio represente determinada configuração de poder baseada em determinadas rotas alimentares, uma perspectiva genérica enxerga esses episódios como momentos cíclicos em um processo secular de acumulação de capital através do tempo e do espaço (cf. Arrighi, 1994). Duas questões decorrem disso: (1) o que significa imaginar uma pré-história dos regimes alimentares?; e (2) dada a sucessão de episódios, qual é a força condutora que estrutura os regimes alimentares?

A pré-história do regime alimentar

É tentador fazer retroceder o conceito de regime alimentar no tempo, do século XIX para a era colonial. Inicialmente, os frutos do império (e da escravidão) incluíam as notórias mercadorias do prazer – estimulantes, tabaco, café, chá e açúcar, alimentando "o desejo de adquirir novas substâncias comestíveis, prazerosas e farmacêuticas, itens que exerciam efeitos diretos e poderosos sobre os organismos daqueles autorizados a consumi-los" (Sheller, 2003, p.77). O açúcar, originalmente um artigo de luxo para as aristocracias europeias, tornou-se objeto de intensa cobiça imperial e uma *commodity* interna da Grã-Bretanha do século XIX.

Ao relatar esse empenho de recursos imperiais para anexar as colônias de açúcar no Caribe, Sidney Mintz antecipa o papel do poder político-econômico da atualidade na administração das relações de consumo do capitalismo industrial, isto é, o regime alimentar. O açúcar passou de raridade em 1650 para artigo de luxo em 1750 e uma virtual necessidade por volta de 1850. A mudança do papel do açúcar expressou a ascensão do capital industrial, que guiou a política britânica na criação de um imperialismo de livre-comércio e, por conseguinte, um mercado mundial baseado no padrão-ouro internacional. Um regime alimentar acabou emergindo por meio da

> provisão de substitutos alimentares de baixo custo, como tabaco, chá e açúcar, para as classes trabalhadoras em centros metropolitanos. Ao afetar positivamente a produção de energia e a produtividade do trabalhador, esses substitutos figuraram de modo importante no equilíbrio das contas do capitalismo. (Mintz, 1985, p.148-9)

A força dessa história está na capacidade de apreender a ordem geopolítica em transformação à medida que as relações de valor amadurecem.

Assim, um alimento mundial como o açúcar tornou-se parte integrante da aferição de valor do capitalismo, de modo que uma força de trabalho global desigual, porém combinada, foi formada e abastecida por uma complexa relação imperial. O império não só se apropriou das colônias de açúcar no Caribe e no Brasil como zonas de abastecimento da *commodity* para a Europa, como também importou suprimentos de amido, como fruta-pão, do Pacífico Sul, e proteína, como bacalhau seco, do Atlântico Norte, para complementar a dieta à base de frutas nativas dos trabalhadores nas plantações. Além disso, fontes de amido, como milho, mandioca, batata e arroz espalhavam-se pelo Atlântico, fornecendo "nutrição suficiente para sustentar populações de trabalhadores depauperados [...]. Baixavam os custos de reprodução das famílias e disponibilizaram um contingente de mão de obra barata" (Tomich, 2013). Como Tomich (2013) observa, essas regiões surgiram como:

> talvez o mais radical e inovador tipo de agricultura, a produção de *commodities* tropicais para o mercado mundial [...], a concentração de terras, a mão de obra e o capital para produção de *commodities* de exportação faziam que alimentos e outros suprimentos – bens manufaturados, grãos, gado para trabalho e consumo, madeira, pescados – tivessem de ser importados de outros lugares ao redor do Atlântico.

Desse modo, a transformação imperial do mundo agrário incorporava, de modo irrevogável, complexas relações de dietas alimentares, o que em contrapartida serviu como condições de reprodução de *commodities* de clima tropical e temperado, compreendendo o surgimento do regime alimentar. Assim, o regime alimentar pode ser situado historicamente como um "complexo de muitas determinações" por trás da forma fenomenal de circuitos estratégicos de mercadorias (Marx, 1973, p.101). Como tal, o regime alimentar pode assumir uma forma estilizada ao marcar determinado episódio histórico identificado com determinada face de poder, mas seu conteúdo depende da elaboração de um conjunto historicamente intricado de relações de produção *e* reprodução – uma complexidade impossível de explanar aqui a não ser por exemplos ilustrativos.

Os períodos iniciais, quando o colonialismo converteu regiões do mundo não europeu para a exportação de monoculturas, abastecendo

Estados metropolitanos com vários produtos tropicais, foram, na melhor das hipóteses, predecessores do regime alimentar. O comércio inicial de alimentos de clima temperado provenientes dos Estados Unidos suplementou as economias regionais do Atlântico, com Baltimore suprindo farinha de trigo diretamente para regiões de plantio caribenhas e brasileiras, por exemplo (Gilbert, 1977, p.250). Mas um preço mundial para gêneros de primeira necessidade surgiu somente no último trimestre do século XIX, tendo o trigo como principal item (Woodruff, 1967, p.268; Friedmann, 1978). No final das contas, um regime alimentar envolve a submissão de rotas internacionais de produtos alimentícios a um preço de mercado administrado. A forma como se define esse preço é secundária em relação ao processo de integração das regiões produtoras, que submete produtores de todo o mundo capitalista a um preço único. É esse efeito de preço que expressa o princípio organizacional central de determinado regime, visto que constitui poder de mercado para fins políticos.

A estruturação do regime alimentar e sua reestruturação

A segunda questão levantada antes, sobre a força condutora que estrutura os regimes alimentares, requer especificação histórica. Nesse caso, o conceito de regime alimentar é fundamental para desvendar não só transições e momentos estruturados na história das relações alimentares capitalistas, mas também a história do capitalismo em si. Cada regime estabelece um preço mundial para mediar o comércio entre as nações. Embora a história do capital dependa de fronteiras coloniais para os produtos alimentícios a fim de estimular a acumulação (Moore, 2000), o regime alimentar do final do século XIX marca a consolidação de um mercado mundial regido, em princípio, por relações de valor (Araghi, 2003; McMichael, 1999). Em outras palavras, o regime alimentar assinala o processo de mercantilização do alimento e a elaboração de relações comerciais fundamentadas na conversão progressiva da agricultura a uma indústria mundial. Claramente, isso não acontece ao mesmo tempo e, embora se tenha constatado uma tendência secular nesse sentido, os episódios cíclicos pelos quais essa tendência se fortalece atuam por meio de relações contraditórias. As relações de valor vêm ao mundo mediante meios políticos violentos, com consequências socioecológicas distintas – não menos importante entre elas, a expansão imperial (comumente por meio de intermediários locais) para regiões não europeias à custa material e cultural de populações nativas e seus habitats. O regime alimentar, portanto, pode representar tal exercício de poder global de modo geral ao mesmo tempo que pode definir os episódios intervenientes e suas condições políticas e materiais específicas. Se teorizarmos sobre o regime alimentar como "a face política das relações de valor histórico-mundiais" (Araghi, 2003, p.51), então será nossa incumbência especificar essa "face política" em suas formas históricas.

Os regimes alimentares têm sido associados à estruturação política da economia capitalista mundial, durante o domínio das nações britânica e norte-americana, e à administração estatal neoliberal. O domínio é estabelecido por meios militares, financeiros e institucionais, incorporando relações geopolíticas e modos de acumulação de capital específicos e acompanhados por ideologias de desenvolvimento. As hegemonias britânica e norte-americana, apoiadas por forças militares e financeiras, fundamentaram-se em princípios político-econômicos (como livre-comércio e livre-iniciativa, respectivamente) adotados por Estados rivais como princípios organizacionais universais (Arrighi, 1994). De modo análogo, a OMC institucionalizou um princípio organizacional universalmente aceito (liberalização de comércio e empresas), com força jurídica (e econômica) amparando a adoção por Estados-membros, apesar da assimetria de observância entre os hemisférios norte e sul.

As formas de domínio esboçam a estruturação de regimes alimentares, mas de que se trata, afinal? Produção e suprimento de alimentos para sustentar determinada dinâmica de acumulação é a resposta fácil, entretanto, seu modo de execução é consideravelmente mais complicado. Entre os três regimes, o denominador comum tem sido alimentos de baixo custo, com um preço mundial estimulando formas de acumulação por todo o sistema estatal. No entanto, alimentos de baixo custo possuem funções variadas: incluindo a redução de encargos salariais, melhoria dos salários reais, pacificação da mão de obra, apropriação dos recursos alimentares, geração de dependência, custeio de dívida, subcotação de produtores, e assim por diante. Comum a todas essas funções é o exercício de poder; portanto, o que decorre é um esboço do papel do alimento como forma de domínio em cada regime.

O regime alimentar imperial centrado na Grã-Bretanha

A exploração de colônias por impérios europeus atendeu a vários propósitos, sendo o principal deles arrebanhar suprimentos de alimentos de luxo e estimulantes para consumo da classe rica, a fim de aumentar a riqueza nacional por meio de políticas mercantilistas e abrir novas fronteiras de acumulação para a lucratividade e o adiamento da exaustão do ecossistema (Moore, 2000; veja Wallerstein, 1974). O suprimento de produtos tropicais foi, no início, uma articulação do primeiro regime alimentar centrado no modelo britânico. Como mencionado, a história do açúcar representa a maturação desse arranjo, pois ele deixou de ser um artigo de luxo produzido por escravos nas plantações para se tornar um insumo universal nas dietas das classes mais baixas, utilizado como um combustível calórico para sustentar trabalhadores fabris e suas famílias na era industrial emergente. Não só as terras coloniais e a apropriação de mão de obra foram essenciais para esse abastecimento, mas também a materialidade (valor de uso) dos produtos alimentícios tropicais permitiu que o capital barateasse o custo alimentício para sua força de trabalho. Como Mintz (1985) e Sébastien Rioux (2012) observaram, tanto o escravo quanto o proletário (e suas famílias) foram ligados a um processo geral de sub-reprodução de corpos laboriosos.

A complementaridade entre alimentos de clima temperado e tropical que constituiu o primeiro regime alimentar na segunda metade do século XIX registrou a ascensão do império britânico de livre-comércio, destinado a intensificar a acumulação e o poderio comercial desse país no mercado mundial emergente. Bill Winders data de 1860 o início do primeiro regime alimentar, seguindo-se à sanção do tratado de 1859 da Grã-Bretanha com a França que estendeu a todas as nações as concessões oferecidas àquele país vizinho e, desse modo, estabelecendo o primeiro acordo de livre-comércio multilateral (Winders, 2009, p.318; McMichael, 1984, p.21). Mas, antes disso, como ele observa, a revogação das *Corn Laws* [leis dos cereais] dependia de mudanças nas coalizões de classes da política britânica. Em especial, dependia da ascensão de uma classe industrial cada vez mais coerente e politicamente estabelecida, que buscava reduzir custos trabalhistas, em aliança com criadores de gado que também almejavam importar grãos mais baratos (Winders, 2009, p.323-24). Com a crescente rivalidade industrial entre Estados-nação emergentes promovida pelas atividades da *workshop of the world* britânica, as coalizões de classe de outros países uniam-se em torno do livre-comércio considerando-o instrumento para a importação de tecnologia e matérias-primas (inclusive alimentos). Agricultores de toda parte competiam por mercados, produzindo mais do que a demanda de consumo e reduzindo os preços agrícolas (Winders, 2009, p.327). De 1859 a 1899, a produção norte-americana de trigo e milho quase triplicou, visto que os plantios praticamente triplicaram em número (de 2 milhões para 5,7 milhões) entre 1860 e 1900 (ibid.). E, entre 1875 e 1913, o preço das terras triplicou no Novo Mundo (O'Rourke, 1997, p.786), estimulando a infraestrutura pública (inclusive a força militar) e investimentos privados em ferrovias que abriram fronteiras para migrantes europeus se assentarem como plantadores de grãos e criadores de animais (Friedmann, 1978; McMichael, 1984). Eric Hobsbawm observou que:

> Assim que os fluxos maciços de produtos alimentícios baratos convergiram para as áreas urbanas da Europa – na década de 1870 –, houve uma brutal recessão do mercado agrícola, não somente nas áreas receptoras, mas também nas regiões concorrentes de produtores

estrangeiros. O efervescente descontentamento dos agricultores populistas[1] no continente norte-americano e o mais perigoso rumor de movimento agrário revolucionário na Rússia nas décadas de 1880 e 1890, sem mencionar a erupção de inquietação agrária e nacionalista na Irlanda na era da *Land League* [liga da terra], testemunham seu efeito sobre regiões de agricultura camponesa ou familiar que estavam *direta ou indiretamente à mercê dos preços mundiais.* (Hobsbawm, 1969, p.128-29, itálico nosso)

O sistema de livre-comércio consolidou-se, apesar do crescente protecionismo entre as classes agrícolas europeias, visto que as tarifas não regulavam diretamente a produção ou os preços (Friedmann, 1978). Os produtores britânicos de grãos, isolados nos conflitos da *Corn Law*, estavam desprotegidos dos grãos de baixo custo importados (Winders, 2009, p.328). Em Londres, o preço médio de um filão de pão caiu de 10,75 pence, em 1855, para 8 pence, em 1870, e 5,08 pence, em 1895 (Rioux, 2012, p.55). Como Rioux (2012) documentou, não basta atribuir essas quedas no preço do pão somente a condições das fronteiras coloniais – mais propriamente, os alimentos de baixo custo na Grã-Bretanha dependiam também de novos métodos de distribuição (e adulteração) entre a população urbana. No caso, multidões de vendedores ambulantes empobrecidos e pequenos comerciantes (com seus funcionários) comprometiam-se e barateavam alimentos para famílias da classe trabalhadora. Embora o alimento barato sugira crescimento real de salários nesse período, as dietas alimentares alteradas e austeras de mulheres e crianças, além de pequenos comerciantes, apontam o contrário. Em termos globais, portanto, a autoexploração de produtores nas fronteiras coloniais combinava-se com a autoexploração de reprodutores em centros urbanos abastecidos pelo novo comércio de grãos. Tratava-se de

---

1 Referência ao "movimento populista" que, no final do século XIX, reuniu agricultores do Meio-Oeste e do Sul dos Estados Unidos insatisfeitos com as políticas tanto do Partido Republicano, como do Democrata, que ignoravam suas dificuldades. (N. E.)

uma forma extensiva de acumulação de capital dependente da mera exploração das forças de trabalho por meio dessa nova rota alimentar. Assim, as relações de valor reorganizaram a vida social em todo o cenário do regime alimentar com substanciais efeitos nativos, raciais, de classe e gênero. De modo extraordinário, o sistema de livre-comércio decretado pela Grã-Bretanha (amparado pela libra esterlina como moeda internacional) definiu um preço mundial do trigo com relativa convergência entre países no período de 1870 a 1913 e total convergência entre a Grã-Bretanha e os Estados Unidos – de um diferencial de 54% para -0,8% (O'Rourke, 1997, p.782).

Como um mercado instituído, por conseguinte, o regime alimentar representava uma confluência de forças e relações sociais, bem como uma geopolítica destinada a aumentar o poderio internacional e imperial da Grã-Bretanha. O livre-comércio era uma faca de dois gumes. Primeiro, a agricultura deslocalizada [*offshoring agriculture*] permitiu a especialização britânica como "oficina do mundo" por algum tempo, recorrendo ao capital ecológico e à mão de obra familiar das fronteiras coloniais para reduzir o custo de abastecer seu crescente proletariado.

E, segundo, provocou uma concorrência industrial e o protecionismo que acabou por desbaratar a ordem monetária baseada no padrão-ouro/libra esterlina e, por conseguinte, o sistema de livre-comércio (ainda que estimulasse uma vultosa transferência de investimento britânico para Estados colonizados ou dominados).

Esse ciclo representou o primeiro mercado mundial verdadeiramente integrado a ser incorporado à mercantilização de mão de obra, capital e alimentos (cf. Polanyi, 1957). O poder do Estado e a concorrência giravam em torno da disponibilidade de alimentos de baixo custo, o produto manufaturado de um sistema de Estado-nação em evolução que compartilha uma moeda dominante. Em termos teóricos, esse episódio de construção do Estado era a face fenomenal de um processo duradouro de formação de relações globais de valor – isto é, a integração da indústria mundial com a agricultura mundial por meio da configuração de preço, com importantes repercussões nas categorias de classe. No nível estatal, com os mercados mundiais estimulando a especialização, insumos comerciais substituíram os biológicos do plantio de culturas mistas praticada no início pelos colonizadores, revelando indícios da agroindustrialização que associava agricultura e indústria como setores complementares de uma economia moderna nacionalmente organizada (Friedmann; McMichael, 1989, p.102).

Nas planícies, pampas e florestas do hemisfério sul e da América do Norte, populações nativas foram desalojadas e/ou eliminadas para dar lugar a pastagens e cultivos de trigo. Na Argentina e no Paraguai, empreendedores dividiram os pampas em imensas plantações de trigo e pastos para criação de gado, a fim de suprir o mercado europeu, importando máquinas agrícolas dos Estados Unidos e da Europa e empregando trabalhadores migrantes europeus (Barbach; Flynn, 1980, p.93). Nesse intervalo, corporações norte-americanas como Hershey, W.R. Grace & Co. e United Fruit investiam em terras, expedição, fertilizantes e infraestrutura de transporte e instalações de processamento na América Central e do Sul, para expandir a agroexportação de *commodities* tropicais (ibid., p.94).

Enquanto os habitantes das planícies e dos pampas eram exterminados em larga escala por forças militares, os colonizados passavam pelo que Davis (2001) comparou a um holocausto. No último trimestre do século XIX, houve uma escassez em série na região tropical, provocada pelo fenômeno El Niño, que se desdobrou em uma seca devastadora levando à morte um número significativo de seres humanos (de 30 a 60 milhões de pessoas), com seus fenômenos se espalhando pela Índia, pelo norte da China e pelo Brasil. Na Índia, o colonialismo britânico desmantelou os sistemas de reservas de grãos em aldeias, uma vez que estes haviam se tornado *commodities* de exportação. Sistemas de transporte, incluindo o telégrafo e sua capacidade de coordenar picos de preço, independentemente das condições locais, permitiram que mercadores transferissem estoques de grãos do interior assolado pela seca para centros de armazenagem. Assim, a Índia foi levada em "marcha foçada para o mercado mundial", com as exportações de grãos subindo de 3 milhões para 10 milhões de toneladas ao ano, coincidindo com a estimativa aproximada de que de 12 a 29 milhões de pessoas morreram no período. Davis comenta que "os londrinos estavam comendo o pão da Índia" e observa que "a consequência perversa de um mercado unitário era exportar fome, via inflação de preços, para os pobres da zona rural em regiões de excedentes de grãos" (Davis, 2001, p.7, 26, 285). A resposta dada pela região que passou a ser chamada de Terceiro Mundo foi um milenarismo anti-imperial que impulsionou os movimentos de descolonização do século XX. Se, por um lado, Polanyi representou a modernidade como a regulação social do mercado, por outro, Davis completa a narrativa revelando "a história secreta do século XIX" – e documenta o profundo impacto do padrão-ouro sobre o mundo não europeu. A modernidade, para os não europeus, implicava a submissão de sua vida material à formação de preço – uma alavanca por meio da qual necessidades e novos recursos, sem distinção, poderiam ser removidos sem força evidente e transportados por mercadores formadores de preço para consumidores europeus tomadores de preço.

Em suma, o desdobramento das relações de valor por meio de um aparato imperial de violência e sub-reprodução de mão de obra e ecologias integrou certas classes sociais e marginalizou outras, na consolidação de um regime alimentar baseado em baratear alimentos, convertendo-os ao *status* de *commodity* global. A justificativa para tal regime recorria à narrativa civilizatória, em que os britânicos alegavam ter resgatado a Índia de uma "fome perene" – apesar de um estudo de 1878 publicado no *Journal of the Statistical Society* computar "31 ocorrências de fome grave em 120 anos de domínio britânico contra somente 17 casos registrados nos dois milênios anteriores" (Davis, 2001, p.299). No mesmo período, a mercantilização da força de trabalho na Grã-Bretanha engrossou as fileiras de uma classe trabalhadora com demandas crescentes por alimentos em nível adequado, levando o colonizador Cecil Rhodes a declarar em 1895: "O Império, como sempre afirmei, é uma questão de estômago. Quem quiser evitar a guerra civil, deverá tornar-se imperialista" (apud Patel, 2007b, p.84). Como sugere Raj Patel, a solução para evitar a guerra de classes desde a base "implicava aderir a um contrato social verbal, mantendo os níveis de fome e privação dentro de limites administráveis, assegurando quantidade suficiente de alimentos baratos, quando disponível" (2007b, p.87).

Esse cálculo produziu o que Kautsky e Lenin chamaram de "aristocracia do trabalho" nos centros imperiais, em que "alimentos de baixo custo demandavam escravos e trabalhadores do campo mal remunerados" em outras regiões (ibid.). Não obstante, Sandra Halperin (2005, p.34) observa que, embora a riqueza britânica média tivesse aumentado praticamente três e meia vezes entre 1830 e 1914,

a faixa de renda em torno da média não diminuiu significativamente; os ricos permaneceram muito mais ricos do que a média, os pobres mais pobres – em 1914, até um terço da população tinha renda que não lhes garantia alimento suficiente para um sustento saudável ao longo do ano. (Floud, 1997, apud Halperin, 2005, p.34)

Além disso, Floud argumentou que "enquanto 30% viviam abaixo da margem de pobreza, talvez outros 40% ou até mais vivessem tão próximos da margem que poderiam ser, e com frequência eram, impelidos para baixo por uma série de acontecimentos da vida" (apud Halperin, 2005, p.34).

A questão é que a dinâmica da acumulação associada a determinado regime alimentar abrange processos de sub-reprodução que questionam as progressivas reivindicações por civilização, ou desenvolvimento, ou segurança alimentar. Uma vez que um "regime" depende da normalização de suas reivindicações (permeada por "regras implícitas"), ele deve apresentar sua estruturação em particular como uma ordem racional, ou natural, de mundo naquele momento. Isto é, sua legitimidade deve derivar dos mitos de origem, sendo fundamental o "fardo do homem branco" de compartilhar os frutos de mão de obra e conhecimento superiores. Esse compartilhamento envolve a apropriação do trabalho e a espoliação do conhecimento do sujeito. A ilusão da ajuda desvia a atenção das relações exploradoras da ordem vigente.

Tal ordenação pela estruturação das relações de mercadoria simultaneamente reestrutura os mundos da vida das pessoas cujos habitats subscrevem relações de valor. Assim, enquanto o britânico Raj tinha a pretensão de resgatar o subcontinente indiano da fome, na fronteira norte-americana, os criadores de gado, capitalizados por vultosos investimentos britânicos para satisfazer seu apetite por carne bovina, seguiam o mesmo caminho: "tendo matado o búfalo e expulso os índios das planícies para que pudessem pastorear o rebanho, os pecuaristas então se dedicaram a vender carne bovina ao governo e alimentar indianos famintos cuja fonte de alimentação eles haviam eliminado" (Rifkin, 1993, p.83). A colonização de culturas por meio de tal reestruturação da provisão de alimentos é parte fundamental de um regime alimentar, como veremos.

O fim da economia mundial centrada no modelo britânico no início do século XX resultou de uma acumulação de movimentos protecionistas contrários ao domínio de mercado (movimentos de classe e descolonização, associados à concorrência entre nações), no bojo do conflito nacional e imperial entre nações europeias e o colapso do padrão-ouro. A depressão econômica e o desemprego urbano após a Primeira Guerra Mundial, além de uma ampla crise agrícola na Europa provocada pelos grãos baratos do exterior, resultaram em um protecionismo disseminado. O nacionalismo econômico na Europa e o desastre ecológico de tempestades de areia nos Estados Unidos selaram o destino do modelo de fronteira da mineração do solo e o comércio liberal do regime alimentar. A estabilização do setor agrícola norte-americano, pela intervenção governamental com programas de *commodity*, antecipou um novo regime alimentar administrado pelo Estado após a Segunda Guerra Mundial.

O regime alimentar intensivo centrado nos Estados Unidos

A reconstrução da agricultura norte-americana no período pós-guerra combinou programas nacionais que consolidaram uma forma de agricultura intensiva em capital, baseada na especialização em *commodities* (sobretudo, grãos básicos), com um regime internacional que desovava excedentes agroindustriais. As campanhas da ONU contra a fome anteciparam esse regime alimentar ancorado na geopolítica da descolonização e da Guerra Fria (Phillips; Ilcan, 2003; McMichael, 2007). O objetivo de "alimentar o mundo" referia-se a privações dos períodos colonial e pós-guerra por meio de uma política de contenção, tendo em vista que movimentos comunistas ameaçavam interesses ocidentais dentro e fora da Europa, onde a escassez de alimentos virou pretexto para fazer do alimento uma arma de poder. Assim, o presidente Truman proclamou em seu discurso de posse em 1949:

> Devemos adotar um novo e ousado programa para disponibilizar os benefícios de nossos avanços científicos e progresso industrial para a melhoria e o crescimento de regiões subdesenvolvidas. Mais da metade da população mundial vive em condições próximas da miséria. Sua alimentação é inadequada [...] Sua pobreza é um obstáculo e uma ameaça tanto para eles próprios quanto para as nações mais prósperas.[2]

Dessa forma, os Estados Unidos apropriaram-se de uma crise de diretos humanos para fins políticos. No início da década de 1940, a FAO, órgão da ONU responsável pela agricultura e segurança alimentar no mundo, foi instituída com a missão de estabilizar a agricultura mundial e estabelecer segurança alimentar global. O papel da FAO era incentivar e administrar o comércio internacional de produtos alimentícios. Em 1946, os Estados Unidos desprezaram uma proposta da FAO e da Administração das Nações Unidas para Assistência e Reabilitação (UNRRA) para a criação de um Programa Mundial de Alimentos, preferindo desenvolver sua própria rede de programas de apoio bilateral, moldados com base no Plano Marshall, pelo qual o país transferiu alimentos à Europa assolada pela fome no pós-guerra (Cleaver, 1977), antecipando o que se tornou um regime de ajuda alimentar mais amplo.

---

2 Disponível em: <http://avalon.law.yale.edu/20th_century/truman.asp>.

Nesse ínterim, em 1947, o GATT – instituído para reduzir barreiras ao comércio – excluiu *commodities* agrícolas, dando legitimidade à ideia de construir economias nacionais com setores manufatureiros e agrícolas articulados, representados no modelo norte-americano como o ideal de desenvolvimento a ser replicado (Friedmann; McMichael, 1989). O modelo norte-americano aprofundou-se enquanto solucionava a crise da tempestade de areia na década de 1930 com tecnologias híbridas que promoviam a especialização e reconstruía o cinturão agrícola do país como um distrito eleitoral. A solução para essa crise foi uma agricultura industrial com apoio governamental, com ênfase em programas de estabilização de *commodities* que tinham apoio financeiro do governo dos Estados Unidos, além da implementação de uma política de administração do abastecimento doméstico por meio do preço subsidiado e da aquisição de *commodities* excedentes – políticas adotadas amplamente, por exemplo, em países como Argentina, Austrália, Grã-Bretanha, Canadá, Índia, Coreia do Sul, Japão, México e a maior parte da Europa, dentre muitos outros (Winders, 2009, p.135).

O modelo agroindustrial norte-americano do pós-guerra dependia da conversão da produção de nitrogênio dos tempos de guerra (para fabricação de bombas) em fertilizante inorgânico, que substituiu a técnica usada até então com leguminosas e esterco para fixação de nitrogênio. Associado à mecanização, o uso de fertilizante inorgânico fez a demanda por óleo combustível, gasolina e eletricidade crescer, "aumentando assim a dependência agrícola do setor energético e, desse modo, convertendo-o mais do que nunca em parte do agronegócio" (Cleaver, 1977, p.17). Subsequentemente, a FAO concordou com um plano de negócio, em nome da campanha mundial "Freedom from Hunger" [Livres da fome] da ONU (1960), para oferecer serviços de extensão para a distribuição de fertilizante inorgânico excedente pelo Terceiro Mundo, intensificando a dependência agrícola no setor energético (ibid., p.28). Essa ação multilateral ratificou a hegemonia do modelo norte-americano de agricultura intensiva em energia.

A principal mudança na dinâmica da acumulação foi de uma forma extensiva de acumulação por meio de alimentos básicos de baixo custo cultivados nas planícies, no primeiro regime alimentar, para uma forma intensiva de acumulação que combinava a incorporação da manufatura de alimentos à acumulação em si com a distribuição internacional de gêneros de alimentos básicos de baixo custo por meio de iniciativas de ajuda alimentar desencadeadas pelo governo dos Estados Unidos, a partir de preços subsidiados. No cerne do anterior estava o "complexo durável alimentar", servindo a duas funções: a de substituir "meros refinadores e consumidores finais como compradores de produtos agrícolas tropicais" por "equivalentes químicos e biológicos para matérias-primas industriais, incluindo os principais ingredientes de adoçantes e gorduras [...] [tais como] açúcar e óleos vegetais como de amendoim, palma e coco" (Friedmann, 1994, p.263). A industrialização de alimentos abriu uma nova fronteira de acumulação na manufatura e no varejo de alimentos processados, com o melado de milho de alto teor de frutose, em especial, e outros adoçantes artificiais transformando o mercado de grãos, convertendo-o de simples produtos alimentares, como o pão, em matérias-primas de alimentos processados. Enquanto isso, o óleo de soja, originalmente desenvolvido para a indústria de margarinas, foi complementado com alimentos processados de soja, combinado com milho híbrido para a indústria intensiva de criação de gado. Como Friedmann demonstrou, esses três complexos – trigo, alimentos duráveis e gado – tornaram-se progressivamente interligados em decorrência dessa nova dinâmica de acumulação (1994).

A transição entre abastecer a Europa e envolver o Terceiro Mundo no âmbito do domínio do agronegócio foi retratada como essencial para o "projeto de desenvolvimento" internacional (McMichael, 1996). Com a proposta de disseminar o crescimento econômico nacional ao longo das zonas de influência norte-americanas no mundo pós-colonial, esse projeto teve o objetivo de promover a livre-iniciativa e a modernização agrícola. Foi amparado por um grande programa de apoio militar e econômico dos Estados Unidos (para compensar os *déficits* de dólar), incluindo ajuda alimentar a nações estratégicas no perímetro da Guerra Fria, como as forças anticomunistas de Chiang Kai-shek na China do final da década de

1940 (Cleaver, 1977, p.16). Araghi observa que essa ordem alimentar internacional "deve ser vista não somente como uma resposta à política agrícola nos Estados Unidos, mas também como um meio de reprimir nacionalismos socialistas" (2009, p.129). Sob essas condições históricas, a segurança alimentar pela ajuda internacional estava associada permanentemente à doutrina do desenvolvimento através da contenção, e vice-versa.

O programa norte-americano de ajuda alimentar, instituído pela Lei 480 (PL-480) em 1954, reciclou os excedentes de alimentos de seus programas de estabilização de *commodity* como subsídios alimentares preferenciais para um grupo selecionado de nações na Ásia (incluindo o Japão ocupado), no Oriente Médio e na América Latina.

Nas décadas de 1950 e 1960, a participação norte-americana nas exportações mundiais de trigo aumentou de pouco mais de um terço para mais da metade. E, à medida que a Europa substituía suas importações históricas [replicação] pela produção doméstica, o Terceiro Mundo e o Japão tornavam-se os principais importadores. A participação do Terceiro Mundo nas importações de trigo aumentou de 19% no final da década de 1950 para 66% no final dos anos 1960. (Friedmann, 1994, p.260)

O programa PL-480 subsidiou os capitalistas industriais do Terceiro Mundo com alimentos de baixo custo e, por meio da contrapartida de um programa de financiamento, ampliou o escopo da produção agroindustrial com a exportação de tecnologias da revolução verde (agricultura intensiva) para capitalistas agrários nas principais nações do Terceiro Mundo, como México, Brasil, Argentina, Venezuela, Filipinas, Indonésia e Índia. Desse modo, o "desenvolvimento nacional" consolidou os desígnios hegemônicos dos Estados Unidos por meio do apoio às classes dominantes domésticas em prol da segurança alimentar. A transformação de grandes partes do Terceiro Mundo em regiões de *déficit* alimentar dá a medida desse fenômeno. Na América Latina, exceto Argentina e Uruguai, todos os países passaram de exportadores a importadores de grãos entre as décadas de 1930 e 1970 (de Janvry, 1981, p.70). Pelo Terceiro Mundo como um todo, a razão de importações de alimentos para exportações de alimentos aumentou de 50% no período de 1955-1960 para 80% em 1975 (Araghi, 1995). E, enquanto o Terceiro Mundo respondia por 10% das importações de trigo na década de 1950, por volta dos anos 1980, essa proporção havia subido para dois terços (Grigg, 1993, p.241).

O desenvolvimento nacional era uma das articulações desse regime alimentar que associava o poder estatal militarizado do Terceiro Mundo aos propósitos da Guerra Fria. Na América Latina, por exemplo, o investimento público na modernização da agricultura seguiu a passo acelerado – por exemplo, na Colômbia, "os gastos públicos com a agricultura (contando com programas como crédito de investimento, assistência técnica, desenvolvimento de infraestrutura etc.) cresceram cinquenta vezes entre 1950 e 1972" (Burbach; Flynn, 1980, p.97), ainda que 78% do consumo de trigo fosse suprido por apoio norte-americano (Friedmann, 1994, p.261). A "modernização" agrícola era um projeto de classes em dois sentidos – não só consolidando um nexo entre Estado e proprietários de terra que fortalecia o agronegócio, mas também reprimindo a rebeldia dos camponeses, ao "acomodar sua necessidade de terras em uma estrutura voltada para o mercado" (Araghi, 2009, p.125) e opondo-se ao exemplo da Revolução Cubana de 1959. As vagas resultantes da "campesinização" pela reforma agrária no Terceiro Mundo desmantelaram latifúndios e deixaram pequenos proprietários à mercê dos artifícios do mercado e dos esquemas públicos de crédito e marketing (Araghi, 1995). O resultado foi que "a maioria das unidades agrícolas familiares de subsistência era de pequenos produtores de *commodities* (dependentes do Estado), e as reformas de modo geral deixavam a maior parte das terras produtivas em posse de grandes proprietários" (Araghi, 2009, p.127-28). Na América Latina, alguns desses grandes proprietários de terras passaram de latifundiários para agroindustriais mercantilistas conforme Estados modernizantes, com apoio dos Estados Unidos, "transformaram a reforma agrária em um importante fator no surgimento de uma burguesia agrária moderna" (Burbach; Flynn, 1980, p.100).

A busca do desenvolvimento nacional condicionou a segunda articulação do regime alimentar centrado nos Estados Unidos, a saber, a transnacionalização da agricultura e do consumo de alimentos. Na área do consumo, o programa de ajuda alimentar introduziu dietas ao estilo norte-americano para outras culturas gastronômicas – exemplos notórios são o da Nigéria, onde as importações de trigo levaram a economia doméstica à armadilha de substituir a provisão local de alimentos (Andrae; Beckman, 1985); Egito, onde as políticas estatais de importação de trigo também permitiram a consolidação de uma indústria de cereais forrageiros para suprir consumidores abastados de proteína animal (Mitchell, 1991); e Coreia do Sul, onde as contrapartidas de financiamentos do PL-480 incluíam a realização de aulas de como fazer sanduíche para donas de casa (Wessel, 1983, p.173). O U.S. Feed Grains Council canalizou as contrapartidas de financiamentos, por meio de mais de quatrocentos agronegócios, para o desenvolvimento de indústrias locais de criação de gado e aves domésticas, e um relatório anual da PL-480 observou que tais instalações "vão expandir substancialmente o mercado de cereais forrageiros e outros ingredientes similares" (George, 1977, p.171-2). Dessa forma, a provisão de alimentos tornou-se mais dependente do suprimento do mercado mundial.

A transnacionalização agroindustrial apresentava duas formas características: a especialização internacional no fornecimento de componentes para um produto alimentício final e a preparação cuidadosa da atividade agrícola a montante e a jusante. Quanto à primeira, Friedmann popularizou o conceito do "complexo de criação de gado", envolvendo novos cultivos de ração animal como insumos para uma indústria transnacional que oferecia operações intensivas e com frequência industrialmente organizadas (carne bovina e suína, aves domésticas, peixes/camarões) entre fronteiras nacionais (Friedmann, 1994, p.267). Verdadeiramente internacional, esse complexo consistia em

> uma revolução (norte-americana) na produção de milho baseada em híbridos que demandavam insumos mecânicos e químicos

intensivos: a introdução maciça de uma planta asiática, a soja, substituindo cultivos de forragem por um cultivo de ração animal comercial ([...] redundante à medida que tratores tomaram o lugar de animais de tração); e uma nova indústria de alimentação animal intensiva em capital que se interpôs entre produtores de culturas e animais e organizou ambos os setores com base em contratos de longo prazo. (ibid., p.267-8)

Esse cenário originou-se no acordo pós-guerra pelo qual a Comunidade Econômica Europeia (CEE) permitiu importações de milho e soja dos Estados Unidos, enquanto perseguia a estratégia de nacionalismo econômico de proteção a plantadores europeus de trigo. Empresas transnacionais como Continental, Cargill, Unilever e Bunge e Born ampliaram esse comércio especializado, incluindo a importação de sementes oleaginosas tropicais do Terceiro Mundo (ibid., p.268-9). Tal intermediação tornou-se particularmente predominante na América Latina, onde, no contexto de uma onda de nacionalização iniciada na década de 1960, as corporações do agronegócio deixaram a produção direta para adotar atividades de processamento e distribuição. A Castle & Cook, por exemplo, "diversificou suas *holdings* na América Central para cervejarias, uma fábrica de margarina, uma engarrafadora e uma fábrica de óleo de algodão, além de suas terras para plantio" (Burbach; Flynn, 1980, p.103).

A então chamada revolução verde representou dimensões tanto nacionais quanto transnacionais do regime alimentar centrado nos Estados Unidos. Reciclou a retórica do "alimentar o mundo" ao promover novas variedades de alto rendimento de sementes híbridas (trigo e arroz) – dependentes de agroquímicos (pesticidas, herbicidas e fertilizantes), irrigação e mecanização – como essenciais à modernização agrícola. Combinava uma filosofia neomalthusiana, que vinculava produções cada vez maiores ao "espectro da população em crescimento" (Gupta, 1998, p.54-6), com o anticomunismo da Guerra Fria, substituindo a revolução vermelha pela verde, priorizando agricultores comerciais primeiramente no México e depois na Argentina, no sul da Ásia, no Oriente Médio e no Sudeste Asiático nesse período (Patel, 2013, p.9, 33). Fazendeiros abastados foram alienados de uma cultura de compartilhamento de sementes de agricultura mista para uma monocultura de grãos básicos para consumo urbano. Além da criação do mito das "sementes milagrosas", o nexo da revolução verde combinava poder estatal, filantropia, Usaid, Banco Mundial e agronegócio com serviços de crédito, marketing e apoio técnico para uma classe seleta de proprietários de terras a fim de assegurar sucesso de produção e ratificar a ideologia do produtivismo (ibid.).

Nacionalmente, a tecnologia verde serviu ao propósito de substituição de importações no contexto do programa de ajuda alimentar; no nível transnacional, integrou regiões produtoras do Terceiro Mundo às rotas de capital na forma de tecnologias do agronegócio. Em linha com a dinâmica de inclusão/exclusão do regime alimentar, a revolução verde foi realizada por meio de crescentes desigualdades rurais – entre regiões economicamente diversas, entre agricultores, entre trabalhadores rurais expostos a produtos químicos tóxicos e entre famílias em que às mulheres era negado o acesso a insumos agrícolas e serviços de extensão. Os "alimentos dos camponeses" enfrentavam discriminação tendo em vista que, por exemplo, tradicionais verduras folhosas (fonte de micronutrientes como a vitamina A) foram redefinidas como "ervas" e "combatidas" por herbicidas no processo de otimização de alimentos de baixo custo com macronutrientes (Shiva, 1991). Os altos rendimentos sustentaram-se por algum tempo, mas sofreram declínio desde então (assim como a saúde do ecossistema). Em 1984, um agricultor indiano comentou: "o fertilizante químico faz a safra crescer muito [...], enquanto o adubo orgânico a fortalece. Sem força, não importa quanto fertilizante seja aplicado, o campo não vai produzir" (apud Gupta, 1998, p.4).

Enquanto durou o regime alimentar pós-guerra, os preços das *commodities* agrícolas mantiveram-se relativamente estáveis por causa do comércio administrado pelo poder público de produtos alimentícios (Tubiana, 1989). Esse regime entrou em colapso quando a *détente* [distensão] entre Estados Unidos e União Soviética em 1972-73 esvaziou os estoques excedentes de grãos pela primeira vez no período pós-guerra. O preço dos grãos e das oleaginosas triplicou, provocando a crise alimentar mundial de 1974. A inflação coadunou-se com uma crise geral de acumulação. O preço da energia disparou, a vulnerabilidade do dólar nos mercados cambiais forçou os Estados Unidos a abandonar a paridade do ouro e, assim, renunciar à ordem monetária de Bretton Woods e um salário social relativamente alto colocou cada vez mais pressão sobre as taxas de lucratividade industrial – tudo isso levando a uma grande reestruturação de capital em escala mundial, enquanto empresas e bancos internacionalizavam suas operações para incorporar mão de obra barata do Terceiro Mundo (O'Connor, 1984).

Em 1974, a FAO convocou um World Food Summit, considerando que "bilhões de pessoas foram classificadas como 'em estado de insegurança alimentar' com o desaparecimento dos estoques excedentes dos Estados Unidos e uma disparada nos preços mundiais de grãos" (Friedmann, 1993, p.245). A "segurança alimentar" tornava-se um objetivo político explícito da ONU por meio de seus Estados-membros, vinculando a produção e a distribuição de alimentos a uma meta explicitamente humanitária de ajuda alimentar (com as subvenções substituindo as vendas preferenciais). Como o diretor-geral da FAO Addeke Boerma declarou: "O alimento não é como qualquer outra mercadoria. Se os seres humanos têm direito à vida, eles têm direito aos alimentos" (apud Jarosz, 2009, p.50), reiterando o conceito original de segurança alimentar.

No entanto, com as acusações de que a FAO era incapaz de prever e administrar a crise, o diretor-geral sucessor, Edouard Saouma (1976-93) empenhou-se em descentralizar e reformular o órgão. Isso ocorreu no contexto de tensões geopolíticas exacerbadas por movimentos radicais de descolonização e uma breve declaração de solidariedade ao Terceiro Mundo pela Organização dos Países Exportadores de Petróleo (Opep) e a Nova Ordem Econômica Internacional (NIEO, da sigla em inglês) – tensões essas que respingaram na FAO. Os países da Organização para a Cooperação e Desenvolvimento Econômico (OCDE), ameaçados pela rebeldia do Terceiro Mundo, usaram as crises de alimento e petróleo para enfraquecer o mandato institucional alimentar e agrícola da FAO. Eles substituíram uma "colcha de retalhos de órgãos intergovernamentais politicamente convenientes, incluindo o Fundo Internacional para o Desenvolvimento da Agricultura (IFAD), o Programa Mundial de Alimentos (WFP), o Grupo Consultivo sobre Pesquisa Agrícola Internacional (CGIAR), o Conselho Alimentar Mundial (atualmente extinto) e uma agenda agrícola fortalecida no Banco Mundial" (ETC, 2009). Isso resultou no enfraquecimento da FAO (um sistema de "um país, um voto") por um complexo institucional que representava países doadores. A visão original da FAO desapareceu em 1986, quando o Banco Mundial redefiniu a segurança alimentar como a capacidade de adquirir alimento (Jarosz, 2009, p.51). Esse foi o ano em que a Rodada Uruguai das negociações do GATT teve início, levando à formação da OMC em 1994 e à institucionalização do regime de "livre-comércio" necessário a uma visão de mercado de "segurança alimentar".

Conclusão

A provisão de alimentos por esses dois regimes assumiu, portanto, formas bastante distintas. O processo de industrialização britânico e europeu foi estimulado crescentemente no primeiro regime alimentar pela exportação de grãos básicos de clima temperado e de carne do Novo Mundo, organizado na forma de acumulação extensiva ajustada para manter os salários dos trabalhadores em patamares reduzidos. A crise desse regime, com a exaustão da fronteira agrícola e uma depressão econômica geral seguida pela Segunda Guerra Mundial, estimulou a transição para uma forma de acumulação intensiva centrada na indústria alimentícia dos Estados Unidos e sua agricultura de exportação orientada para os cinturões agrícolas. Uma crise inflacionária alimentar com a abertura do bloco soviético aos grãos norte-americanos em 1972-73 coadunou-se com uma crise geral de acumulação e uma nova preocupação com a fome mundial.

A crise alimentar do início da década de 1970 separou a ajuda alimentar pública, humanitária, das vendas comerciais preferenciais, abrindo caminho para um realinhamento da "segurança alimentar" com o provisionamento de mercado. Essa reestruturação centrou-se em uma intensificação do papel dos Estados Unidos como o celeiro do mundo, uma resposta iniciada pelo Estado à crise da acumulação (Revel; Riboud, 1986). Uma resultante "nova divisão internacional do trabalho" na agricultura formou-se em torno de complexos transnacionais de *commodities*, integrando as relações de produção e consumo por regiões nacionais ancoradas no comércio norte-americano de grãos (Raynolds et al., 1993). Desse modo, a livre-iniciativa sob a hegemonia dos Estados Unidos comprometeu o ideal de agriculturas (e economias) nacionais, pavimentando o caminho para um regime cada vez mais privado de comércio global administrado por corporações transnacionais (Cutler, 2001), à medida que surgia um regime alimentar corporativo.

3
O REGIME ALIMENTAR CORPORATIVO

Embora cada regime alimentar tenha seu próprio perfil e papel em apoiar o poder, o traço unificador é a contribuição dos alimentos para a acumulação do capital por meio da estruturação do sistema estatal. O regime alimentar combina a definição dos recursos alimentares, e o acesso a eles, com formas de disponibilização de mercado que intensificam as relações de poder – por meio de provisionamento estratégico de classes sociais e Estados e/ou destituição de produtores incapazes de competir com o poder de mercado subsidiado ou monopolizado. Este último tem sido o destaque do regime alimentar corporativo (McMichael, 2005).

Historicamente, a ascensão e a consolidação do capital dependem centralmente dos alimentos – como um insumo biopolítico ou de processamento para suprir mão de obra e aumentar lucros – e isso, por sua vez, depende do acesso a recursos para produção de alimentos: fronteiras terrestres, agricultores e trabalhadores rurais, espécies botânicas e animais e tecnologias (de cultivares a OGMs, ou organismos geneticamente modificados). O modo de organização da agricultura e a circulação de alimentos têm dependido de configurações de poder que se transformam conforme Estados conquistam fronteiras, administram territórios e adotam relações institucionais compartilhadas que representam o domínio de uma ou outra forma histórica de capital em um regime alimentar. O regime alimentar corporativo demarca a era subsequente ao colapso do sistema monetário de Bretton Woods – uma era regida de modo crescente pela financeirização e pela defesa neoliberal das regras de mercado, que se estendeu da década de 1980 até o final dos anos 2000.

Um terceiro regime alimentar?

A questão da existência de um "terceiro" regime alimentar tem sido tema de considerável debate entre pesquisadores do assunto (McMichael, 2009a; Friedmann, 2009; Magnan, 2012). Para Friedman, esse período é transicional, com as corporações transnacionais (sobretudo varejistas de atuação global e sua associação, a Global--GAP[1]) organizando cadeias de suprimento agroalimentar com base em padrões de qualidade regulados pela iniciativa privada que se apropria do ambientalismo de consumo para renovar a acumulação e rejeitar padrões alimentares públicos (2005). Considerando esses desdobramentos como um "período de experimentação e contestação não resolvido", Friedmann questiona "se existe ou não uma constelação suficientemente estável de relações agroalimentares de tal modo que Estados, indivíduos, corporações, movimentos sociais e outros atores possam prever o efeito das ações", normalizadas como uma condição de legitimidade para um regime alimentar "corporativo-ambiental" (2009, p.335). Esse par abrange a diferenciação de cadeias de suprimento alimentar,

> ambas de capital privado, e às vezes as mesmas empresas vendem mercadorias de qualidade e de baixo custo para diferentes classes de consumidores. Nos Estados Unidos, as duas redes de supermercado que controlam os mercados de duas classes são a Whole Foods (uma impressionante apropriação de um termo da contracultura da década de 1960) e o Walmart. (Friedmann, 2005, p.254)

---

1 Conjunto de normas agrícolas, internacionalmente reconhecidas e dedicadas às Boas Práticas Agropecuárias. (N. E.)

O relato de Friedmann sobre um sistema alimentar bifurcado em escala mundial, como "sistemas complementares no âmbito de um único regime alimentar emergente" (2005, p.261), captura o teor das relações agroalimentares em um mercado dominado pelas corporações, jogando de acordo com diferentes expectativas associadas a dietas de classe. Com respeito à forma, tem-se a questão da regulação e se "existem 'regras' que analistas podem inferir com base em comportamentos consistentes de atores relevantes: Estados, empresas, corporações, movimentos sociais, consumidores e cientistas" (Friedmann, 2009, p.336). Nessa formulação, um regime requer "uma estrutura negociada para instituir novas regras" – em última instância, "implícitas", por causa do processo de normalização (Friedmann, 2005, p.234-5). E a normalização requer estabilidade, que diz respeito a um sistema monetário internacional que possibilita um ambiente regulatório capaz de oferecer previsibilidade a atores relevantes e expressar a hegemonia de um modelo agroalimentar, "como quais países se especializam em cultivar certas colheitas e quais países são importadores" (Friedmann, 2005, p.234). A atual ausência de uma moeda internacional de fato (para evitar que os Estados Unidos registrem *déficits* em suas contas públicas e no comércio, pois o dólar continua a ser a moeda padrão) implica um sistema monetário internacional provisório e instável (Friedmann, 2009, p.339).

Isso levanta a questão do que é que constitui um regime. Friedmann prefere a definição fundamental de Krasner referente à convergência de normas e regras do jogo (1983), que coincide com o conceito gramsciano de Giovanni Arrighi sobre hegemonia internacional, pela qual um Estado dominante representa seus interesses como os de Estados rivais ou subordinados (1994). O exercício da hegemonia é expresso de modo apropriado por meio de uma moeda dominante como a moeda de reserva internacional, que facilita o comércio interestatal. A hegemonia também denota o encobrimento das relações de produção e poder.

Os dois primeiros regimes alimentares encaixam-se de certo modo nesse tipo de definição, embora de formas radicalmente diversas. O ouro foi designado moeda *commodity* em escala mundial. Em teoria, as nações soberanas adotariam o padrão-ouro para facilitar as relações comerciais sem a necessidade de uma autoridade financeira internacional. Na prática, a onipresente libra esterlina era tida como "tão boa quanto ouro" (Polanyi, 1957), e a City de Londres promovia o comércio por meio da redistribuição de liquidez internacional pela manipulação dos balanços em moeda britânica (McMichael, 1984, p.26-7). Mesmo assim, como aponta Polanyi, as inerentes tensões produzidas em âmbito nacional por uma moeda mundial levaram as nações europeias a rejeitar o comércio regional com conquistas imperiais – para evitar ajustes econômicos exigidos por pressão de trocas estáveis sob o padrão-ouro (1957, p.214-5). A Grã-Bretanha viu-se forçada a seguir o exemplo, desviando o comércio e os investimentos para suas possessões e os Estados Unidos no último trimestre do século XIX (McMichael, 1984, p.27-30) – talvez considerando o regime alimentar um artefato geográfico das tensões associadas ao sistema do ouro/libra esterlina. Além disso, essas nações desenvolveram medidas protecionistas "voltadas a combater os efeitos destrutivos do livre-comércio acrescido de moedas fixas e, de acordo com o grau em que atingiam esse propósito, elas interfeririam no desempenho desses mecanismos" (Polanyi, 1957, p.217).[2]

No período pós-guerra, o dólar americano era a moeda de reserva internacional, mas moedas eram inconversíveis e a mobilidade de capital estava restrita ao acordo de Bretton Woods (para fins de estabilização monetária). Nesse caso, a liquidez internacional dependia de apoio estrangeiro, fosse econômico/alimentar, fosse por empréstimos em condições favoráveis pelo Banco Mundial.[3] Ainda assim, nesse

---

2 Portanto, com "o advento do padrão-ouro... tarifas, leis fabris e uma política colonial ativa eram pré-requisitos de uma moeda externa estável (*a Grã-Bretanha, com sua vasta superioridade industrial era a exceção que confirma a regra*). Somente quando esses pré-requisitos fossem concedidos poderiam os métodos de economia de mercado ser, então, seguramente introduzidos" (Polanyi, 1957, p.214, itálico nosso).

3 Timothy Mitchell argumenta que esse também foi um método de desembolso de dólares para capacitar/incentivar Estados a adotar o regime de petróleo no pós-guerra (2011, p.111).

sistema, corporações multinacionais burlavam os controles de Bretton Woods depositando lucros no mercado externo de euromoeda, centrado em Londres. Amparados pelos gastos militares dos Estados Unidos, os depósitos em eurodólar cresceram vertiginosamente de $3 bilhões para $75 bilhões na década de 1960, exercendo pressão cada vez maior sobre a capacidade do dólar de cobrir o pagamento de dívidas com ouro (Helleiner, 1996, p.111-9). Isso não era estável e levou à decisão do presidente Nixon de acabar com o sistema de Bretton Woods de intercâmbio por moeda fixa em 1971.

A questão aqui é se o mesmo molde aplica-se ao período subsequente, de declínio hegemônico dos Estados Unidos. Seria o padrão binário Estado/mercado associado aos dois primeiros regimes o suficiente para captar a complexidade de uma era caracterizada por novas regras de mercado ligadas à hegemonia corporativa e à implantação da dívida como um mecanismo disciplinar a serviço do comércio e de lucros financeiros? Além do esforço do Banco Mundial/FMI de disciplinar nações endividadas, a OMC (uma organização de Estados-membros) liberalizou as relações comerciais (reduzindo proteções domésticas) pela expansão de mercado multilateral, possibilitando um "regime privado" constituído por corporações transnacionais privilegiadas por seus protocolos (Cutler, 2001). Como aponta Claire Cutler, enquanto os regimes legais enfocam Estados como sujeitos legais, os sistemas privados atuam no sentido de limitar as regulações governamentais a serviço do "estado de competição" neoliberal, reconstituindo a autoridade civil via poder informal. Em contrapartida, esse poder informal é formalizado pela política neoliberal e é "na prática mais soberano do que o Estado" (Cerny, 1995, p.618). Segundo Cutler,

cada vez mais, as corporações transnacionais atuam como participantes da criação, aplicação e execução direta da lei internacional. Além disso, governos estão participando da expansão de direitos e poderes corporativos [...].

Como Jan Scholte observa: "governos têm facilitado as operações e os lucros de empresas globais com garantias de propriedade construídas sob medida, regulações de moeda, regimes tributários, leis trabalhistas e proteção policial". (2001, p.144)

Na realidade, o complexo brasileiro de agroexportação de soja revela o surgimento de um regime privatizado de agronegócio pela porta dos fundos, por meio de uma série de apelações ao Sistema de Resolução de Conflitos da OMC, além da fundação do Instituto de Estudos do Comércio e Negociações Internacionais (Icone), com o objetivo de fazer avançar as agendas de livre-comércio de um nexo corporativo/estatal (Peine, 2010, p.141-3). Embora a OMC em si não seja de modo algum hegemônica, em função de sua estrutura e recepção comprometidas pelas nações do G-20, a instituição defende da boca para fora o princípio de vantagem comparativa que promove a liberdade de investimento e a circulação de mercadorias pelas corporações. Isso sugere uma hegemonia corporativa à medida que a doutrina neoliberal, ao colocar "mercados" acima dos "Estados", transforma os últimos em explícitos servidores dos primeiros, com a governança financeira internacional transferindo-se "dos Estados para instituições 'privadas' como o Banco de Compensações Internacionais (BIS)" (Nesvetailova e Palan, 2010, p.7-8). Nesse contexto, Banco Mundial, FMI e BIS equiparam-se a organismos como OECD, G-8 e G-20 na coordenação dos bancos centrais e órgãos do Tesouro "constituindo uma arquitetura financeira global em desenvolvimento para uma versão internacional do nexo estatal-financeiro" (Harvey, 2011, p.51). Talvez haja, aqui, certa ironia, visto que, enquanto o sistema de padrão-ouro induzia a resistência nacional solidária aos efeitos perniciosos do mecanismo de intercâmbio monetário (administrado pelo Estado), o sistema financeiro corrente baseia-se na divisão nacional, em que as classes dominantes negociam a estabilidade monetária com seus representantes nas instituições financeiras internacionais.

Essa é a essência do regime privado: pode não atender aos requisitos de estabilidade sob uma perspectiva centrada no Estado por representar uma nova conjuntura em que os Estados se privatizaram cada vez mais. Sob essas circunstâncias, os contribuintes atuam como *default* na ocorrência de uma crise. A "estabilidade" baseia-se menos na convergência de interesses por todo o sistema estatal (expresso em uma moeda de reserva verdadeiramente internacional) e mais na força militar e econômica, regida pelo argumento de que a segurança econômica depende da saúde financeira. Mais de setenta nações do hemisfério sul passaram por ajuste estrutural na década de 1980, entrando os anos 1990 com 61% mais dívidas do que detinham em 1982 (Bello et al., 1994), dando margem a vastas reduções de salário e serviços públicos. Nesse sentido, a estabilidade é um termo relativo, em que a "estabilização de mercado" tem dependido de três décadas de rolagem de crises de austeridade (e financeiras) pelo Sul global, chegando ao Norte global na década de 2000.[4] Como um regime selvagem, o neoliberalismo fundamenta-se na redistribuição, e não na produção de riqueza (Araghi, 2009; Harvey, 2011; Sassen, 2011). Fundamental ao regime alimentar corporativo tem sido uma ampla espoliação de pequenos proprietários de terras e sua conversão em trabalhadores informais em escala mundial.

A questão da espoliação obscurece o argumento de Pritchard de que a OMC consiste numa "transição da política da crise do segundo regime alimentar, em vez de uma representação de qualquer suposto sucessor" (2009, p.297). Desse ponto de vista, Pritchard sugere que uma questão-chave para os pesquisadores do regime alimentar é "como teorizar a incorporação da agricultura à OMC" (ibid.). O que sobressai no regime alimentar corporativo é que foi a primeira vez que os agricultores se confrontaram universalmente com um preço de mercado mundial e, por isso, embora certamente haja uma transição na política agrícola do norte, a projeção de tal política *globalmente* em uma investida de preço contra as culturas dos pequenos agricultores dificilmente pode ser considerada mera transição. Em vez disso, foi

---

4 Pritchard e Burch (2003, p.13, 264) fazem questão de enfatizar a instabilidade, com base em sua extensa pesquisa sobre a indústria global de processamento de tomates. A ausência de um preço de mercado global para o extrato de tomate é explicada pelo fato de que grande parte do produto é trocada entre parceiros da cadeia de suprimento via contratos de abastecimento (ibid., p.250) – convencionalmente, o regime alimentar é representado pelo preço global de um grão básico.

um capítulo distintamente novo na "incorporação da agricultura", pela qual a OMC aderiu aos interesses corporativos na construção de um preço mundial artificial (subsidiado) como o destaque de um regime alimentar de baixo custo colocado em prática contra pequenos agricultores em toda parte.

O conceito de "regimes internacionais" surgiu com uma episteme centrada no Estado e deu vida ao projeto de regime alimentar ao incorporar as relações agroalimentares aos processos de formação do Estado, e vice-versa. Mas, na medida em que o sistema estatal é uma estrutura histórica, sua reconfiguração ao longo do tempo e do espaço requer que se contextualize o conceito de regime em si. No primeiro regime alimentar, o projeto britânico de *workshop of the world* integrou o capitalismo industrial europeu emergente às cadeias de suprimento alimentar que se originavam no império estrangeiro do capital; no segundo, os Estados Unidos fizeram uso dos excedentes de alimentos de baixo custo com fins políticos, para criar alianças e mercado para os produtos de seu regime intensivo em acumulação. Embora a agroindustrialização fosse comum a cada regime, a estrutura social de acumulação e do sistema interestatal diferiu acentuadamente entre essas duas eras.

As condições de colapso dos dois primeiros regimes – os rivais da Grã-Bretanha, mobilizando-se para proteger suas economias domésticas emergentes, e as corporações transacionais, solapando o "liberalismo incrustado" (Ruggie, 1992) da sociedade pós-guerrra dos Estados Unidos – expressavam as contradições internas em amadurecimento de cada regime. Possivelmente, o regime alimentar corporativo passou por um ciclo parecido: um *quasi*multilateralismo institucionalizado pelas regras da OMC, privilegiando um modelo industrial de agroexportação que entrou em alerta no final da década de 2000. Os efeitos disso giraram em torno de redefinições de "segurança alimentar", um arcabouço central do regime alimentar corporativo.[5]

---

5 Assim o Relatório dos Objetivos de Desenvolvimento do Milênio (ODM) 2010 observou: "Desde 1990, regiões em desenvolvimento fizeram algum progresso

Friedmann observa que, em momentos de crise do regime, aspectos implícitos do arcabouço são nomeados quando o regime deixa de funcionar bem, isto é, quando as ações não surtem mais os mesmos efeitos. As discussões sobre meios alternativos de solucionar problemas que surgem em decorrência disso tratam, em parte, de como nomear os aspectos de um regime vacilante. Quando os nomes se tornam populares, é um sinal de que o regime está em crise [assim como no caso da renomeação de ajuda alimentar como *dumping*]. (Friedmann, 2005, p.234-35)

A marca do regime privado patrocinado por subsídios públicos incorporada aos dois protocolos da OMC era a premissa implícita de que os mercados consistiam nos meios mais eficientes de promover a segurança alimentar mundial. O século XXI refutou isso, tendo como limiar os picos dos índices de fome durante a "crise alimentar" latente. A consequência foi um conjunto não resolvido de discussões sobre alternativas – variando de revisão de expectativas de agricultura familiar (de defensores do agronegócio e da agrocologia), apropriação de terras, protecionismo doméstico e direitos humanos (cf. McMichael; Schneider, 2011).

O regime alimentar corporativo

O regime alimentar corporativo carrega legados dos regimes anteriores, embora expresse um novo momento na história política do capital, que pode ser conceituado como o "projeto de globalização" neoliberal (McMichael, 1996). Em essência, esse projeto reverteu a

em relação à meta dos MDG de cortar pela metade a proporção de pessoas passando fome. A parcela de populações subnutridas diminuiu de 20% em 1991-1992 para 16% em 2005-2007, o último período com dados disponíveis. No entanto, o progresso estagnou desde 2000-2002" (Departamento de Economia e Assuntos Sociais da ONU, Millenium Development Goals Report 2010, p.11, em <http://www.unfpa.org/public/site/global/lang/en/pid/6090>).

ordem do "projeto de desenvolvimento" anterior por meio do qual Estados regem mercados. Agora, Estados servem a mercados. A regra de mercado foi consolidada pela financeirização: um processo com várias vertentes e viabilizado por uma profunda crise de endividamento incubada e, então, gerida por novos instrumentos financeiros (veja o Capítulo 5).

Historicamente, a financeirização é associada ao declínio hegemônico e à perda de vantagem geoeconômica, de tal modo que os investidores trocam o capital fixo por investimentos financeiros de maior liquidez (como fusões e securitização: consolidação e venda de dívida). Arrighi (2007, p.145) relaciona a financeirização aos derradeiros esforços do governo norte-americano na década de 1980, instituindo regras para promover mercados de capital liberais e desregulamentar as atividades bancárias para atrair fluxos de capital para os Estados Unidos com altas taxas de juros visando superar o relativo declínio em sua capacidade de produção industrial. A desregulamentação financeira começou na década de 1970, com a conversibilidade do dólar permitindo que petrodólares jorrassem nos mercados financeiros mundiais a serviço de empreendimentos corporativos e bancários globais, além de empréstimos a governos do Terceiro Mundo. Bancos de escala global (replicando o papel da City de Londres na virada do século XX) redistribuíram o dinheiro para nações "desenvolvimentistas" engrenadas para exportar produção (Daly; Logan, 1989, p.59), um processo em última instância afiançado pelos bancos centrais da OECD via BIS (Cox, 1987, p.301). Quando os Estados Unidos elevaram as taxas de juros em 1980, nações endividadas tornaram-se alvo de instrumentos de ajustamento estrutural determinados pelas instituições de Bretton Woods (Banco Mundial e FMI) em favor de governos e bancos dos países do hemisfério norte (veja Cammack, 2003). Os empréstimos de ajustamento estrutural transformaram nações ao liberalizar a política econômica e redistribuir o poder no âmbito de cada Estado, transferindo-o de ministérios orientados por programas (serviços sociais, agricultura, educação etc.) para os bancos centrais e para os ministérios de comércio e finanças, comprometendo a soberania nacional (Canak, 1989).

Ao relatar a espetacular mudança na história política do capital, Moore observa que, no início da década de 1980,

> o capital financeiro surgiu como hegemônico no âmbito do processo de acumulação e, também, como uma força política nas nações do Norte global [...] Houve uma mudança histórica da *revolução* tecnológica para a *redistribuição* tecnológica, reforçada pela aliança do capital financeiro com a máquina estatal para redistribuir riqueza e poder dos pobres e das classes trabalhadoras para os muito ricos. (Moore, 2010, p.232)

Isso se deu inicialmente por dois desdobramentos correlatos: deslocalização da manufatura e da agricultura do Norte para o Sul e a elaboração de um regime de dívida a fim de disciplinar Estados endividados com políticas de austeridade combinadas com agricultura de exportação. Como Patel observa, a

> nova política alimentar econômica apoiava-se não no controle por meio de excedentes dos Estados Unidos, mas por meio da dívida fiscal do Sul global [...] O Norte global viu-se capaz de ter acesso a alimentos baratos do Sul apelando à generosidade – cada naco de alimento barato ingerido no Norte ajudava o Sul a pagar sua dívida. (2007, p.93, 96)

Enquanto os Estados internalizavam a hegemonia do capital financeiro, Friedmann descreve a coerção política resultante em termos pós-hegemônicos:

> Assim, o FMI tornou-se um instrumento arrecadador de dívida em favor dos bancos do hemisfério norte; o dólar manteve-se como a moeda mundial sem regras, e os Estados Unidos detinham efetivo poder de veto segundo as regras do FMI. Por conseguinte, os países do Terceiro Mundo de modo geral passaram de políticas agroalimentares nacionais (incluindo a gestão das exportações) para exportações dominadas por corporações (de *"commodities* não tradicionais",

como frutas, vegetais e flores fora de estação, além de peixes), e aprofundaram sua dependência da importação de grãos. (Friedmann, 2009, p.339)

O sistema de endividamento da década de 1980 consolidou o movimento transnacional que havia surgido no regime alimentar anterior, quando os Estados do Sul adotaram um modelo de agroexportação, que representava uma "vantagem comparativa" impulsionada pelas corporações, designado "nova internacionalização da agricultura" (Raynolds et al., 1993). Friedmann (1991) chamou esses estados de "novos países agrícolas (NACs, do inglês New Agricultural Countries)", em analogia aos países recém-industrializados (NICs, do inglês Newly Industrializing Countries) – ressaltando o papel constitutivo das relações agroalimentares na economia política internacional.

O fenômeno dos NACs suscitou estudos de "cadeias de valor", explorando exportações não tradicionais de frutas e vegetais do Sul global (LeHeron, 1993; Friedland, 1994; Llambi, 1994; Raynolds et al., 1994) e configurando outras pesquisas sobre várias *commodities*, como camarão, aves, frutos do mar e abacaxi enlatados e frutas frescas da Tailândia (Goss; Burch, 2001); vagens, minicenoura e milho e ervilha torta do Quênia (Dolan; Humphrey, 2000); tomates corporativos [*corporate tomatoes*] do México (Barndt, 2008); e a análise global de Pritchard e Burch sobre diversas fontes e formas de produção de tomate (2003).

No início da década de 1990, um identificável "abastecimento global" corporativo transnacional de alimentos era mais claro nas tecnologias de transformação, resfriamento e preservação de sementes e transporte de frutas e vegetais, que as disponibilizava, em épocas fora da estação ou até mesmo por todo o ano, para consumidores relativamente abastados, por meio da gestão de ilhas de plantações por todo o Sul global. Nesse caso, as corporações transnacionais subcontratavam camponeses do Terceiro Mundo, para produzir frutas e vegetais fora de estação, e processavam alimentos, como sucos, frutas enlatadas, vegetais congelados, carne embalada e frango em pedaços (comumente em zonas de processamento de exportação), para expandir supermercados na Europa, América do Norte e Ásia-Pacífico. A "segunda revolução verde" (DeWalt, 1985) possibilitava esse processo global, distinta da primeira justamente por seus *deslocamentos*: da iniciativa pública para a privada, de grãos básicos para alimentos de maior valor (proteína animal, frutas e vegetais, insumos químicos), e de mercados domésticos para globais.

A transnacionalização de rotas alimentares suplantou a exportação bilateral politicamente administrada de excedentes de alimentos e tecnologias agroindustriais associadas ao regime alimentar no pós-guerra. No século XXI, cerca de um terço desse comércio representava compras entre subsidiárias corporativas. Com o avanço do varejo global, o controle corporativo de sistemas alimentares domésticos do Sul (incluindo sementes, fertilizante e setores de insumos químicos) aprofundou mercados globais e cadeias de suprimento global e regional. Segundo John Wilkinson (2010, p.157),

> na década de 1980, a biotecnologia, maciçamente dependente de patentes, revolucionava os setores da genética e de insumos agroquímicos. Um *lobby* conjunto desses setores e também do ramo farmacêutico levou à aceitação pelos países em desenvolvimento das patentes de alimentos como um pré-requisito para aderir à OMC.

O comprometimento de soberania associado ao protocolo resultante do Acordo sobre Aspectos dos Direitos de Propriedade Intelectual Relacionados ao Comércio (Trips – *Trade Related Intellectual Property Rights*) fazia parte do preço de admissão – e era um duplo comprometimento, uma vez que o Sul produziu grande parte das informações genéticas (Wiessman, 1990), incitando reivindicações de "recolonização" (Raghavan, 1990).

A nova divisão internacional do trabalho agrícola desenvolveu e consolidou tendências a partir do regime alimentar anterior, implicando uma participação crescente (de 73% a 82%) da OECD no volume de exportações de cereais (1970-1996) e a importação pelo Sul global de 60% dos volumes mundiais de cereais. Ao mesmo tempo, os NACs expandiram sua participação nas exportações de frutos do mar e triplicaram o mercado mundial de frutas e vegetais. Os países da OECD tornaram-se os maiores fornecedores mundiais de variedades de vegetais. Nesse caso, o deslocamento mais significativo foi o político. Como Pistorius e van Wyk observam:

> O advento da Terceira Ordem Agroalimentar revelou uma tendência de o Estado, como pivô do desenvolvimento de culturas, ser substituído pela indústria privada. Desde a década de 1980, o investimento público em P&D agrícola decaiu e a indústria privada teve mais voz na alocação de fundos públicos de P&D em agricultura, enquanto os investimentos privados em pesquisa agrícola aumentaram rapidamente. Esse desenvolvimento foi acompanhado por uma reestruturação completa da organização do setor de melhoramento genético de plantas, o que deu margem à formação de conglomerados de desenvolvimento de cultivos industriais, baseados em países da OECD. Dada a acumulação de capacidade financeira e tecnológica sem igual no âmbito desses conglomerados industriais, estes parecem tornar-se os atores centrais e a força dinâmica do desenvolvimento de culturas da Terceira Ordem Agroalimentar. (Pistorius; van Wyk, 1999, p.51)

Governança

Essa nova ordem surgiu por meio da política da Rodada do GATT, que, ao antecipar a formação da OMC, engajou-se em uma profunda mudança na economia mundial – de um princípio *nacional residual*, decorrente de um período de comércio e investimento relativamente administrados, para um princípio *global emergente* de comércio e movimentação de capital relativamente livres. Esses princípios não eram mutuamente excludentes, como se evidenciou na capacidade dos Estados Unidos e da União Europeia, em particular, de manter (veladamente) subsídios agrícolas, apesar da norma de liberalização universal. Pode-se dizer que, no nível formal, o multilateralismo do GATT representava o arcabouço nacional, mas, no substantivo, comprometia-se com a elaboração de mecanismos regulatórios globais que envolvem soberanias nacionais no avanço de uma estrutura social específica de acumulação global. Isso era evidente na voz corporativa proeminente na Rodada. Nesse caso, as empresas alimentícias, os comercializadores de grãos e a indústria química, em especial, pressionaram o GATT a remover gradualmente programas agrícolas, eliminar a gestão de suprimentos e baixar preços, expondo os produtores a custos trabalhistas diferenciados pelo mundo (Ritchie, 1993, p.27). O multilateralismo do GATT foi complicado pelas realidades da internacionalização de capital produtivo e financeiro (Hoogvelt, 1997), em que o abastecimento global por empresas transnacionais subordinava a estratégia econômica nacional à concorrência internacional, e os mercados de capital global sobrepujaram o poder de reguladores nacionais para defender suas moedas (McMichael, 1993, p.200).

A transição, orquestrada pelo GATT, do comércio bilateral para o multilateral em *commodities* agrícolas, pelos processos de padronização e redução geral de tarifas, proporcionou uma dimensão constitucional distintiva, que ativou (novos) membros (Winters, 1990, p.1298). Tais tendências constitucionais concederam certa legitimidade ao emergente regime de livre-comércio, apesar da ausência de um Estado hegemônico definindo suas próprias regras do jogo. Os Estados-membros afiançavam a regra de mercado mundial, representada como "um campo de atuação nivelado" e "harmonização". Essas representações atuavam em favor das nações do hemisfério norte (com recursos fora do alcance das do Sul), onde se permitiu que um sistema de subsídios persistisse.

Embora os subsídios fossem um legado do regime anterior, eles passaram a funcionar como um instrumento competitivo do mercado mundial, em prol de negociantes e varejistas de alimentos, e foram incorporados institucionalmente à OMC. Nos lugares em que, originalmente, os subsídios foram estabelecidos como um mecanismo regulatório nacional e apoiavam o regime de ajuda alimentar dos Estados Unidos, agora davam apoio a um regime de mercado corporativo.

O novo mecanismo, ancorado nos ditames de uma instituição financeira internacional, dependia da remoção da proteção do Estado a mercados nacionais e de um sistema estatal reorganizado de garantia às rotas transnacionais. Além disso, o escopo e a complexidade organizacionais do legado institucional da hegemonia norte-americana (o BIS, o FMI e o Banco Mundial) eram um

> fator importante na intensificação de sua autonomia... de todos os membros do sistema interestatal [...] e corporações transnacionais desenvolveram-se em um sistema integrado de produção, troca e acumulação que não está sujeito a nenhuma autoridade de Estado e detém o poder de submeter a suas "leis" todos os membros do sistema interestatal. (Arrighi, 1990, p.403)

A OMC compôs esse legado ao escrever "a constituição de uma economia global única" (Ruggiero, 1996), acarretando que, em vez de promover a soberania popular e proteger a vida em detrimento dos lucros, tratava-se "basicamente da primeira constituição baseada nas regras de intercâmbio e nas regras de comércio" (Shiva, 2000, p.58).

Dissociando-se da Declaração Universal dos Direitos Humanos da ONU (1947), a OMC admite que a saúde nacional, bem como as regulamentações sociais e ambientais, restringem o comércio e é imperativo que se traduzam em tarifas claras e quantificáveis, sujeitas à redução ao longo do tempo. Além disso, foi criada uma hierarquia em que os subsídios (acessíveis somente a nações do hemisfério norte) eram ordenados em "caixas", de acordo com o grau de proteção (Herman; Kuper, 2003, p.35-6). O sistema de caixas funcionou favoravelmente às nações do Norte, que destinam pagamentos desacoplados [*decoupled*] do apoio agrícola para a caixa verde da "não distorção ao comércio". Desacoplar significa efetuar pagamentos diretos aos agricultores, em vez de usar subsídios de preço que distorcem o "livre-comércio". A Política Agrícola Comum (PAC) europeia, em particular, justifica esse sistema por meio de uma iniciativa de "desenvolvimento rural", por meio da qual pagamentos agrícolas diretos sustentam a "multifuncionalidade" da agricultura (veja, porém, McMichael, 2011a). A combinação da redução de impostos aduaneiros pela "tarifação" com a proteção dos subsídios agrícolas do Norte, por meio do sistema de caixas, compunha um sistema regulatório que transferia recursos do controle público para o privado no hemisfério norte e exportava insegurança alimentar para o sul via *dumping*.

Na prática, o regime da OMC representou uma nova forma de governança do desenvolvimento com um conjunto comum de regras (em oposição às condições de ajustamento estrutural aplicadas individualmente pelas instituições de Bretton Woods), baseada em um consenso multilateral e internalizada por cada Estado-membro em uma instituição com jurisdição independente. As regras baseavam-se em condições padronizadas de mercado como se todas as nações fossem iguais (com algumas exceções aos Países Menos Desenvolvidos – PMDs), sustentadas por um mecanismo integrado de resolução de conflitos que possibilitava o disciplinamento mútuo de políticas estatais de acordo com as regras do "livre-comércio". O protocolo do Acordo sobre Agricultura (AoA – Agreement on Agriculture), que defendia reduções universais em proteção ao comércio, em subsídios agrícolas e na intervenção governamental, carregava a premissa implícita de que o mercado era o caminho para a segurança alimentar mundial. Esse axioma repercutiu a alegação norte-americana durante a Rodada do GATT de que "a autossuficiência e a segurança alimentar não eram a mesma coisa. A segurança alimentar – capacidade de adquirir os alimentos necessários quando deles se necessita – é mais bem suprida por meio de um mercado mundial que funcione sem obstáculos" (apud Ritchie, 1993, p.25). O crescente reconhecimento das falhas de uma constituição econômica mundial carente do direito humano ao objetivo alimentar é profundamente simbólico da atual crise no regime alimentar (de Schutter, 2012).[6]

---

6 Veja o Capítulo 6.

Rotas alimentares, espoliação e dependência

O regime de livre-comércio da OMC intensificou a circulação de alimentos associados à divisão global de trabalho agrícola, baixando preços mundiais em, no mínimo, um terço no período de meia década (Ritchie, 1999). A AoA baniu sistemas "artificiais" de apoio à produção, exigindo que as nações do hemisfério sul desregulamentassem, enquanto as do norte destinavam seus subsídios às "caixas" (concentrando-se na agricultura corporativa). Isso permitiu desvincular subsídios, eliminando o preço mínimo e estabelecendo um "preço mundial" artificial (substancialmente abaixo dos custos de produção) para os excedentes de grãos do Norte escoados para o mercado mundial, à custa de agricultores não corporativos em toda parte. Em 2002, o preço médio abaixo do custo de produção de várias exportações do agronegócio norte-americano era de 43% para o trigo, 25% para a soja, 13% para o milho e 35% para o arroz (IATP, 2004, p.3).

A regra mínima de importação da OMC (voltada para estratégias nacionais de autossuficiência) intensificou o impacto desse preço mundial barateado sobre os agricultores sem condições de competir, levando a uma significativa aceleração da espoliação de pequenos proprietários de terras. Em 2000, a Oxfam levantou a seguinte questão: "Como pode um agricultor que recebe US$ 230 ao ano (a renda média *per capita* nos PMDs) competir com outro que recebe um subsídio de US$ 20.000 por ano (subvenção média nos países da OECD)?" (apud Bailey, 2000). Entre 1998 e 1999, a renda agrícola na Grã-Bretanha caiu 75%, tirando 20 mil agricultores da terra; na década de 1990, a dos Estados Unidos decaiu quase 50% (Lehman; Krebs, 1996; Gorelick, 2000, p.28-30). No Sul global, uma estimativa conservadora da FAO para os dezesseis países da região era que entre 20 milhões e 30 milhões de pessoas perderam suas terras com o impacto da liberalização do comércio agrícola (Madeley, 2000, p.75).

Uma tendência correlata foi a do "des-agrarianismo": na África, evidências do final da década de 1990 sugeriam que entre 60% e 80% de renda rural doméstica derivava de fontes não agrícolas (Bryceson, 2004, p.618-9), sendo que os domicílios mais pobres eram os mais dependentes de trabalho não agrícola, informal e por empreitada (Bernstein, 2005; Bezner Kerr, 2005). Na Ásia, entre 30% e 40% da renda rural doméstica são suplementados por fontes não agrícolas (Kabeer; Tran Thi Van Ahn, 2002), ao passo que grande parte da classe camponesa latino-americana é semiproletária, sujeita a um duplo aperto no acesso a terras e a empregos: "seu acesso a fontes de renda não agrícolas, comumente trabalho assalariado sazonal, permite que permaneçam na terra, desse modo impedindo sua total proletarização" (Kay, 2006, p.472; cf. Scoones, 2009).[7]

Em 2000, o ministro da Agricultura da Índia observou:

> o crescimento agrícola ficou mais lento na década de 1990. A agricultura tornou-se uma atividade pouco compensadora por causa de um regime de preços desfavorável e baixo valor agregado, causando o abandono do plantio e a migração das áreas rurais. (apud Paringaux, 2000, p.4)

Quase dois milhões de *campesinos* mexicanos perderam suas fazendas de milho para exportações de baixo custo e altos subsídios do hemisfério norte, sob o Tratado Norte-Americano de Livre-Comércio (Nafta – North American Free Trade Agreement), e agricultores norte-americanos enfrentaram uma intensificação de importações competitivas de frutas e vegetais do México, ocasionando o desaparecimento de cerca de 33 mil pequenas fazendas – seis vezes o declínio na meia década anterior (Carlsen, 2003; Public Citizen, 2001a, p.iv). Em outras palavras, subsídios corporativos e rotas alimentares transnacionais combinaram-se em um amplo ataque a pequenos proprietários de terras.

---

7 Curiosamente, embora exista uma "des-agrarização" análoga na China (desde as reformas da década de 1970), a total proletarização, ou a descampesinização, esse processo foi desacelerado pela instituição chinesa de direitos à terra, que permite aos camponeses "acesso economicamente inalienável a terras agriculturáveis" (Zhang; Donaldson, 2010, p.469), apesar do crescente confisco de propriedades.

O Nafta ilustrou esse processo de enclausuramento global. Quando o tratado (1994) abriu o México a 100% de direitos de investidores estrangeiros (antecipando os acordos sobre investimentos formulados na OMC, os TRIMs), a subsidiária da Green Giant em Pillsbury transferiu o processamento de alimentos congelados da Califórnia para o México a fim de aproveitar os baixos salários, os padrões mínimos de segurança alimentar e a tarifa zero sobre a reexportação para os Estados Unidos. A Cargill comprou uma fábrica de carne bovina e de frango em Saltillo, e a subsidiária mexicana investiu quase 20 milhões de dólares em refino de óleo vegetal e processamento de soja em Tula. Além disso, a Tyson Foods opera no México, Brasil, Argentina e Venezuela; a ConAgra processa sementes oleaginosas na Argentina; a Archer Daniels Midland tritura oleaginosas para refino, processa milho e farinha e fabrica ração por bioengenharia no México, na América Central e do Sul; e o Walmart no México, Argentina e Brasil (Public Citizen, 2001a, p.ii-iv, 19-21). Segundo a Public Citizen:

> os agronegócios têm criado novas plataformas de exportação, que colocam agricultores dos Estados Unidos, México e Canadá uns contra os outros na luta por sobrevivência porque os preços pagos aos produtores são constantemente pressionados para baixo. (2001b, p.13)

A regra de importação mínima da AoA garante o "direito à exportação", assim institucionalizando a "segurança alimentar" orientada para o mercado. Em meados da década de 1990, metade das operações cambiais dos 88 países de baixa renda e déficit alimentar destinou-se a importações de alimentos (LeQuesne, 1997), e os gastos alimentares de nações dependentes de alimentos cresceram em média 20% entre 1994 e 1999, apesar de preços baixos recordes (Murphy, 1999, p.3). Em meados de 2000, 70% dos países no Sul global eram importadores líquidos de produtos alimentares (Grain, 2008, p.2).

A dependência alimentar foi a contrapartida de um processo de centralização de estoques globais de alimentos – 60% sob o controle de corporações, seis das quais controlando 80% do comércio global de trigo e arroz, e três países produzindo 70% do milho exportado

(Angus, 2008). De 1970-2000, declínios na porcentagem mundial de agroexportações da África (de 10% para 3%), América Latina e Caribe (de 14% para 12%) e Países Menos Desenvolvidos (de 5% a 1%) contrastaram com um aumento no norte de 64% a 71% (FAO, 2004). Enquanto as empresas alimentícias do Norte dominavam o comércio internacional, "as vendas locais por subsidiárias estrangeiras de empresas processadoras de alimentos dos Estados Unidos representam cinco vezes as exportações de alimento processado deste país para o resto do mundo" (Reardon; Timmer, 2005, p.28). Em outras palavras, gigantes do varejo, como Tesco (Grã-Bretanha), Walmart (Estados Unidos), Ahold (Holanda) e Carrefour (França), colonizam mercados domésticos de dentro para fora, complementando o legado do comércio de grãos do regime alimentar anterior.

Juntas, essas *commodities* constituem um sistema mundial unificado de alimentos, voltado para suprir uma classe consumidora bifurcada com alimentos de alto e baixo valor. E, no entanto, esses consumidores respondem por menos da metade da população mundial. E a outra metade? Nos regimes alimentares anteriores, a provisão de alimentos baratos seguia metas estratégicas do Estado hegemônico, limitando-se a determinadas forças de trabalho assalariadas. O abastecimento global de alimentos pelo comércio em geral, em nome da "segurança alimentar" mundial, foi articulado pelo presidente da Cargill:

> Há uma crença errônea de que a principal demanda agrícola do mundo em desenvolvimento consiste em desenvolver a capacidade de cultivar alimentos para consumo local. Isso é um equívoco. Os países devem produzir aquilo que produzem melhor – e fazer comércio. (apud Lynas, 2001)

O regime corporativo alimentar visa consumidores assalariados em uma oferta combinada de estender a elasticidade do consumo de alimentos (da "carnificação" à diferenciação de produtos) e ampliar mercados alimentares por meio do comércio injusto. Apesar das justificativas para a segurança do alimento de baixo custo, este afeta de modo adverso a maioria da população mundial que produz alimentos de origem camponesa (ETC, 2009, p.1), solapando o abastecimento agrícola e informal por via de mercadões, vendedores ambulantes e bares e restaurantes. Segundo o movimento internacional de camponeses e pequenos agricultores, a Via Campesina: "o movimento alimentar maciço ao redor do mundo está impactando um número cada vez maior de pessoas" (2000), deslocando famílias de camponeses para uma força de trabalho informal (McMichael, 1999) e confirmando a utilidade de representar o regime alimentar como uma relação global de valor por excelência. Baseia-se na ativação da arma do preço contra pequenos proprietários de terras e na incorporação de relações locais de consumo e recursos locais de alimentos aos circuitos globais. O paradoxo do regime alimentar corporativo é que, ao mesmo tempo que se apresenta como um requisito para a segurança alimentar, leva populações à miséria por meio do exercício do poder de monopólio. A perversa consequência da integração global de mercados é a exportação da privação, visto que os mercados "livres" excluem e/ou deixam à míngua populações espoliadas por meio de sua implementação, relegando os habitantes do interior colonizado a um subconsumo invisível, racista, que tem sido um requisito do desenvolvimento metropolitano e do excesso de consumo. A crise agrária global que se aprofunda, representando uma contradição fundamental no regime alimentar, comporta um amplo desafio à agricultura corporativa no movimento de soberania alimentar, que reivindica: "o alimento é, antes de mais nada, uma fonte de nutrição e, apenas em segundo plano, um item de comércio" (Via Campesina, 2002, p.8).

Soberania alimentar

Progenitora do conceito "soberania alimentar", a Via Campesina[8] foi formada a partir de uma reunião em maio de 1993 dos movimentos

---

8 Uma coalizão internacional composta de mais de 150 organizações de setenta países. Em 2000, a Via Campesina uniu-se a outras 51 organizações da sociedade

de agricultores das Américas, Europa e Ásia, realizada em Mons, Bélgica. A crise agrária resultante das políticas neoliberais foi o estopim de um movimento que defenderia publicamente a soberania alimentar na Cúpula Mundial da Alimentação da FAO, sediada em Roma, em 1996 (Nicholson, 2008, p.456). Nicholson resumiu a soberania alimentar como:

> Nós propomos mercados locais de alimentos, o direito de qualquer país proteger suas fronteiras dos alimentos importados, uma agricultura sustentável e a defesa da biodiversidade, dos empregos e de um forte meio de subsistência nas áreas rurais. (Nicholson, 2008, p.457)

O movimento em si reivindicou:

> Políticas neoliberais dão prioridade ao comércio internacional, e não a alimentos para a população. Não contribuíram em nada com a erradicação da fome no mundo. Pelo contrário, aumentaram a dependência dos povos por importações agrícolas e fortaleceram a industrialização da agricultura, assim colocando em risco a herança genética, cultural e ambiental de nosso planeta, bem como nossa saúde. Forçaram centenas de milhões de agricultores ao abandono de suas práticas agrícolas tradicionais, ao êxodo rural ou à emigração. Instituições internacionais, como o FMI, o Banco Mundial e a OMC implementaram essas políticas ditadas pelos interesses de grandes empresas e superpoderes transnacionais [...] A OMC é uma instituição completamente inadequada para lidar com questões relacionadas a alimentos e agricultura. Por isso, a Via Campesina quer a OMC fora da agricultura. (Via Campesina, 2003)

A Via Campesina identifica que a contradição fundamental do regime alimentar corporativo é entre "uma agricultura centralizada, orientada por corporações, voltada para exportações e industrial *versus*

---

civil para formar o International Planning Committee for Food Sovereignty, que opera no nível da política internacional.

uma produção descentralizada e sustentável, de base camponesa e familiar, primariamente dirigida para os mercados domésticos". Visto que as negociações comerciais ocultam essa distinção, a OMC é uma "instituição totalmente inapropriada para uma tomada democrática de decisões" no que diz respeito à soberania alimentar e à sustentabilidade social e ecológica (Via Campesina, 1999, p.3).

Como intervenção estratégica, a soberania alimentar é híbrida ao abordar as necessidades imediatas (formais) e apresentar alternativas substantivas de longo prazo. No nível formal, invoca o direito das nações de proteger a produção e os produtores domésticos de alimentos, que "atualmente respondem por grande parte do alimento mundial" (Via Campesina, 2008). Já existem tentativas iniciais de redefinir constituições de Estado, institucionalizando-se a soberania alimentar. No nível substantivo, oferece uma alternativa ontológica: defender direitos além dos direitos de mercado, com uma identidade agrária baseada em um complexo de valor que entrelaça a subjetividade e a preservação ecológica como precondição para a sustentabilidade social e ambiental. Defender "o modo camponês" não se refere a preservar uma "cultura", mais do que isso, tem a ver com fortalecer práticas culturais que não reduzam o alimento e a agricultura à formulação de preços. Ao fazer isso, o movimento de soberania alimentar afirma a incomensurabilidade de culturas agroalimentares diversas com um regime alimentar monocultural que objetiva e fetichiza o alimento como um vetor de acumulação de capital.

A visão de soberania alimentar, no longo prazo, subverte o molde centrado no Estado. Ela defende a reterritorialização de Estados por meio da revitalização das ecologias alimentares locais e do reconhecimento dos direitos das pessoas à terra. Essa visão expressa uma episteme civilizacional decorrente de uma aparente crise geral de capitalismo.[9] Mais do que uma questão de declínio da hegemonia do Estado, as contradições do regime alimentar corporativo são cumulativas no sentido de que a agricultura industrial é ecologicamente insustentável e socialmente excludente. O movimento de soberania

---

9 Veja o Capítulo 7.

alimentar, reconhecendo a cumplicidade estatal no projeto de mercado neoliberal, busca reconstituir o Estado (e suas relações espaciais) por meio de uma política de "cidadania agrária" (Wittman, 2009). Essas políticas visam colocar de novo em foco os direitos coletivos, formar coalizões com outros movimentos de justiça social e integrar as relações sociais às ecologias em vez de aos mercados. Como Marc Edelman diz, o "campesinato" forma uma categoria política e não analítica (2009). Patel considera os direitos à soberania alimentar como um "meio de mobilizar as relações sociais", em sequência

> a convocação para uma repolitização em massa das políticas alimentares, por meio de um apelo para que as pessoas descubram por si mesmas o que elas querem que o direito aos alimentos signifique em suas comunidades, tendo em mente as necessidades, o clima, a geografia, as preferências alimentares, a composição social e a história da comunidade. (Patel, 2007, p.88, 91)

Em suma, trata-se de uma convocação ao direito de autogovernança, com esses direitos voltados aos fins sociais.

Essa repolitização do alimento está em curso em muitas comunidades locais mundo afora, com agricultores e cidadãos experimentando sistemas alimentares alternativos (Wittman; Desmarais; Wiebe, 2010; Fairbairn, 2012; Rose, 2012; Andree et al., 2013). Nessas fases iniciais, conforme esboçado por José Bové, da Confederação dos Agricultores Franceses, a soberania alimentar depende de acesso ao crédito, terras e preços justos a serem estabelecidos por regras negociadas em uma ONU reformulada e instituições multilaterais como uma Convention on Food Sovereignty e Trade in Food and Agriculture, uma International Court of Justice, uma World Commission on Sustainable Agriculture and Food Sovereignty, e assim por diante (Bové; Defour, 2001, p.8). Como questiona Bové, "por que o mercado global deveria escapar à regra das leis internacionais ou das convenções de direitos humanos aprovadas pelas Nações Unidas?" (Bové; Defour, 2001, p.165). Evidentemente, a premissa é a de que os movimentos de agricultores participem da definição democrática de políticas agrícolas e alimentares. Uma economia moral global emergente seria fortalecida pela adoção na ONU de uma Convenção Internacional dos Direitos dos Camponeses, atualmente *sub judice* (Edelman; James, 2011).

Conclusão

Este capítulo esboçou os processos de regime alimentar corporativo. Enquanto os dois primeiros giraram em torno de um Estado hegemônico amparado por uma moeda internacional e forças militares, o terceiro regime projetou uma hegemonia corporativa sustentada por finanças internacionais e regras multilaterais. A estabilidade de cada regime dependia de várias combinações de coerção e consentimento, como requerido por determinadas combinações de acumulação na provisão de alimentos de baixo custo.

Sob o regime alimentar corporativo, o alimento barato dependia da junção de grãos do Atlântico Norte com frutas, vegetais e frutos do mar do Sul em uma divisão internacional de trabalho agrícola coordenada por cadeias corporativas de abastecimento transnacional, com relações comerciais regidas pela International Financial Institution (IFI), políticas de ajustamento estrutural e protocolos da OMC. Com o efeito combinado de proteções à propriedade intelectual, do agronegócio subsidiado e centralizado, além de padrões de qualidade privados para o varejo global, o modelo de agroexportação fomentou um fenômeno de "agricultura mundial", que demandava padronização dos produtores para supermercados mundiais. Os agricultores incapazes de atender aos requisitos de certificação ou competir com fluxos de grãos a baixo custo vivenciam migração e espoliação, exacerbando a fome mundial. É essa contradição fundamental, em um regime alimentar agora *global*, que define o regime alimentar corporativo. A medida disso é a politização desse regime pelo movimento de soberania alimentar e a renovação dos debates referentes à segurança alimentar na "crise alimentar" que se desenrola – indicando uma crise de alerta de governança e, talvez, uma crise terminal de sustentabilidade.

4
REGIMES ALIMENTARES E A QUESTÃO AGRÁRIA

A questão agrária é central para os estudos agrários. Na virada do século XX, revolucionários urbanos colocaram esse tema como questão política em lealdade do campesinato europeu. Uma preocupação imediata era até que ponto as relações capitalistas poderiam fazer erodir a propriedade rural pré-capitalista e se isso contribuiria para uma aliança entre trabalhadores urbanos e rurais. Essa perspectiva tornou-se, desde então, sinônimo de análise das transformações de classe no campo, do ponto de vista da capitalização da terra.

Este capítulo qualifica essa abordagem à questão agrária ao situá-la em um contexto histórico-mundial, examinado por meio das lentes do regime alimentar. Esse olhar amplia e aprofunda as relações intrínsecas à questão agrária, demonstrando que seu enfoque clássico, centrado no capital, desconsidera a ecologia e também os agricultores/camponeses como temas históricos. Ao mesmo tempo, as próprias lentes do regime alimentar ajustam o foco para incorporar a atividade político-ecológica e de produtores.

No final do século XIX, o regime alimentar e a questão agrária se ligavam por relações globais de valor. Assim, o foco do regime alimentar em estabelecer no Novo Mundo suprimentos alimentares provenientes do exterior, com o intuito de reduzir custos trabalhistas na Europa, era tanto uma consequência quanto um fator gerador das relações da terra no cenário europeu. Quando os grãos inundaram os mercados europeus no final do século XIX, proprietários de terras, agricultores capitalistas e camponeses, sem distinção, enfrentaram uma queda de preços nos produtos agrícolas. A contenção imposta aos agricultores europeus incentivou a capitalização da produção agrícola, transformando a propriedade fundiária de acordo com o modelo capitalista e desestruturando as classes sobreviventes de proprietários de terras e camponeses. Os contornos da questão agrária foram, portanto, modelados conforme as relações de valor do regime alimentar, com consequências globais (Araghi, 2003).

O que começou como uma questão de transformação de classes no interior da Europa foi, desde então, estendido para todo o mundo por meio da dinâmica cumulativa de regimes alimentares sucessivos, o que não significa que foi um processo linear. A imposição e/ou adoção universal da agricultura industrial marca o aprofundamento dos mercados capitalistas globais, com a descolonização estimulando a expansão das tecnologias de revolução verde, seguida por um regime comercial fundamentado na dependência alimentar e na agroexportação especializada do Sul, marginalizando consequentemente a agricultura familiar. A agricultura industrial apoiada por subsídios energéticos e do agronegócio é reproduzida por métodos de "domínio biofísico" (Weis, 2007), que substituiu a sustentabilidade ecológica de longo prazo pelos ganhos financeiros de curto prazo (domínio de valor). O domínio de valor pelo regime alimentar provoca graves consequências ecológicas que exigem uma reformulação da questão agrária.

A reformulação da questão agrária?

A reformulação baseia-se em uma tentativa inicial de situar a questão agrária em nível global (McMichael, 1997), enfocando como a dinâmica do regime alimentar e a questão agrária são mutuamente condicionantes ao longo do tempo e do espaço. Essa formulação recorre crucialmente às análises mais recentes sobre a questão agrária

(Akra-Lodhi; Kay, 2009; Bernstein, 2010), sugerindo que grande parte do pensamento sobre o tema é regido pela necessidade de reconciliar as realidades agrárias da atualidade com um conjunto de premissas teóricas do século XIX. Tal reconciliação requer a reconceitualização (da história) do desenvolvimento capitalista em uma era em que a agricultura se globalizou, marginalizando a agricultura e gerando um "planeta favela" (Davis, 2006). Novas formas sociais de relações da terra surgiram acompanhadas por uma variedade de relações da classe agrária identificadas no século XIX, renovando uma economia política de mudança agrária, mas sem uma *ecologia política* correspondente. Onde a ecologia é inserida, a tendência tem sido a de examiná-la sob a perspectiva de barreiras biofísicas ao capital a serem superadas por métodos de "apropriação", como mecanização, fertilizantes sintéticos e sementes transgênicas (Goodman; Sorj; Wilkinson, 1988). Nessa narrativa, a movimentação de capital impõe o privilégio analítico em detrimento da análise das condições ecológicas. Em outras palavras, a discussão sobre se e em que medida o capital é capaz de provocar uma "real subordinação" do trabalho agrícola e dos processos biológicos direciona a versão clássica da questão agrária. Mas essa formulação – a de que a questão agrária deve ser resolvida pelo capital – permanece unilateral. Na prática, reproduz uma suposição modernista sobre a autonomia dos processos sociais em relação a sua base ecológica.

Uma reformulação do tema da questão agrária na atualidade poderia muito bem invocar uma questão ecológica, articulada não pelos analistas ou os que comandam a agroindústria, mas sim pelos que lidam diretamente com a lavoura. A ideia de uma "questão ecológica" refere-se não apenas à degradação e/ou restauração do ecossistema, mas também a questões de ecologia *humana*, incluindo a superpopulação urbana, esboçada, por exemplo, na reconceitualização de Araghi da questão agrária em lugar do "grande cercamento global de nossos tempos" (2000; veja também Menon, 2010). Além disso, há preocupações crescentes sobre a "biologia da população" que Friedmann caracteriza como uma síndrome resultante de operações industriais de agricultura e criação de gado, que multiplicam não somente o número de seres humanos, mas também de seres favorecidos nos mercados agroalimentares, tudo à custa dos muitos seres e relacionamentos envolvidos em ecossistemas auto--organizados. (Friedmann, 2006, p.464)

Ambas as proposições salientam as consequências da agroindustrialização e da espoliação rural e evocam variantes de movimentos de soberania alimentar e da terra que conectam as questões ecológicas sobre a reparação da ruptura metabólica (Schneider; McMichael, 2010; Borras; Franco, 2012).

Aqui, a reformulação da questão agrária significa transferir o foco na subordinação de propriedades pelo capital para a subordinação de terras, onde o primeiro é precondição do segundo. Isto é, de um lado, estão as resoluções de classe sobre a terra; de outro, como elas afetam a terra. Aprofundando o assunto, quando o capital é nosso ponto de partida metodológico, os habitantes da zona rural são representados necessariamente em termos unidimensionais como "fronteira" do capital (ou barreira a ser superada). Embora essa representação possa ser necessária a uma teoria de mudança agrária moderna em que o capital é o vetor dominante, ela descarta as culturas agrícolas e, provavelmente, sua resistência à espoliação. E essa resistência à espoliação não se refere simplesmente à perda de controle sobre a terra, mas também à perda de conhecimento sobre cultivar a terra como uma necessidade reprodutiva. Por conseguinte, uma questão agrária reformulada (e analisada historicamente) refere-se, meramente, a quem deve cultivar a terra e com que finalidade socioecológica.

A reformulação permite identificar como uma proposição clássica pode ser reconsiderada de modo a salientar o significado da mobilização do agricultor/camponês atualmente em torno de questões sobre direitos à terra e agricultura ecológica. Embora esses temas possam ter sido marginalizados durante o século XX, estão convergindo agora na crise do regime alimentar corporativo. Isto é, nesse período, o regime alimentar de modo geral concentrou suas relações contraditórias, expressas agora em uma crise agrária global e uma mobilização rural para recuperar direitos à terra e sua administração. Há duas questões correlatas no caso. A soberania alimentar é um movimento contra o movimento do capital no atual regime alimentar corporativo. Sua oposição à agroindustrialização cristaliza o processo da degradação socioecológica de longo prazo e implica um consenso cada vez maior em relação ao papel restaurador da agroecologia neste momento histórico-mundial de profunda incerteza ambiental.

A questão agrária no regime alimentar

Na virada do século XX, a questão agrária referia-se à política de transição capitalista na agricultura, especificamente como a classe camponesa interpretaria seus interesses em uma época de transformação. Tratava-se, em primeiro lugar, de uma dimensão significativa da política nacional, dada a crescente emancipação rural. William Roseberry sugeriu que a questão agrária foi formulada como uma questão política em uma resposta primordialmente econômica – em outras palavras, a relação do campesinato com a política nacional era avaliada pela localização de classe variável (1993, p.336). Nos termos de Lenin (1972), a identidade política poderia ser extrapolada se o campesinato estava "distinguindo-se" ou, de fato, "desintegrando-se". Sobre essas configurações de classe transitórias, Karl Kautsky observou:

> O que define se um agricultor está preparado para se juntar à luta do proletariado não é o fato de ele estar passando fome ou endividado, mas se ele vai ao mercado como um vendedor de força de trabalho ou como um vendedor de alimentos. A fome e o endividamento por si sós não criam uma comunidade de interesses com o proletariado como um todo; na realidade, podem aguçar a contradição existente entre o camponês e o proletariado depois da fome saciada e das dívidas pagas, caso o preço dos alimentos venha a subir e impedir que os trabalhadores se beneficiem de produtos acessíveis. (Kautsky, 1988, p.317)

As relações de classe que remodelavam o campesinato europeu não eram meramente uma questão de como o capital estava "resolvendo" a questão agrária, isto é, se e como as relações de produção pré-capitalistas ou semicapitalistas estavam desaparecendo. Antes disso, as transições de classe eram condicionadas também por relações globais de valor. Na realidade, pode-se dizer que a subordinação da propriedade de terras ao capital era, em grande medida, indireta. Em vez da imagem convencional do capital penetrando as relações agrárias, a história política do capital na redução do custo de mão de obra fabril pela produção deslocalizada [*offshore*] de alimentos de baixo custo provavelmente exercia mais efeito na remodelagem das relações de classe rurais.

Kautsky associou a questão da ligação entre camponeses e trabalhadores ao declínio do preço de alimentos a partir da década de 1870, em oposição aos interesses de produtores agrícolas europeus, na medida em que um mercado mundial de trigo se configurava sob os termos do "regime alimentar/livre-comércio" centrado no modelo britânico. Friedmann (1978) documentou as condições históricas específicas das fronteiras agrícolas do Novo Mundo (terras baratas, mão de obra familiar, tecnologia de transporte) para a redução do preço do trigo e a imposição de uma profunda ameaça competitiva aos agricultores europeus. Segundo Kautsky,

> Não era o volume de alimentos importados que ameaçava a agricultura europeia, mas as *condições sob as quais eram produzidos*. Essa produção não estava sujeita ao ônus imposto sobre a agricultura pelo modo capitalista de produção. Sua introdução no mercado impediu os agricultores europeus de continuar a transferir para a massa de consumidores os encargos crescentes impostos pela propriedade privada de terras e a produção capitalista de mercadorias. *A agricultura europeia tinha de assumi-los integralmente. E é isso que está no cerne da atual crise agrária.* (Kautsky, 1988, p.243, itálico nosso)

Embora a questão agrária tenha sido definida como centrada no Estado, na Europa Ocidental, ela foi condicionada claramente pelo regime alimentar do século XIX. Produtores rurais e trabalhadores urbanos compartilhavam a experiência de preços baixos de alimentos, mas também compartilhavam uma exposição cada vez maior às relações de valor, mercantilizando a terra e a força de trabalho. Os movimentos contrários distintos, porém unidos, de agricultores e trabalhadores para proteger esses recursos sociais contribuíram para a formação do Estado social-democrático do século XX (Polanyi, 1957). Em outras palavras, os efeitos de classe do regime alimentar tiveram importância considerável no amadurecimento dos Estados-nação europeus, contribuindo para o interlúdio protecionista que marcou a transição entre o regime alimentar centrado no modelo britânico e o regime sucessor. Polanyi observou que o grande gasto com infraestrutura internacional de transportes se justificaria, se o "prêmio a ganhar é alto" – a saber, acesso a produtos alimentícios acessíveis na fronteira:

> O livre-comércio internacional, se não for controlado, deve eliminar necessariamente massas compactas cada vez maiores de produtores agrícolas [...]. Assim que os maciços investimentos envolvidos na construção de navios a vapor e ferrovias foram materializados, continentes inteiros se abriram e uma avalanche de grãos inundou uma desventurada Europa. (Polanyi, 1957, p.182)

O relato de Polanyi ressalta as consequências de classe e políticas do regime alimentar de livre-comércio britânico, além da resposta protecionista que desempenhou a "função socialmente útil" de "estabilizar a zona rural europeia e [...] enfraquecer a corrente em direção às cidades que foi o flagelo da época" (Polanyi, 1957, p.185). Na visão de Polanyi, o "feroz agrarianismo na Europa pós-guerra" e "a 'reagrarização' da Europa Central que teve início com o temor ao bolchevismo" (ibid., p.188) foram fundamentais à compreensão de como, paradoxalmente, o projeto de mercado liberal instituído pelos britânicos gerou o protecionismo agrícola. Com respeito à concorrência de grãos baratos, ele observou: "havia sido esquecido pelos livres negociantes que a terra fazia parte do território do país e que o caráter territorial da soberania não era mero resultado de associações sentimentais, mas de fatos concretos, incluindo os econômicos" (ibid., p.183-4). Nesse sentido, a questão agrária estava incorporada plenamente ao regime alimentar e, a propósito, antecipou o surgimento do movimento por soberania alimentar da atualidade.

Não é como se os interlocutores da questão agrária não estivessem cientes do impacto do império e do comércio sobre os produtores agrícolas. Kautsky, em especial, tinha plena consciência das origens internacionais da crise agrária, que ele projetou com razoável precisão até os dias de hoje. O ponto, contudo, é que a questão foi regida por teorias de mudança somente no setor agrário. Nos termos da questão agrária, o potencial político do campesinato era amplamente compreendido conforme sua iminente espoliação por processos capitalistas de mercado (Lenin, 1899) ou preservação (como um "proletariado camuflado") em relações de arrendatários com grandes agricultores capitalistas (Kautsky, 1899). Em outras palavras, uma questão política era entendida em termos econômicos inadequados em abordagem — não só porque a esfera econômica era global, mas também porque era politicamente mediada. É onde a análise do regime alimentar torna-se útil para especificar as mediações políticas do mercado mundial com respeito a relações de terras e, por extensão, aos termos da questão agrária.

As mediações políticas do centro do mercado mundial no século XIX são implícitas no conceito de regime alimentar. Realmente, o foco de Polanyi no assim chamado "mercado autorregulador" reforça que se tratava de um construto hegemônico-mundial de elites liberais que administravam o Estado britânico, dependente dos poderes militar e comercial combinados. O domínio britânico baseava-se em abrir mercados coloniais protegidos por potências rivais para o comércio mundial e assegurar um mercado global na forma mercantilista de um "sistema colonial" em grande escala, mas regido por uma ideologia de livre-comércio ("imperialismo de livre-comércio"). O resultado da liberalização liderada pelos britânicos foi um aumento de 50% no cultivo mundial entre 1840 e 1880, uma mudança de comércio de itens de luxo para o de produtos básicos e um domínio crescente do comércio de gêneros de primeira necessidade por preços mundiais, em vez de locais (Woodruff, 1967, p.268). Esse era o contexto internacional da questão agrária, conforme formulado na Europa. Mas por que somente na Europa? Deveria esse ser o modelo para proposições subsequentes conforme os sucessores regimes alimentares introduziram agricultura intensiva em capital no mundo não europeu? Se a questão agrária europeia do final do século XIX formou-se no vértice de um regime alimentar internacional, não houve efeitos, ou questões, em outra parte? Não se trata simplesmente de repetir um caso semelhante em outros contextos. Também envolve avaliar as implicações de combinar uma questão política centrada no Estado com uma teoria centrada no capital – ambas as perspectivas limitando nossa visão do conjunto mais amplo de determinações e consequências. Veja o exemplo a seguir.

Questão agrária ou crise agrária?

A abordagem clássica discute como o capital resolverá a questão agrária. Segundo Henry Bernstein, a discussão tradicional tratava do desenvolvimento de um *mercado doméstico* para o capital como

a *questão agrária do capital*, especificamente do *capital industrial*. No contexto das transições para o capitalismo, assumiu-se que essa era também a questão agrária para a força de trabalho como também para o capitalista, na medida em que essas duas classes definitivas de um capitalismo emergente compartilhavam um interesse na derrocada/ transformação do feudalismo e das relações e práticas sociais pré- -capitalistas de modo geral. (Bernstein, 2003, p.209)

Embora um enfoque, centrado no Estado, ao mercado doméstico para o capital possa ter sido um campo de pesquisa aproximado para a "questão camponesa" na Europa (por exemplo, seu grau de dissolução), ele ensaia um discurso desenvolvimentista. Isto é, as mudanças observadas nas nações europeias registram a substituição da agricultura campesina pela agricultura capitalista como um processo impulsionado pela transformação de classes em âmbito nacional. Quer isso envolva o cenário de Lenin de desintegração dos camponeses, quer o cenário de Kautsky de tendências equivalentes, a lógica da "subordinação" permanece o principal *telos*, como um processo regido pela relação do capital com a propriedade fundiária. Essa problemática da acumulação privilegia a *teoria* do capital em detrimento de sua história política.

A mudança de classes estava realmente em curso, mas condicionada pelo regime alimentar. Como no caso anterior, as relações agrárias dentro da Europa foram influenciadas diretamente pelo mercado alimentar do Novo Mundo. Além disso, o mercado mundial envolveu camponeses de todo o mundo em relações, uma vez que seus destinos eram mutuamente condicionantes. Por exemplo, além dos agricultores familiares do Novo Mundo, os camponeses turcos tiveram acesso ao mercado europeu, exportando grãos para pagar impostos estatais (Luxemburgo, 1951). Na Índia, políticas fiscais e de irrigação do solo, desencadeadas pelo governo britânico, forçaram agricultores a exportar, de tal modo que por volta de 1900 a Inglaterra compra da colônia praticamente 20% de seu consumo de trigo (Davis, 2001, p.26).

Uma leitura desenvolvimentista desses desfechos perde de vista a importância das relações histórico-mundiais na história política do capital – a consequência de uma questão política centrada no Estado, levando a teoria do capital ao colapso em um espaço econômico nacional. No entanto, esse foi um período em que surgiram os alicerces da terceirização agrícola, e a estrutura histórica da acumulação de capital dependia de um mercado mundial (regime alimentar do capital). Nesse sentido, a questão agrária tridimensional de Terry Byres (1996) – o confronto histórico da propriedade fundiária pelo capital, o equilíbrio de forças políticas em relação à transição agrária e o papel do capital agrícola na acumulação – exige qualificação. Embora as três dimensões sejam adequadas, sua leitura por meio de uma lente nacional depõe contra a historicidade do capitalismo, deixando de levar em conta a política histórico-mundial por trás da transição agrária nos Estados capitalistas europeus.

As políticas de transição agrária inglesa claramente não se limitavam a contestar o latifúndio doméstico (como barreira ao capital ou à produtividade). Antes, as políticas de classe estavam intimamente relacionadas à busca por hegemonia. Na década de 1840, a Anti-Corn Law League [Liga contra a Lei dos Grãos] de Cobden intermediou uma aliança entre fabricantes e operários, promovendo o ideal inglês de "oficina" como uma fórmula para o crescimento econômico. Como Ricardo observara em 1822: "sempre haveria um limite à nossa grandeza enquanto estivéssemos cultivando nosso próprio suprimento alimentar" (apud Semmel, 1970, p.71). Há indícios, porém, de que a agricultura inglesa abastecia "uma das populações de mais rápido crescimento da história, e fazia isso com base em um sistema que gerava safras continuadamente melhoradas *sem necessidade de insumos externos*" (Duncan, 2000, p.193). A "alta agricultura" fundamentava-se em formas sofisticadas de criação de gado bovino e ovino à base de milho, com reciclagem *in loco* de nutrientes, melhoria contínua do solo e controle de pragas.

Colin Duncan sugere que a Inglaterra não teve uma classe "predatória" de latifundiários, observando que Marx não investigou isso, extraindo sua visão dos radicais de classe média "que desprezavam a aristocracia e alegavam que a agricultura carecia de capital e, por isso, produziam menos do que poderiam" (ibid.). A relação de propriedade fundiária na Inglaterra, pela qual as famílias aristocráticas arrendavam terras a agricultores capitalistas por meio de uma espécie de fideicomisso (administrando a terra para futuras gerações), era distinta da praticada na Europa Ocidental, onde a agricultura familiar era cada vez mais capitalizada por fertilizantes sintéticos e rações especiais. Camponeses russos subsidiavam a industrialização por meio de impostos sobre exportação de grãos (Duncan, 1996, p.104). Grandes agricultores, capitalizados, encontraram seus pares quando o regime alimentar introduziu grãos do Novo Mundo "produzidos por métodos mais semelhantes à mineração do que à agricultura propriamente dita", enquanto colonizadores de fronteiras espoliavam extensas planícies (de habitantes nativos), apropriando-se de seu depósito de húmus e revivendo "o método agrícola tecnicamente 'primitivo' de rotação de culturas" (ibid., p.102).

A tese de Duncan é a de que a agricultura capitalista, sob certas condições, pode ser ecologicamente regenerativa. A agricultura deslocalizada [*offshore*], por meio de uma diáspora de colonizadores dependente de mercados de exportação, ilustra o funcionamento das "relações de valor". Como Friedmann observou a dependência dos colonizadores diaspóricos de ferrovias e mercadores para consumir bens de consumo e ferramentas incentivou a especialização agrícola e sua

> dependência da mão de obra não remunerada de homens, mulheres e crianças – a exploração do trabalho familiar – permitiu-lhes baixar custos em relação às propriedades agrícolas na Inglaterra e em outras áreas, incluindo antigas regiões de exportação na Europa Oriental. (Friedmann, 2005, p.238)

Cultivar solo virgem em uma fronteira "aberta" era uma fonte de riqueza ecológica de curto prazo sem nenhuma prestação de contas quanto a métodos insustentáveis, portanto, capaz de vender grãos a preços baixos por um curto espaço de tempo. Mas o preço de longo prazo implicava o colapso ecológico, uma vez que os cultivos familiares produziam em excesso para compensar os preços em queda no novo século, esgotando a terra e criando a tempestade de areia que assolou os Estados Unidos na década de 1930, além de um profundo protecionismo disseminado a partir da Europa.

Como anteriormente, Kautsky identificou as condições no final do século XIX que originaram o protecionismo agrícola europeu no início do século XX. Tratava-se, essencialmente, da ameaça que os grãos baratos do Novo Mundo representavam para a agricultura europeia, tornando-a economicamente inviável. Kautsky considerava essa ameaça permanente, fazendo a extrapolação do final do século XIX em diante e evocando de modo implícito um modelo de trajetória dependente [*path-dependent*]:

Mas se algum dia chegasse o momento em que todas as terras de trigo ou centeio estivessem tomadas, e os preços dos grãos começassem inexoravelmente a subir, o espírito de invenção imediatamente se lançaria sobre o problema de substituir cereais de consumo habitual por equivalentes à base de produtos tropicais. Os países tropicais não propícios ao cultivo do trigo – América Central, Nordeste do Brasil, grandes partes da África, Índia, sudeste da Ásia – também se juntariam à classe de concorrentes dos plantadores de grãos europeus [...] enquanto a sociedade capitalista existir, a crise agrária será seu efeito colateral permanente. E, se o ônus capitalista que antes desvalorizou a agricultura na Europa Ocidental, agora começa a fazer a mesma coisa com seus concorrentes nos Estados Unidos, Rússia etc., isso não comprova que a crise na agricultura europeia ocidental está chegando ao fim. Comprova apenas que a crise está estendendo seu alcance. (Kautsky, 1988, p.252)

A agricultura de fronteira em si, contudo, era ecologicamente (e, portanto, economicamente) insustentável. A Depressão da década de 1930 pôs um fim ecológico à agricultura baseada em esgotamento do solo associada à fronteira colonizadora, incitando um programa de estabilização de *commodities* alicerçado em subsídios agrícolas e compras governamentais de excedentes de alimentos para administrar preços agrícolas, protegidos por restrições à importação. Essa foi a base do regime alimentar centrado no modelo norte-americano.

A crise agrária identificada por Kautsky foi, assim, contida por estruturas mercantilistas. Isto é, a suposição linear de Kautsky não anteviu o interlúdio mercantilista do regime alimentar pós--guerra, bem como suas consequências no sentido de: estancar a crise agrária no Primeiro Mundo, comprometer as agriculturas do Terceiro Mundo e instalar modelos de agronegócio para aprofundar o abastecimento de agroexportação de origem não europeia do Norte global. Era uma projeção desprovida de contingência política na manipulação de uma crise agrária crônica. A questão é que uma perspectiva teórica dedutiva não consegue acomodar a transformação das condições políticas de acumulação de capital, e especialmente o contexto histórico-mundial de transformação e *conteúdo* da política de propriedade fundiária. O último estimulou uma superprodução de *commodities* agrícolas nos Estados Unidos e, depois, na União Europeia, cuja administração de excedentes alimentares instituiu uma dinâmica de *dumping*, que persiste até os dias de hoje. Na prática, a resolução mercantilista da crise agrária de Kautsky (para o Primeiro Mundo do início do século XX) foi a circunstância que levou a um agravamento da crise agrária no Sul global na virada do século XX, na medida em que as importações de alimentos acessíveis do Norte global dizimaram em bases regulares e em escala mundial a agricultura de pequenos agricultores (McMichael, 2005).

Uma análise do regime alimentar permite identificar que o surgimento de uma crise agrária no Sul global resultou de sua decisão no Norte, sob a forma de um regime de ajuda alimentar mercantilista. E essa decisão é reveladora, pois expõe um ponto cego ecológico nas narrativas de capital – em dois sentidos. Primeiro, a projeção de Kautsky sobre crise agrária era econômica, assim descartando as "externalidades" ecológicas que perseveraram na década de 1930, dando sentido ao conceito de "domínio de valor", pelo qual agricultores movidos pela formatação de preço exauriam os ecossistemas. Segundo, a solução para o esgotamento da terra era a introdução indiscriminada de formas de "domínio biofísico" (Weis, 2007) por meio de programas de *commodities* do New Deal norte-americano que instituíram a "petroagricultura" (Walker, 2005) intensiva em energia, mascarando condições ecológicas subjacentes (e problemáticas). E esse modelo de conduta agroindustrial foi universalizado.

A inversão das políticas de questão agrária

A questão agrária mudou suas coordenadas na era pós-guerra. Embora fosse originalmente uma problemática socialista referente ao papel político do campesinato europeu na revolução, passou a se tornar essencialmente uma problemática imperial. Isto é, no contexto da Guerra Fria, a questão de como desmobilizar campesinatos pós-coloniais e apoiar Estados com elites fundiárias contra movimentos comunistas inverteu a política da questão agrária original (cf. Araghi, 2000, p.148). Isso envolveu um nacionalismo econômico pós-guerra baseado em industrialização equiparada com modernização agrícola por meio da reforma fundiária, tecnologias de revolução verde e suporte público de setores agrícolas com crédito rural e assistência para comercialização. A modernização agrícola incluía uma oferta expandida de gêneros alimentícios para complexos urbanos em crescimento, bem como uma intensificação da agricultura para exportação oriunda dos tempos coloniais. Essa combinação contraditória, por sua vez, permeou o debate pós-guerra sobre a questão camponesa, que, possivelmente, "aplicou as lições do debate original a um propósito inteiramente diferente, transformando a questão camponesa política a uma questão camponesa desenvolvimentista focada no desenvolvimento do Terceiro Mundo" (Araghi, 2009, p.118).

Reformas fundiárias de orientação capitalista procuravam reproduzir o modelo norte-americano de agricultura familiar, como uma estratégia de contrainsurgência da estabilização rural – comumente, no conjunto de políticas que privilegiasse as classes urbanas. Em contrapartida, as reformas fundiárias socialistas na China, em Cuba e no Vietnã confiscavam a propriedade fundiária para redistribuição como glebas coletivas. As reformas fundiárias do Leste Asiático (Japão, Taiwan e Coreia do Sul), instituídas no final da década de 1940, foram um modelo em dois sentidos: (1) a militância de camponeses e arrendatários tinha prioridade substancial para as reformas fundiárias do governo militar dos Estados Unidos; (2) as reformas reduziram o arrendamento e promoveram a ocupação pelos proprietários em minifúndios (McMichael; Kim, 1994). Daí em diante, as reformas fundiárias "vieram na lógica de 'os primeiros a lutar serão os primeiros a serem atendidos'", revelando seu ímpeto conservador (Araghi, 1995). As reformas agrárias no âmbito do mundo capitalista de modo geral deixavam de lado as glebas comercialmente desenvolvidas (ibid.), restabelecendo produtores de subsistência como produtores de pequenas *commodities*, ao mesmo tempo que sancionavam a agroindustrialização (de Janvry, 1981, p.203).

A recampesinização prosseguiu em algumas regiões com base na redistribuição de terras e na colonização de novas fronteiras, para refrear demandas de camponeses (mas à custa de comunidades nativas). Na África, tradicionais produtos coloniais de exportação, como chá e café, foram reorganizados nos moldes de minifúndios no Quênia e na Costa do Marfim (Grigg, 1993, p.145). O Banco Mundial financiou grandes projetos de reassentamento, notadamente na Indonésia, no Brasil, na Malásia e na Índia. De modo geral, tais projetos simplesmente realocavam a pobreza e foram caracterizados como semelhantes a "uma guerra contra as florestas tropicais em rápido desaparecimento da Terra" (Rich, 1994, p.95). Na América Latina, dois terços da produção adicional de alimentos entre 1950 e 1980 vieram da colonização de novas terras (Grigg, 1993, p.185), o número de produtores de pequenas *commodities* com uma média de 2 hectares crescendo 92% (Araghi, 1995). Em Honduras, a colonização do Vale do Aguán, apoiada pelo Estado, refreou a instabilidade com o reassentamento (Kerssen, 2013, p.100). Em suma, na América Latina,

> as terras aráveis aumentaram para 94 milhões de hectares ou 109%; na Ásia, 103 milhões de hectares ou 30%, [ao passo que na África] parece ter havido um efetivo declínio [...] Na década de 1970, novas terras no mundo estavam sendo colonizadas à taxa de 4 a 5 milhões de hectares por ano, um acréscimo às terras aráveis de 0,3% ao ano; mas, na década de 1980, menos de 3 milhões de hectares estavam sendo adicionados, a 0,2% ao ano. (Grigg, 1993, p.103-4)

Araghi caracteriza as tendências contraditórias no setor camponês durante essa era desenvolvimentista como "campesinização em bases nacionais e descampesinização em bases globais" (2009, p.130) – expressando um paradoxo de desenvolvimento em que a recampesinização pela reforma fundiária contrapunha-se à descampesinização via regime de ajuda alimentar. A tendência de "relativa descampesinização" foi equiparada pelo fato de que "as reformas colocavam a maior parte das terras produtivas nas mãos de grandes proprietários" (ibid., p.128).

No escopo de uma estrutura de desenvolvimento, as reformas agrárias colocaram em justaposição a agricultura capitalista e a produção de pequenas *commodities* em várias combinações com resultados diversos para o campesinato envolvido. O objetivo final era fortalecer os Estados pela incorporação do campesinato às relações de mercado. Alguns fazendeiros abastados foram selecionados como alvos para a revolução verde – uma iniciativa desenvolvimentista de orientação política destinada a garantir alimentos de baixo custo para trabalhadores urbanos por meio de uma forma de agricultura de substituição a importações e demonstrar a produtividade do agronegócio ocidental (Patel, 2012). A incorporação de pequenos produtores às rotas de *commodities* precipitou uma expansão da agricultura sob contrato (Little; Watts, 1994). A esse respeito, o Projeto de Combate à Pobreza Rural do Banco Mundial, na década de 1970 – que preconizou ajuda a 700 milhões de pequenos proprietários de terras (não aos sem-terra) com crédito – integrou os minifundiários às tecnologias da revolução verde, cada vez mais aplicadas para desenvolver novas agroexportações de gado, ração animal, frutas e legumes, silvicultura etc., recorrendo ao trabalho e/ou aos produtos camponeses (Feder, 1983, p.169-170).

Desse modo, a conversão da questão agrária no braço político de um projeto de desenvolvimento imperial potencializou o regime alimentar centrado no modelo norte-americano. A extensão das relações rurais de *commodities* gerou relações de classe heterogêneas de espoliação, agricultura sob contrato e concentração de terras comerciais, receptivas a uma nova dinâmica agroindustrial. A partir de uma revolução verde em grãos de primeira necessidade, uma segunda revolução verde disseminou-se para outras formas de agricultura, substituindo o cultivo de alimentos para consumo humano pelo de alimentos para consumo animal, as exportações por alimentos de alto valor e, por fim, os supermercados nacionais pelos multinacionais.

Essa versão da questão agrária, então, girou em torno da criação de uma seção internacional de mão de obra agrícola, pela transformação parcial de mercados domésticos do Sul para complementar o suprimento de grãos do Atlântico Norte, e, por meio de relativa descampesinização, uma conversão do cultivo de alimentos básicos para cultivos comerciais, a fim de prover insumos e alimentos agroindustriais para consumidores de elite em toda parte. Uma reforma agrária correlata, liderada pelo Estado ou posteriormente liderada pelo mercado (Banco Mundial), consolidou essa estruturação a favor do poder de classe do grande latifundiário à custa das necessidades de terra e subsistência da população rural pobre e sem terra (Borras, 2003, 2007; Borras; Kay; Lahiff, 2008). Ao contrário da questão agrária original, de inspiração socialista, a questão agrária do final do século XX emergiu com roupagem conservadora.

Uma forma de compreender esse desfecho é explicá-lo como uma questão agrária do trabalho (Bernstein, 2003), considerando-se que o agronegócio triunfou globalmente, deixando uma grande reserva de mão de obra pelo mundo. No entanto, não fica claro o que isso significa para o aspecto da "questão camponesa" da questão agrária, a menos que se assuma que a zona rural é ocupada apenas por força de trabalho. Todos trabalham evidentemente, e o trabalho é uma categoria que transcende a história. O conceito de que a questão agrária é uma questão somente de capital e mão de obra pode bem ser o caso, em termos clássicos, mas isso não corresponde à realidade contemporânea. Em especial, quando essa realidade é aquela em que o morador de cortiço é tanto um camponês desalojado e desempregado quanto uma força de trabalho. E aqueles que permanecem no campo, os sem-terra e o campesinato agrícola?

Essa proposição atualizada da questão agrária parece inverter a trajetória clássica, em que a luta trabalhista "pela terra contra formas 'efetivamente existentes' de propriedade fundiária capitalista" (Bernstein, 2004, p.202), com o objetivo de o trabalho retornar à terra – contra a semente da modernidade. Tal perspectiva deriva de um foco nas *relações de produção* agrárias e, portanto, da disposição de mão de obra (semi)proletária. Essa proposição – se o capital resolveu sua questão agrária, então o que resta é uma questão do trabalho resolvida pela restauração de um campesinato de alguma espécie – é incompatível com a narrativa desenvolvimentista *e* com a diretriz metodológica de Marx. A história parece estar na marcha à ré da mudança, o que instiga a pergunta: "por que a força de trabalho lutaria pela terra em vez de pelo emprego?" (McMichael, 2006, p.410).

A luta para reivindicar terras, contra as projeções da teoria do capital na questão agrária clássica, sugere que o tema da questão (a saber, o campesinato) é revelar sua presença e sua exclusão da narrativa do desenvolvimento capitalista, fazê-la ser percebida. Moyo e Yeros testemunham isso ao observar que, recentemente, os movimentos rurais têm reivindicado terras pela "tática da ocupação em massa de terras [...] para garantir sua subsistência", confrontando o poder político fundiário (Moyo e Yeros, 2005, p.35). Essa reformulação confirma o argumento de Araghi de que a questão camponesa tornou-se uma questão desenvolvimentista, quando eles concluem que as realidades político-econômicas "demandam que se atribua prioridade organizacional à unificação de camponeses e trabalhadores através do divisor urbano-rural, com o objetivo de defender a acumulação articulada" (ibid., p.52). Isto é, a "questão agrária, apesar de sua globalização, permanece intimamente ligada à questão nacional" (ibid., p.55).

Ao reproduzir o desenvolvimentismo, Moyo e Yeros descartam as relações político-econômicas internacionais que condicionam as lutas camponesas locais/nacionais. Há outra dimensão da luta nacional pela questão agrária, que se refere às políticas agrárias. No Sul global, em particular, as políticas agrárias foram remodeladas para se ajustarem ao regime alimentar neoliberal, expondo minifundiários subsistentes a importações artificialmente barateadas de alimentos dos centros imperiais e implementando reformas agrárias lideradas pelo mercado de modo a fortalecer a agroexportação. Nesse caso, os Estados internalizam as relações transnacionais de circulação (de alimentos), que surtem efeitos reais em âmbito nacional (como espoliação, semiproletariado e fome). Não é por acaso, portanto, que a resistência camponesa se formou sob o *slogan* de "*soberania* alimentar", uma estratégia explícita por autonomia nacional em políticas alimentares e agrárias como precondição para o apoio interno de produtores locais (Desmarais, 2007). Em suma, uma ênfase nacional (com suas implicações políticas e/ou diretivas) é atendida de modo insuficiente em razão de um foco restrito às relações de produção, que tira de vista as relações de circulação imperiais, ou de regime alimentar. A consequência da abordagem de relações de produção consiste em depor contra a historicidade das condições agrárias (cf. Tomich, 2004). A questão agrária reduz a história à teoria (de classes), substituindo sua história política pela lógica do capital. Uma história política inclui o contramovimento da soberania alimentar – não uma anomalia dentro de uma narrativa, mas uma mobilização que desafia a episteme capitalista. O caráter distintivo do movimento de soberania alimentar é que sua luta situa-se no âmbito das relações de sujeição do capital, mas não no escopo dos *termos* dessas relações (Beverley, 2004, p.266). Embora camponeses e trabalhadores rurais possam estar sujeitos às consequências do "domínio biofísico", eles podem não aquiescer ao "domínio de valor". Em outras palavras, camponeses sob pressão da agricultura industrial não necessariamente internalizam as relações de mercadoria nas práticas domésticas/de subsistência.[1] Nem necessariamente enxergam a natureza pelas lentes da formação de preço, isto é, pelo olhar das relações de valor capitalistas. Isso é evidente na política do movimento de soberania alimentar. Sua mobilização política sugere uma questão agrária com uma diferença.

Aqui, em vez de colocar a questão agrária como uma questão de como o capital forma (e emprega?) uma força de trabalho por meio da transformação da agricultura, ela pode ser colocada alternativamente sob a perspectiva dos agricultores sujeitos a esses processos transformadores. Essa perspectiva não é a essencialista de um campesinato sitiado, mas sim aquela moldada pelas condições históricas desiguais e contraditórias em que ele se encontra. E essas condições não se limitam às falhas do capitalismo neoliberal em "desenvolver" o Sul global ou regular a transferência de mão de obra do setor rural para o urbano ou, ainda, preservar o modo de vida camponês. Antes, elas se referem à questão dos direitos: à terra, à agricultura, a bancos compartilhados de sementes, ao gerenciamento do meio ambiente,

---

1 Ver o Capítulo 7.

à provisão dos cidadãos e assim por diante. Em particular, dado o suposto *status* residual de agricultores camponeses ou minifundiários, pecuaristas e pescadores, isso significa primeiro o direito a ter direitos, que é a dimensão transcendental de um movimento campesino (por mais heterogêneo que seja) nestes tempos (Patel, 2007).

Como um primeiro passo concreto, a Via Campesina propõe um programa de direitos substantivos:

> O governo deve introduzir programas para restaurar a condição econômica de pequenos agricultores provendo-lhes uma justa alocação dos recursos [água, floresta, genéticas locais ou costeiras] dessa produção, reconhecendo seus direitos como produtores da sociedade e reconhecendo os direitos da comunidade de administrar os recursos locais. (2005, p.25)

No nível global, uma Declaração dos Direitos dos Camponeses e Camponesas está em estudo na ONU (Edelman; James, 2011).

Assim, em vez de consignar as relações agrárias a uma narrativa de subordinação industrial e eliminação, ou marginalização, dos pequenos agricultores, o movimento de soberania alimentar constrói uma narrativa alternativa que atua dentro do contexto dos preceitos da globalização corporativa, porém em oposição a eles. Em particular, o movimento de soberania alimentar de modo geral (representado pelo Comitê Internacional de Planejamento para Soberania Alimentar) busca reverter e desnaturalizar a espoliação e, desse modo, limitar a submissão do camponês ao capital – material e discursivamente. A resistência agrária contemporânea desafia a ontologia capitalista neoliberal e enfrenta restrições materiais reais, políticas lesivas e as ideologias que permeiam e legitimam essas restrições e diretrizes. O confronto toma a forma de uma política alternativa sobre o que é possível na terra, remodelando a questão agrária do ponto de vista dos agricultores (McMichael, 2006, p.475).

Uma questão agrária do alimento

Tendo em vista a crescente conscientização das "externalidades" do sistema agroalimentar (mudança climática, degradação do ecossistema, limitação de recursos, biocombustíveis, saúde pública, expansão de favelas etc.), não basta mais tomar a questão agrária simplesmente como uma transição. Devemos retomar o foco no impacto da transição e no que constituem barreiras não ao capital, mas ao desenvolvimento de sistemas agroalimentares saudáveis, justos e sustentáveis.

Os entendimentos convencionais sobre a questão agrária, que enfocam "a maneira como forças e relações de produção articulam-se para facilitar (ou não) a transição agrária" (Akram-Lodhi; Kay, 2009, p.336), reproduzem uma narrativa de capital, por mais contingente e conjuntural que seja. Embora isso possa gerar uma análise complexa das transformações estruturais no setor agrário lado a lado com "lutas contínuas por terra, trabalho e subsistência" (idem), é provável que essas lutas sejam mal interpretadas quando analisadas pelas lentes da estruturação do capital. Se, contudo, a essas lutas for dada voz, por assim dizer, o domínio epistêmico/de valor da análise estrutural pode ser silenciado o suficiente para ouvir como os sujeitos (mobilizados) da transformação estrutural interpretam sua condição.

A primeira baixa pode ser a "transição agrária" no sentido figurado – a lei do valor não é adequada a lutas que articulam valores alternativos. Não se trata de o contramovimento camponês não estar ciente de como a lei opera. Pelo contrário, na qualidade de contramovimento, sua luta consiste em instabilizar a lei e suas categorias autorreferentes, pelas quais os produtores rurais são vistos como residuais. Se o capital é nosso ponto de partida metodológica, corremos o risco de nos comprometermos com uma episteme que considera as lutas camponesas apenas como uma resistência à transição agrária, não como a expressão ou o prenúncio de um agrarianismo alternativo.

O contramovimento camponês reformula a questão agrária pelas lentes da soberania alimentar. Trata-se de uma lente que designa as transformações estruturais do regime alimentar corporativo como a premissa para uma mudança ontológica. Assim, por ocasião da conferência Rio+20 da ONU (2012), a Via Campesina (2012) declarou:

Vinte anos após a Eco-92, a vida no planeta ficou drasticamente difícil. O contingente de pessoas com fome aumentou para quase um bilhão, o que significa que uma em cada seis pessoas passa fome, a maioria delas crianças e mulheres na zona rural. A expulsão de nossas terras e territórios está acelerando, não mais somente por causa das condições de desvantagem impostas a nós por acordos de comércio e pelo setor industrial, mas por novas formas de monopólio sobre a terra e a água, pela imposição global dos regimes de propriedade intelectual que roubam nossas sementes, pela invasão de sementes transgênicas e pelo avanço das plantações de monocultura, megaprojetos e minas.

Devemos trocar o sistema alimentar baseado na agroexportação em escala industrial por outro baseado em soberania alimentar, que devolva a terra a sua função social como o produtor de alimentos e o sustentador da vida, que coloque a produção local de alimentos no centro da discussão, assim como os mercados locais e o processamento local. A soberania alimentar permite-nos colocar um ponto final nas monoculturas e no agronegócio, para estimular sistemas de produção camponesa que se caracterizem por maior intensidade e produtividade, que gerem empregos e cuidados com o solo e produzam de um jeito que seja terapêutico e diversificado. A agricultura camponesa e nativa também contribui para o resfriamento do planeta, com a capacidade de absorver ou prevenir quase dois terços dos gases de efeito estufa que são emitidos todo ano.

Ao citar as transformações globais do regime alimentar, o movimento de soberania alimentar politiza não somente as relações de produção, mas também as relações de circulação que cercam e deslocam culturas de pequenos agricultores. Isso permitiu ao movimento articular uma estratégia de política global indisponível a uma abordagem *nacional*, baseada em classes. Assim como a questão agrária no final do século XIX dizia respeito à política agrária na Europa, a questão agrária no início do século XX trata da política agrária em um regime alimentar agora *global*. As contradições do capital e seu regime alimentar não se restringem simplesmente a relações de classe, mas concernem também a sua expressão política no sistema global de circulação de alimentos. As relações de produção e circulação alimentar são inseparáveis na politização do movimento do capital – e ter definido isso é o caráter distintivo do movimento de soberania alimentar.

A política agrária agora enfoca a questão camponesa, tendo em vista a crescente crise da agricultura industrial em um mundo de desafios climáticos com desnutrição generalizada. Enquanto a questão agrária original dizia respeito ao desaparecimento do camponês tradicional, a questão agrária corrente refere-se ao ressurgimento de um "novo campesinato" com potencial de sustentabilidade agrícola (van der Ploeg, 2009; Altieri; Toledo, 2011) – um produto do regime alimentar.

A origem da "soberania alimentar" como palavra de ordem é instrutiva neste ponto, na medida em que politizou as reivindicações de "segurança alimentar" do regime alimentar corporativo (McMichael, 2003). O abastecimento de alimentos por meio de um mercado global administrado pelas corporações transnacionais provou-se não somente inadequado, mas também um meio pelo qual pequenos produtores foram arruinados pelo que Peter Rosset denomina "um regime alimentar barato" (2006). A Via Campesina declarou em 2000: "o movimento alimentar maciço ao redor do mundo está forçando um movimento cada vez maior de pessoas". Isto é, o mercado não se preocupa em alimentar o mundo, mas sim em consolidar o poder do agronegócio para instalar uma "agricultura sem agricultores". A crise agrária global resultante, que fomentou a ascensão do movimento de soberania alimentar, tornou visíveis as falsas alegações de neoliberalismo: na Conferência Ministerial de 1999 da OMC, em Seattle, a Via Campesina declarou que "as políticas agrícolas neoliberais estavam levando à destruição de nossas economias baseadas na agricultura familiar e a uma profunda crise em nossas sociedades, além de ameaçar a própria existência de nossas sociedades" (2011). O poder dessa intervenção, que traz à tona o argumento de que os mercados "alimentam o mundo" (confirmado na "crise alimentar" de 2007-08), significava compreender a questão alimentar como uma questão civilizacional, antecipando uma série de relatórios na década de 2000 – desde o *Millenium Ecosystem Assessment* da ONU (2005) e o *Organic and Food Security* da FAO (2007) até o *International Assessment of Agricultural Science, Technology and Development* da ONU/Banco Mundial (2008) – no contexto de uma crise combinada de alimento, energia, clima e finanças (Araghi, 2009; Bello, 2009; Houtart, 2010; Rosin; Stock; Campbell, 2012; McMichael, 2012).

Ao restabelecer o foco na agricultura e no alimento, o movimento de soberania alimentar tem uma dupla missão: reverter a expulsão de agricultores da terra e restabelecer a base agrária da civilização humana. Não se trata de uma mera questão de "transição", mas concerne a sobrevivência da humanidade, que depende de alimentos adequados e acessíveis bem como de métodos agrícolas que renovem os ciclos ecológicos. A soberania alimentar defende uma economia política de representação (Patel, 2006).

É um movimento de pessoas da terra que compartilham uma agenda progressiva. O que significa que compartilhamos a visão de que as pessoas – pequenos agricultores, camponeses, gente da terra – têm o direito de estar ali [...] Que é nosso dever cuidar do planeta e de nosso povo. Devemos defender isso e temos de defender isso no contexto global. (Nettie Wiebe, apud Desmarais, 2002, p.98)

Defender a terra no contexto global, conforme sugerido, reverte a questão agrária clássica em dois sentidos: ao restaurar aos agricultores a função de produtores de alimentos e ao prenunciar uma trajetória pós-capitalista. Na questão agrária clássica, o alimento é invisível. Somente o preço conta – na medida em que afeta as reações políticas e os padrões de acumulação (não obstante, as implicações do regime alimentar na questão agrária por conta dos alimentos de baixo custo). Seja qual for a política, o enquadramento refere-se a condições de reprodução do capital. O que acontece com a terra é secundário, sem nenhuma consequência intrínseca. E é esse o caso quando o socialismo do final do século XIX ou o meio de subsistência da mão de obra redundante está em jogo. O enquadramento alternativo do movimento de soberania alimentar refere-se à reprodução social na e da terra, como um ato ecológico, para restabelecer a produção de alimentos à condição de ato socioecológico, e não industrial. A soberania alimentar estimula a criação de escolas de ecologia e a expansão da metodologia *campesino a campesino* de compartilhamento de sementes e de informações (Holt-Giménez, 2006; Rosset; Martínez-Torres, 2012; Massicotte, 2013). Como relatam Rosset e Martínez-Torres (2012, p.17), a Via Campesina

> recentemente começou a identificar, estudar, documentar, analisar e compartilhar horizontalmente as lições dos melhores casos de agroecologia e soberania alimentar resistentes ao clima e liderada pelos agricultores. A LVC abriu centros de treinamento regionais de agroecologia e/ou universidades de estudos camponeses na Venezuela, Paraguai, Brasil, Nicarágua, Indonésia e Índia, com outros na prancheta em Moçambique, Zimbábue, Níger e Mali; tudo isso em complemento ao estabelecimento de dezenas de escolas nacionais e regionais.

Conclusão

O conceito de uma "questão agrária do alimento" repercute a preocupação do movimento de soberania alimentar em desnaturalizar a "segurança alimentar" baseada no mercado e incorporar as relações alimentares às práticas ecológicas. Seria um erro tomar essa proposição como simplesmente alimentar ou relegada ao campesinato. Pelo contrário, o movimento de soberania alimentar transforma nosso modo de pensar sobre as possibilidades de um futuro socioecológico sustentável. Não é um movimento restrito à questão alimentar; antes, tem reivindicações mais amplas, de cunho civilizacional, precipitadas pelas profundas contradições do regime alimentar. Politiza a condição agrária em relação à estrutura social geral da acumulação de capital. Se olharmos para essa dinâmica somente pelas lentes do capital/trabalho, as relações substantivas de alimento e ecologia serão consideradas insignificantes ou invisíveis. Possivelmente, ela assuma a voz de um camponês mobilizado e um movimento de trabalhadores sem-terra para articular uma questão agrária mais complexa concernente à crise contemporânea do capitalismo e para postular uma trajetória ontológica alternativa.

5
REFORMULAÇÕES DO REGIME ALIMENTAR

Retomando o *projeto* do regime alimentar, este capítulo explora as possibilidades de ampliar as dimensões do "regime alimentar". Uma importante distinção a fazer é entre a identificação das conjunturas desse regime (períodos de acumulação e transições associadas) e o uso da análise do regime para identificar relacionamentos e contradições de destaque na história política do capital ao longo do espaço e do tempo. Como tal, o conceito de regime alimentar invoca a *commodity* como relação (em vez de objeto), com conexões geopolíticas, financeiras, sociais, ecológicas e nutricionais definidas em momentos históricos significativos.

Análise do regime alimentar regional

A região do Leste Asiático

A região do Leste Asiático tem sido parte importante do regime alimentar desde meados do século XX. O padrão de suas relações alimentares serve como uma lente para compreender a transição entre o regime alimentar centrado nos Estados Unidos e o corporativo, e agora a reestruturação do regime alimentar corporativo. A manifestação desse padrão converge para o Japão na primeira transição e para a China na segunda, como polos de importação específicos que representam diferentes momentos na evolução do regime alimentar como um todo. O complexo de importação de alimentos do Leste Asiático no pós-guerra, centrado no Japão, foi um componente regional de reestruturação do regime alimentar. Não só o Japão e a Coreia eram os principais receptores da ajuda alimentar norte-americana, e posteriormente de importações comerciais de alimentos, mas também esse centro regional condicionou uma transição do regime alimentar bilateral centrado nos Estados Unidos para outro cada vez mais multilateral (McMichael, 1987, 2000). A reconstrução pós-guerra em ambas as nações, incluindo significativas reformas fundiárias, resultou em políticas agrícolas voltadas a apoiar a industrialização com a complementação do arroz por importações de alimentos dos Estados Unidos, e de modo crescente da região do Sudeste Asiático, uma vez que as dietas sociais do Leste Asiático passavam por uma transformação.

Esse complexo de importação originou-se na década de 1930 quando o Estado japonês organizou um império regional denominado "Esfera de Coprosperidade da Grande Ásia Oriental", reorganizando a Coreia e Taiwan como colônias agrícolas e controlando o acesso aos recursos naturais tanto na Manchúria quanto no Sudeste Asiático, tendo em vista os limites territoriais ecológicos do Japão. Uma estratégia de captação de recursos no exterior no pós-guerra agravou essa dependência de produtos alimentícios (na virada do século XXI, o Japão importava metade de sua ingestão calórica), coadunando-se com a ascensão das regiões agroexportadoras que rivalizavam com o papel dos Estados Unidos como celeiro global. No período de 1961 a 1989, os manguezais tailandeses reduziram-se à metade com a "revolução azul" que exportava camarão para o Japão; em meados da década de 1990, 55% das terras agriculturáveis nas Filipinas eram dedicadas a cultivos de exportação, como bananas e abacaxis para consumo japonês (McCormack, 1996, p.133); e a indústria de carne australiana foi convertida a um intensivo confinamento de gado para os mercados japoneses (Lawrence; Vanclay, 1994).

A transformação da dieta japonesa envolveu três fases. Primeiro, a Lei de Segurança Mútua EUA-Japão [U.S.-Japan Mutual Security Act], de 1954, complementou a política japonesa para o arroz com importações em condições facilitadas de grãos excedentes dos Estados Unidos (Ohno, 1988). Fundos de contrapartida decorrentes das vendas estimularam o consumo japonês de produtos à base de trigo e operações associadas de agronegócio (Shinohara, 1964). O consumo de trigo intensificou-se e o de arroz declinou 30%, no período de 1960-83 (Coffin et al. 1991, p.5).

A segunda fase expandiu o consumo de proteína animal. A produção animal aumentou para quase um terço do valor da produção agrícola japonesa entre 1950 e 1985; o consumo de frango cresceu 32 vezes; e a produção de arroz caiu de 49% para 33% (Riethmuller; Wallace; Tie 1988, p.154; Taha, 1989, p.9). Com a liberalização do comércio em 1961, produtos alimentícios como milho (e soja) suplementaram as importações de grãos, e o valor das importações agrícolas do Japão (e Coreia do Sul) dobrou o índice de importações mundiais no período de 1961-87 (Huang; Coyle, 1989, p.42). A "modernização" da dieta japonesa implicou a intensificação da produção animal doméstica com uma explosão de rações importadas por negociantes de grãos, como a Cargill, e grandes fornecedores de ração *soga shosha*[1] (Rothacher, 1989, p.64).

A terceira fase da transformação alimentar acompanhou a reestruturação global da agricultura, originando-se na internacionalização de um intensivo complexo de carnes (Berlan, 1991). No contexto do embargo norte-americano de soja, em 1973, e de grãos, em 1979, à União Soviética, o Japão lançou uma estratégia de diversificação de produtos alimentícios, estimulando *joint ventures* público-privadas para consolidar fontes alternativas de alimentos: milho na Tailândia e Indonésia; soja no Brasil; e cereais secundários na África do Sul, China, Argentina e Austrália (Hillman; Rothenberg, 1988, p.46-47).

---

1 Espécie de conglomerados corporativos característicos do Japão que começaram suas atividades em um ramo específico, seja comercial ou industrial, para depois ampliarem seu escopo de atuação, em especial na área financeira. (N. E.)

Na prática, o financiamento japonês iniciou a transformação da savana brasileira [Cerrado] para o cultivo da soja (Sousa; Vieira, 2008, p.236). Essa estratégia de *global sourcing* [fontes globais] antecipou a ascensão das chamadas "exportações não tradicionais" (NTEs, do inglês *nontraditional exports*), como ração animal, carnes, frutas e vegetais (exóticos) e uma variedade de alimentos processados. De modo ainda mais significativo, o movimento para o *global sourcing* prenunciou uma transição do comércio agrícola bilateral para o multilateralismo no regime alimentar corporativo, ancorado nas zonas de abastecimento dos "novos países agrícolas" (Friedmann, 1993).

Com a evolução da reestruturação agrícola, a partir dos anos 1980, a criação de gado foi realocada para nações de renda média, como Tailândia, Taiwan, México e Brasil, com as empresas de agronegócios reintegrando as operações de produção de rações e de confinamento de animais (McMichael, 1993, p.111). Parte do agronegócio operava regionalmente – como a tailandesa Charoen Pokphand (CP), com suas 80 empresas na China, incluindo fábricas de rações, fazendas de criação, avícolas para criação de frango de corte, fábricas de processamento e *fast foods* de frango (Gargan, 1995, p.D4). Essas operações intensivas de carne "descentralizadas" surgiram para suprir mercados regionais e globais de carnes especiais para uma classe global ascendente de consumidores de classe média, e o Japão não era exceção.

A Tailândia representou essa transição, uma vez que suas exportações de produtos tropicais tradicionais (arroz, açúcar, abacaxi e borracha) eram suplementadas por NTEs como mandioca (para ração animal), atum enlatado, camarão, aves e carne processada, além de frutas e vegetais frescos e processados (McMichael, 1993, p.112). As antigas exportações de cereais (sobretudo milho e sorgo) passaram a suprir um subsetor local intensivo de carne, contribuindo para o novo perfil da Tailândia como o "supermercado da Ásia". Os investimentos japoneses na agricultura tailandesa remontavam à década de 1970, expandindo zonas de abastecimento de ração animal (soja e milho) e aquicultura para os mercados japoneses (Suthy; Sontepertkwong, 1986, p.193). Empresas alimentícias japonesas firmaram *joint ventures* com agronegócios tailandeses, associando instalações produtivas de alta tecnologia ao acesso ao mercado estrangeiro (Suehiro, 1989, p.270).

Com o apoio do governo tailandês, o subsetor de criação de aves foi um caso exemplar, em que a participação tailandesa nas importações japonesas de frango de corte expandiu 41%, superando as exportações dos Estados Unidos, que caíram de 59% para 40% no período de 1980-87 (Bishop et al., 1990, p.23). Em 1994, a produção avícola chinesa superou a da Tailândia como o principal fornecedor ao Japão, em particular, e à Ásia, em geral. Quando os custos de produção subiram, os produtores tailandeses de ração investiram em países vizinhos. Assim, a CP, com $ 1 bilhão investido em uma gama de negócios na China, produziu 300 milhões dos 3 bilhões de frangos consumidos pelos chineses em 1994, e as exportações de carne de aves chinesa para o Japão quase quadruplicaram entre 1988 e 1993 (Handley, 1990, p.56). Na década de 1990, a China tonou-se o principal destino do investimento estrangeiro direto (IED) do Japão na produção externa de alimentos congelados, produtos à base de peixe e processamento vegetal para o consumidor japonês, de tal modo que a China passou a ser a segunda fonte de importações de alimentos pelo Japão, atrás dos Estados Unidos (Hall, 2006, p.200-2).

Desse modo, o complexo de importações de alimentos do Leste Asiático, centrado no Japão, reproduziu o regime alimentar como um todo, sendo pioneiro na adoção de estratégias de *global sourcing*. Isso foi estimulado, em parte, pela estratégia japonesa de diversificação de recursos que refletia suas limitações ecológicas (Bunker; O'Hearn, 1993) e, em parte, pela industrialização japonesa (e o consumismo associado) como uma nação importante no perímetro da Guerra Fria (Cumings, 1984). Esse complexo regional desempenhou um papel fundamental na década de 1980, quando alimentos a granel de baixo valor associados ao regime alimentar pós-guerra foram substituídos por produtos alimentícios de alto valor associados à proliferação de "exportações não tradicionais". Nesse sentido, o complexo de importação de alimentos do Leste Asiático foi o pilar de um regime alimentar global que se formou em torno de mercados agroalimentares corporativos, em vez de estatais.

A segunda transição do Leste Asiático decorre da primeira. A China emergiu como um importante fornecedor das importações japonesas de alimentos, além de um importador de alimentos em expansão, respondendo por 9% das importações agrícolas mundiais em 2010. Nesse complexo de importações, a soja representava 38%, o óleo de palma 8% e os laticínios 4% – sendo que essas *commodities* supriam os setores de alimentos processados, ração animal e energia. A transição mais drástica desde o processo de reforma e abertura de 1978 ocorreu nas importações de soja – em 2012, a China reduziu tarifas sobre a soja de 114% para 3% (Smaller et al., 2012, p.3). Embora as importações de soja (via os quatro maiores negociantes do grão) tenham expandido dez vezes na primeira década do século XXI, esse padrão replica a consolidação de um complexo global de produção animal como uma âncora do regime alimentar corporativo.

A reforma da China estimulou uma classe média em ascensão e um processo de "carnificação" (Weis, 2007), com a carne suína superando a bovina e a de frango como a mais consumida no mundo em 1979 (Schneider, 2013, p.12). No início da década de 1990, a China redefiniu a soja como uma cultura industrial, e não alimentar, a fim de sustentar a acumulação na indústria de produção animal – com isso, sacrificando seus pequenos e médios produtores domésticos da leguminosa (Olmstead, 2011). No final da década de 1990, o Banco Mundial concedeu um empréstimo de $ 93,5 milhões à China para 130 confinamentos de gado e cinco centros de processamento para sua indústria de carne bovina (McMichael, 2001, p.217). Entre 1994 e 2004, o comércio de soja duplicou, com a China respondendo por 70% do aumento, equiparado por um volume aproximadamente igual de exportações do Brasil e da Argentina (Bello, 2009, p.86). Por conseguinte, entre 2011 e 2012, as importações chinesas de soja representaram 56% do mercado global de soja (Schneider, 2013, p.13). O complemento de milho (carboidrato) da soja (proteína) deve passar agora por uma redefinição como cultura industrial, sendo 2010 um ponto de guinada na explosão de importações de milho. Como Mindi Schneider ressalta, uma potencial mudança na definição oficial de "segurança de grãos" chinesa como uma autossuficiência nacional (95%) em arroz e trigo, e não mais em milho, é um indício da substituição dessa cultura alimentar pela de ração animal suprindo um subsetor alimentar de mais alto valor e, assim, sustentando o desenvolvimento de uma bifurcação na dieta de classes entre "carne para a elite [consumidores urbanos] e grãos para o povo" (Schneider, 2013, p.14).

Pode-se argumentar que esse padrão inverte as relações iniciais do regime alimentar pelo qual o movimento de grãos nos primeiros dois regimes supriram alimentos de baixo custo para as regiões em industrialização do mundo nesses períodos. A Grã-Bretanha importou grãos para subsidiar salários internos e os Estados Unidos exportaram grãos para subsidiar salários em seu perímetro da Guerra Fria, mas a China está importando soja e milho para suprir sua classe média ascendente com carne e para sustentar a expansão do agronegócio doméstico (*dragon-heads*). A China alimenta 21% da população mundial com 9% de terras mundiais. E, com raízes profundas na era revolucionária, resta um comprometimento (declarado) com a segurança alimentar doméstica (veja Bello, 2009, p.87; Schneider, 2013). Não obstante, o conceito de "segurança alimentar" é complicado pela redefinição de "segurança de grãos" de modo a acomodar um fluxo crescente de importações de soja e milho, por um lado, enquanto, por outro lado, a partir de 2008, uma estratégia explícita de globalização "Go Global" está priorizando investimentos externos em agricultura (Smaller et al., 2012, p.4). Embora ainda tolhida por investimento estrangeiro em outros setores, o investimento estrangeiro agrícola na China classifica-se em terceiro lugar no mundo, atrás dos Estados Unidos e Canadá (ibid., p.5). Relatórios de apropriação de terras variam e podem ser exagerados (Hofman; Ho, 2012). Smaller et al. identificam 54 projetos fundiários que cobrem 4,8 milhões de hectares transoceânicos – cerca de metade na Ásia, cinco na América Latina e um grande projeto de soja de um milhão de hectare no Cazaquistão operado pela estatal Jilin Grain Group (2012, p.8).

Embora a China tenha adotado a trajetória de dieta de classes de outros Estados centrais, como Grã-Bretanha, Estados Unidos e Japão, bem como o modelo agroindustrial norte-americano de acumulação, seu posicionamento global expressa a reestruturação multicêntrica do regime alimentar corporativo.[2] Além disso, a reestruturação não é meramente geoeconômica – orienta-se por estratégias de acumulação do agronegócio, nesse caso no eixo sul-sul. As quatro corporações de grãos – ADM, Bunge, Cargill e Dreyfus (ABCD) – organizam a movimentação da soja brasileira (bem como a norte-americana e a argentina) para a China, controlando todo o processo, de crédito e insumos a processamento (com fábricas de moagem na China) e expedição. Apesar de propostas não concretizadas por lideranças brasileiras e chinesas no sentido de denominar o comércio no *yuan* chinês, em vez do dólar, e das visões chinesas de investimento estrangeiro em instalações de produção de soja (com reação negativa brasileira), a cadeia soja-carne suína (uma "linha de montagem global de proteína") permanece, todavia, um intercâmbio Sul-Sul no âmbito de um complexo controlado pelas corporações transnacionais (Peine, 2013, p.9). Assim, no contexto dos padrões em consolidação de *global sourcing* do regime alimentar, a China emerge como um novo polo global de importação a abastecer o crescente segmento de consumidores de sua vasta população.

A região latino-americana

Em uma edição especial do *Canadian Journal of Development Studies*, Gerardo Otero realiza uma análise do regime alimentar no nível regional, desviando a atenção da economia mundial para a estatal, como a peça central do "regime alimentar neoliberal na América Latina" (2012). A intenção de Otero é questionar o uso de biotecnologia agrícola: "qualquer que seja o nível de culturas transgênicas adotado no México ou em outras nações latino-americanas, é discutível que isso vá ajudar a alimentar as pessoas em seus países" (Otero, 2012, p.289), uma vez que essas culturas serão destinadas primordialmente à exportação. Ele enfatiza o papel do setor público (Estados e o sistema do Grupo Consultivo de Pesquisa

---

2 Ver o Capítulo 6.

Agrícola Internacional – CGIAR) no desenvolvimento de biotecnologias implementadas pelo agronegócio sob as regras de comércio da OMC e dos protocolos de direitos de propriedade intelectual ("neorregulação"). Em outras palavras, os Estados suprem biotecnologias e implementam regimes privados de acumulação em prol de corporações e agricultores capitalizados que "visam mais do que produzir valor de uso para consumo humano" e lucram com ração animal e agrocombustíveis (Otero, 2012, p.289). Em suma, o "regime alimentar neoliberal" opera por meio de Estados que internalizaram o princípio de mercado, conforme postulado no conceito do regime alimentar corporativo.

Na Argentina, por exemplo, as IFIs antecipavam recursos ao Estado por meio de seu projeto de "agroexportação não tradicional", para estimular o agroinvestimento em biotecnologias estrangeiras. A aprovação governamental da soja modificada *Roundup Ready* da Monsanto seguiu-se em 1996. Desde então, a produção de soja GM expandiu-se a uma taxa de quase um milhão de hectares anuais (até 2010-11), tendo o setor de criação de gado da China como o principal destino das exportações de soja. O "complexo da soja" (vagens, óleo e farelo) representa 70% da renda agrícola argentina (sendo que as exportações agrícolas respondem por mais de 50% do total de exportações). O impacto desarticulador na força de trabalho e nas propriedades agrícolas de tal agroindustrialização reduziu a população rural de 13%, em 1995, para 7%, em 2010, e as monoculturas de soja GM foram responsáveis por intenso desmatamento e degradação florestal bem como o empobrecimento do solo. Com o surgimento das "super ervas daninhas", o uso de agroquímicos foi acelerado, causando danos à saúde pública. Apesar desses impactos socioecológicos, e após a crise financeira de 2001, os sucessivos governos Kirchner intensificaram a monocultura de soja GM como sua estratégia central de desenvolvimento, buscando legitimizar o impacto disso revertendo parte da receita para projetos sociais e de infraestrutura pública (Leguizamón, 2013). Como Teubal (2008) observa, repercutindo Otero, claramente a cultura de soja GM minou a segurança alimentar doméstica.

Anteriormente, Pechlaner e Otero haviam sugerido que a trajetória do regime alimentar neoliberal seria submetida a uma considerável resistência local (2008, p.2) – conforme relatado em dois estudos de caso bem fundamentados publicados na edição do *Canadian Journal of Development Studies*, documentando formas discrepantes de resistência a cultivos transgênicos: um bem-sucedido contramovimento camponês ao milho transgênico na Guatemala (Klepek, 2012) e uma reviravolta por parte de ex-agricultores de cultivos transgênicos no Brasil, que passaram a se opor à intensificação das relações de dependência com a Monsanto (Preschard, 2012). Esses casos dão uma face nacional às "muitas correntes de resistência ao regime alimentar corporativo", pertinentes a uma "diversidade de produtores agrários pelo mundo" unidos na visão da Via Campesina como o político-intelectual "núcleo de resistência ao regime alimentar corporativo" (McMichael, 2005, p.295).

Em outras partes da região, a Via Campesina está presente na coalizão contra o milho transgênico no México (Fitting, 2011, p.11). A descoberta de variedades transgênicas de milho local em 2001 estimulou o debate sobre a fragilidade da cultura do milho mexicano no âmbito do contexto mais amplo do regime alimentar corporativo. Segundo Lauren Baker, a resposta foi um descentralizado "movimento social em comunidades espalhadas pelo México, mas conectadas com os esforços de soberania alimentar global" (2013, p.3), representado por iniciativas de rede alimentar alternativa como Itanoní Tortilleria, Nuestro Maíz e o Michoacán Centre for Agribusiness (2013, p.4). O livro *Corn Meets Maize* [Milho encontra milho][3] de Baker capta a contradição central do regime alimentar corporativo:

> o milho [*corn*] é usado como símbolo da mercantilização do alimento e do controle corporativo da produção, processamento e consumo de alimentos. O milho [*maize*], por outro lado, é usado como símbolo para descrever práticas agrícolas e alimentares fundamentadas no

---

[3] *Corn* é o termo mais utilizado nos Estados Unidos; e *Maize* é a terminologia empregada geralmente no Reino Unido. (N. E.)

conhecimento prático de agricultura, nas tradições culinárias e nos intercâmbios econômicos locais. (Baker, 2013, p.3)

Na etnografia de Baker, a contestação contínua entre o milho de subsistência e a economia extrativa neoliberal do milho comum é uma metáfora poderosa para uma era em que o preço de mercado não pode equiparar-se ao valor ecológico – uma tensão primordial no regime alimentar global talvez mais bem expressada como uma controvérsia sobre a lógica da reprodução (socionatural) na civilização humana.[4]

O estudo de caso complementar de Elizabeth Fitting sobre *The Struggle for Maize* [A batalha do milho] (2011) apresenta um relato *in loco* do contexto de tal contestação, institucionalizada (com significativo efeito sobre os produtores de milho) pelo NAFTA por um "regime neoliberal do milho" estruturado em torno da importação de milho e da exportação de mão de obra (Fitting, 2006). A autora oferece uma valiosa perspectiva etnográfica sobre o impacto e as implicações do regime alimentar no vale de Tehuacán, uma região de produtores de milho, dando textura às conexões entre comunidades agrícolas e coalizões de ativistas na luta contra "a liberalização do comércio, a expansão da agricultura corporativa, cortes aos subsídios rurais e migração circular e êxodo do campo" (Fitting, 2011, p.234). Sensível aos múltiplos significados da reestruturação da cultura do milho, sob pressão de políticas neoliberais e representações essencialistas dos *campesinos* como ineficientes e retrógrados, Fitting reconstrói as contraditórias relações entre gerações e de gênero que constituem a dinâmica do regime alimentar no "nível básico". Ela argumenta que o "futuro da conservação do milho *in situ* depende da regulação das importações de transgênicos, mas talvez de modo mais importante das práticas de subsistência dos mexicanos rurais", cujas relações sociais de produção e reprodução afetam a biodiversidade do milho e, evidentemente, sua integridade futura como cultura alimentar (2011, p.5).

---

4 Ver o Capítulo 7.

A principal contradição nesse caso está entre os múltiplos usos do milho (branco) como alimento, ração animal e combustível na economia dos minifúndios e a industrialização da tortilha e da farinha de milho via milho (amarelo) importado, o que resulta na erosão da "autossuficiência do México no milho para consumo doméstico" (Fitting, 2011, p.18). Atenta às estratégias de subsistência em transformação entre os pequenos produtores, Fitting narra a história da cultura do milho, sugerindo que a luta adotada pela coalizão nacional Em Defesa do Milho de resistência aos transgênicos requer uma compreensão matizada de práticas culturais transnacionalmente situadas e fluidas de *campesinos* irredutíveis a uma "cultura milenar indígena ou camponesa" (Fitting, 2011, p.236).

O valor dos estudos de Baker e Fitting não está no simples fato de fundamentarem a análise do regime alimentar nas vidas e lutas de produtores de alimentos e dos apoiadores de seus movimentos enquanto desafiam e modelam o fluxo de políticas neoliberais e mercados corporativos, no âmbito de um único caso nacional. Trata-se também que cada uma delas, a seu próprio modo, contextualiza historicamente as relações sociais no âmbito das quais formuladores de políticas, produtores, trabalhadores e ativistas atuam, evitando representações essencialistas de economia e cultura e demonstrando como o regime alimentar como um todo traduz-se em determinado espaço político-institucional e material.

A região do Oriente Médio

Como outras regiões, o Oriente Médio passou por declínio em autossuficiência alimentar com crescente dependência da importação de alimentos durante a consolidação do regime alimentar corporativo. De modo geral, os Estados árabes dependem de importações para cerca de 60% de suas necessidades alimentares e são os maiores importadores de grãos do mundo (Babar; Kamrava, 2013, p.12). Como isso sucedeu é uma história regional modelada pela era colonial, em especial durante a decadência do Império Otomano, quando o imperialismo do livre-comércio integrou a região ao mercado mundial via cultivos coloniais de exportação (algodão e trigo), resultando em concentração de terras (Woertz, 2013b, p.31, 34). Arrendatários ou meeiros cultivavam áreas fragmentadas com cereais, como gêneros alimentares de primeira necessidade. No período subsequente à Primeira Guerra Mundial, Anatólia, Iraque, Transjordânia e Egito exportavam grãos como parte da periferia do regime alimentar (ibid., p.39).

No novo projeto de desenvolvimento subsequente à Segunda Guerra Mundial, reformas fundiárias fracassadas no Oriente Médio (como resultado da falta de clareza na emissão de títulos de propriedade e falta de apoio agrícola) foram acompanhadas pela importação de alimentos para prover mão de obra urbana à medida que a industrialização prosseguia. No âmbito do regime alimentar norte-americano pós-guerra, o Egito foi o maior receptor de alimento *per capita* do mundo entre 1958 e 1965. Em 1964, 91% das importações egípcias de grãos ocorreram na forma de ajuda alimentar dos Estados Unidos. Uma década depois, as importações egípcias de grãos destinavam-se predominantemente à ração animal com o propósito de sustentar uma indústria de produção animal em expansão para consumidores abastados – entre 1966 e 1988, o consumo de grãos para ração animal aumentou 268%, com o Usaid subsidiando 3 milhões de dólares em compras de grãos dos Estados Unidos pelo Egito, desde 1975, e o governo taxando os agricultores egípcios que cultivavam grãos para fins alimentares e subsidiando a produção de proteína animal (Mitchell, 1991, p.21).

A dependência alimentar tornou-se uma condição definidora do Oriente Médio e, apesar da expansão das receitas do petróleo na década de 1970 para financiar importações cada vez mais onerosas de alimentos (com o fim do regime alimentar pós-guerra), a experiência do Egito com um embargo alimentar imposto pelo presidente Johnson na década de 1960, por causa de um conflito com Israel, serviu como um alerta para que se começasse a tratar a dependência alimentar. Uma segunda ameaça dos Estados Unidos de usar a "arma alimentar" nos anos 1970 durante o boicote árabe do petróleo intensificou o interesse dos Estados do Golfo de diversificar as fontes de abastecimento alimentar (Woertz, 2013a, p.88). Um fracasso subsequente do projeto do Sudão por um "celeiro árabe" estimulou um movimento pela autossuficiência das nações do Golfo, em especial a Arábia Saudita (Woertz, 2013b, p.47-8). Na década de 1980, os Estados Unidos e a União Europeia competiam por mercados para seus excedentes de grãos, mas os governantes sauditas rejeitaram as tentativas de aproximação norte-americana, por terem "usado seu programa de trigo para redistribuir as rendas com petróleo e recompensar sua camarilha", assim criando interesses manifestos em um cultivo doméstico altamente subsidiado de trigo. Subsídios foram reduzidos na década de 1990 e, ao final da década seguinte, os sauditas estavam reduzindo progressivamente o cultivo de trigo no deserto, por razões ecológicas, e adquirindo terras no exterior para produção de alimentos. Esse foi um padrão repetido por grande parte do Oriente Médio, e Eckart Woertz conclui:

> Como os maiores importadores de grãos do mundo, os países do Oriente Médio estão no centro das realidades em transformação do regime alimentar global. A disponibilidade de um excedente exportável em nível global e uma renda doméstica para pagar pelas importações são cruciais para eles. (Woertz, 2013b, p.49, 52)

Essas importações incluem trigo e arroz, além de cevada e alfafa para a indústria de produção animal (Woertz, 2013a, p.89).

As soluções variam de acordo com a região, conforme analisado em *Food Security in the Middle East* [Segurança alimentar no Oriente Médio] (Babar; Mirgani, 2013). O Conselho de Cooperação do Golfo – representando Bahrein, Kuwait, Omã, Catar, Arábia Saudita e Emirados Árabes Unidos – está buscando uma estratégia de diversificação, incluindo carteiras de investimento em agronegócios globais, formação de "alianças de grãos" com grandes agroexportadores (os Estados Unidos e países da América Latina, em particular) e investimentos em terras no exterior – como a aquisição pela Arábia Saudita de terras na Etiópia por um contrato de partilha (Tétreault et al., 2013, p.333). Em 2008, no ápice da crise de preço dos alimentos, a Arábia Saudita lançou a "Iniciativa Rei Abdullah para Investimento na Agricultura no Exterior", voltada a apoiar investimento externo em terras, para produzir arroz, trigo, cevada, milho, açúcar, forragem verde e criação de gado, e viabilizada por substanciais fundos soberanos (Green, 2012). Esse programa pode transferir as rendas com petróleo dos agroinvestimentos domésticos para a produção externa, com apoio do fundo soberano, e também da Câmara de Comércio de Riyadh, possibilitando essa mudança com a indenização por terras cultiváveis ociosas de trigo (Woertz, 2013a, p.92-3).

Nessa mesma ocasião, o Catar tinha um Plano Mestre de segurança alimentar, baseado em hidropônicos e dessalinização pelo calor do sol, para "produzir até 70% de seus alimentos até 2023, em comparação com os 90% importados até então", mas ainda dependendo de importações de cereais (Woertz, 2013a, p.92). Viabilizar agroexportações de alto valor é a alternativa para várias nações do Oriente Médio gerarem renda e, assim, compensarem a dependência de alimentos. O Líbano e a Jordânia, sem conseguir atingir a autossuficiência alimentar por causa da falta de recursos, devem recorrer a agroexportações de alto valor em vez da renda obtida com o petróleo (Harrigan, 2013). De modo análogo, o Egito está desenvolvendo essa capacidade em lugar de um vibrante setor agrícola doméstico composto de pequenos agricultores, oprimidos por mercadores urbanos em busca de renda e proprietários de terras ausentes (Bush, 2013). Por sua vez, o Irã, uma nação petrolífera, conta com considerável autossuficiência alimentar dada sua história de isolamento geopolítico e econômico (Salami et al., 2013). Enquanto isso, o Iêmen depende de remessas de estrangeiros para custear a importação de alimentos (Mundy et al., 2013).

A dependência histórica de alimentos dos Estados do Golfo concentra sua atenção na reestruturação em curso do regime alimentar corporativo. Enquanto a aquisição de terras no exterior pela China inclui um interesse em agrocombustíveis e plantações florestais, os Estados do Golfo (como nações rentistas) centram foco única e exclusivamente na administração de suprimentos alimentares nesse período, incluindo o restabelecimento das reservas de grãos (Woetz, 2013a, p.99). Para os Estados do Golfo, portanto, a apropriação de terras destina-se ao acesso de alimentos e água virtual – particularmente, visto que a defesa pelos direitos dos importadores de alimentos em fóruns multilaterais é limitada (ibid., p.96). Ao mesmo tempo, Abu Dhabi criou uma empresa de comércio internacional de alimentos e investiu no comercializador internacional de *commodities* Glencore, com outros investidores do Golfo, conquistando acesso ao maior comercializador de grãos do Canadá, Viterra (ibid., p.97).

Dessas várias maneiras, as manobras do Estado do Golfo representam uma conjuntura específica em que o regime petrolífero não pode mais depender de legados de infraestrutura do regime alimentar corporativo, exigindo novas formas de acesso a alimentos para sua população de cidadãos (como veremos no próximo capítulo).

As relações do regime alimentar podem ser particularizadas no nível regional ao mesmo tempo que servem como lente regional para o regime alimentar de modo geral. Assim, a lente do Leste Asiático elucida a ascensão de um princípio organizacional alternativo, uma vez que o regime alimentar bilateral centrado nos Estados Unidos migrava em direção a um regime alimentar corporativo cada vez mais multilateral. A lente da América Latina oferece um vislumbre das crescentes contradições concernentes ao avanço das culturas transgênicas e sua ameaça a culturas e ambientes alimentares, bem como a textura política e social dos contramovimentos locais de soberania alimentar. Nesse sentido, o regime alimentar é uma relação dialética, e não linear. Por fim, a lente do Oriente Médio realça os contornos e as especificidades das relações de dependência alimentar conforme vivenciadas em determinadas nações e como suas soluções individuais expressam simultaneamente os desafios gerais pertinentes à reestruturação do regime alimentar corporativo.

Relações do regime alimentar

Gênero, raça e mão de obra

A análise do regime alimentar tem demonstrado uma tendência a privilegiar as relações de valor de modo a minimizar a face social das relações de mercadoria na prática – sejam atividades no "setor informal", sejam atividades de reprodução social. Isso abrange uma gama de formas sociais de trabalho que fazem a mediação entre negócios domésticos, trabalho autônomo e informal e o setor comercial. Redes corporativas de alimentos contratam e subcontratam trabalho de agricultores, trabalhadores diaristas e trabalhadores informais, sem distinção, usando intermediários para vender seus produtos em ambientes informais (como quiosques de rua e ambulantes). Como Marion Dixon demonstra, corporações avícolas vendem pintinhos a agricultores contratados para maturação, e as aves adultas vivas são, então, comercializadas em mercados no Cairo (Dixon, 2013, p.138). Uma imensa classe desfavorecida de mão de obra de vários tipos constitui, por um lado, parte da realização de lucro corporativo; por outro, convoca um exército perpétuo de mulheres para satisfazer necessidades de reprodução social – em cenários urbanos e periféricos, além do campo.

Na maior parte do Sul global, as mulheres "têm a responsabilidade primordial de alimentar suas famílias, e estima-se que produzam de 60% a 80% dos alimentos cultivados" (FAO, apud George, 2010, p.84); no entanto, estão envolvidas em lutas contínuas por segurança da terra (Agarwal, 1994; Deere, 2003; Razavi, 2009; O'Laughlin, 2009) e soberania da terra (Patel, 2006; Monsalve Suárez, 2012, p.20-5; Kerssen, 2013, p.91). Além disso, processos orientados pelo regime alimentar de semiproletarização e descampesinização feminizaram as forças de trabalho na agricultura pelo mundo (Shiva, 1988; Mackintosh, 1989; Raynolds, 2001; Mooj; Bryceson; Kay, 2000; Deere, 2005; Barndt, 2002; Garikipati, 2009).

A feminização da força de trabalho traz um bônus às estratégias de sub-reprodução do capital. Por exemplo, Laura Raynolds observa que agricultores pobres que cultivam banana sob contrato na República Dominicana "costumam envolver esposas e filhas no trabalho nos barracões de empacotamento e os filhos nos campos de banana" (Raynolds, 1997, p.129). No Quênia, onde quase 90% da horticultura são destinados à Europa (especialmente, a Grã-Bretanha), a transição da produção por minifundiários sob contrato para o emprego centralizado em fazendas e galpões de empacotamento em meados da década de 1990 dependia de uma força de trabalho de mulheres migrando para o emprego de curto prazo a fim de ajudar a sustentar a casa, desempenhando a "vantagem comparativa da desvantagem feminina" (Dolan, 2004). Jane Collins documenta processos pelos quais as empresas de agronegócio contratam mulheres para combinar mão de obra de alta qualidade com os custos mais baixos associados aos padrões flexíveis de contratação de mão de obra feminina, relacionados com sua principal responsabilidade como provedoras de seus lares. Assim,

> os agronegócios usam as ideologias de gênero para erodir o emprego estável e os direitos dos trabalhadores no tocante às mulheres. Não menos importante, empregá-las propicia ao empregador um modo de invocar instituições além do local de trabalho para estender e reforçar a disciplina do trabalho. (Collins, 1995, p.217)

Deborah Barndt reinterpreta a unidade rural familiar como a "economia do salário familiar", em que o trabalho agrícola familiar é suplementado por "remessas de valores dos membros que migram, e com frequência famílias migrantes oferecem vários de seus membros como trabalhadores assalariados ao agronegócio" (Barndt, 2002, p.182). Nesse caso, as relações de valor não são meras relações de mercado, mas implicam relações domésticas também como parte de suas condições de (sub-)reprodução.

A excepcional pesquisa sobre "cadeia de *commodity*" de Barndt retoma a viagem do tomate corporativo do México até as onipresentes lojas de *fast food* e varejo da América do Norte. Denominando-o Tomasita, para marcar suas origens étnica e de força de trabalho baseada em gênero, ela descreve a fábrica de Sayula do grande agroexportador Santa Anita Packers, empregando mais de dois mil colhedores e setecentos embaladores na alta estação. As variedades melhoradas de sementes originam-se no México, mas são desenvolvidas e patenteadas em Israel ou nos Estados Unidos. Essas sementes necessitam de altas doses de pesticida, mas a empresa não oferece nenhum treinamento de saúde e segurança ou equipamento de proteção. A empresa emprega centenas de mulheres jovens transferidas de um lugar a outro, conforme a estação, como

maquiladoras ambulantes [...] os únicos insumos mexicanos são a terra, o sol e os trabalhadores [...] O Sul tem sido a fonte das sementes, enquanto o Norte detém a biotecnologia para modificá-las [...] os trabalhadores que produzem os tomates não se beneficiam. Seu papel na produção agroexportadora também lhes nega participação na agricultura de subsistência, em especial desde a crise do peso em 1995, que forçou trabalhadores migrantes a se deslocarem para locais de trabalho ainda mais dispersos. Eles agora viajam a maior parte do ano – com pouco tempo para cultivar alimentos em seus próprios pedaços de terra em suas comunidades de origem [...] com essa perda de controle vem uma perda espiritual, e uma perda do conhecimento de sementes, de fertilizantes orgânicos e pesticidas, de práticas sustentáveis como rotação de culturas ou deixar a terra alqueivada por um ano – práticas que preservam a terra há milênios. (Barndt, 1997, p.59-62)

A dialética entre "o saciado e o esfomeado" de Raj Patel entra em ação nesse caso, com os consumidores do Norte dependendo de ofertas de mão de obra reunida a partir de processos racializados de sub-reprodução e violência de mercado, combinando desfechos de forte componente de gênero que permitem uma casualização universal da mão de obra sob formas não assalariadas e semiassalariadas (Patel, 2007; McMichael, 1999). Em *Strawberry Fields* [Campos de morango], que aborda o ressurgimento das parcerias agrícolas [*sharecropping*] na Califórnia, Miriam Wells contesta a "visão da economia tradicional e da marxista, pois ambas postulam o desaparecimento da parceria agrícola e o maior domínio de uma força de trabalho assalariada impessoal em uma agricultura capitalista racionalizada" (1996, p.238). Ela interpreta a parceria agrícola como uma estratégia de classe adotada por agricultores para minar o poder da mão de obra agrícola organizada com "funcionários com um recurso de compartilhamento em seus contratos de remuneração" (ibid., p.302), em que contratantes de mão de obra contratam mão de obra desvalorizada e vulnerável.

Nesse caso, a parceria agrícola envolve relações histórico--mundiais específicas: o declínio do contrato mediante salário e o crescimento da parceria agrícola representam uma desterritorialização neoliberal das relações de trabalho – em que o setor mexicano de subsistência, ou informal, subsidia trabalhadores seriamente sub-remunerados e subempregados em lotes de terra dos parceiros agrícolas (ibid., p.285). Esse fenômeno está incrustado nas relações raciais/étnicas que condicionam as rotas transnacionais de mão de obra engajadas na reprodução de regiões do mundo "centrais" ou "periféricas", sem distinção. Essas relações definem a "grande reviravolta", em que as nações do sul da Europa, antes fonte de trabalho migrante para centros industrializados do norte europeu e do exterior, tornaram-se um novo destino para fluxos de trabalho migrante. Assim, Alessandra Corrado relata que 13% da força de trabalho agrícola na Itália é de origem estrangeira, com os migrantes realizando uma "transumância pelas várias regiões do sul da Itália" dependendo de colheitas sazonais e vivendo em precárias condições materiais, legais e raciais (2011).

O caráter histórico-mundial da agricultura industrial (ou "agricultura mundial") refere-se não à agricultura como um todo, mas a um espaço transnacional de relações agrícolas e alimentares corporativas de produção e reprodução integrado por rotas de *commodities*. A integração da reprodução social permite uma "forma paradigmática de biopoder" (Hardt; Negri, 2000, p.xv), em que o capital reconstitui os seres humanos por meio da reconstituição da ordem natural, em nome da segurança alimentar. Esse é o caso especialmente dos trabalhadores agrícolas, mais da metade dos quais do sexo feminino, e que compreendem um terço de 1,3 bilhão de pessoas ativamente engajadas na produção agrícola (metade da força de trabalho mundial), concentradas no Sul global, e até 80% da força de trabalho de alguns países (IUF, 2002, p.3) expostas a locais de trabalho muito perigosos (lidando com produtos químicos e objetos cortantes ou sob temperaturas extremas) e empregadas sob condições tênues e exploratórias. Uma pesquisa recente da Food Chain Workers' Alliance, sobre trabalhadores do setor alimentício ao longo da cadeia alimentar norte-americana (17% de toda a força de trabalho), concluiu que somente 13,5% recebiam salário digno, dado o caráter temporário ou sazonal do trabalho na agricultura, o alto índice de descontos abusivos no salário do trabalhador, trabalho imigrante e não documentado e a adoção de acordos de trabalho fora do padrão na década de 1990 (2012, p.32-4). A derradeira ironia do regime alimentar é que a maior parte da fome mundial atinge os trabalhadores envolvidos na produção de alimentos. Como um trabalhador caribenho comentou: "em muitos casos, comemos o que é importado, não o que plantamos. Nós produzimos alimentos, mas não conseguimos comprá-los para nos alimentar" (apud IUF, 2012).

Financeirização

Uma das principais relações de estruturação do regime alimentar corporativo tem se dado entre as finanças, promovendo uma integração cada vez maior, e a recomposição da cadeia agroalimentar ao longo do tempo e do espaço. Segundo a Via Campesina (2004, p.2),

o capital não contente em comprar força de trabalho e reter a terra como propriedade privada, agora também quer transformar conhecimento, tecnologias em geral e agrícolas e sementes em propriedade privada como parte de uma estratégia de unificação dos sistemas agroalimentares mundiais.

Em relação à recomposição, Luigi Russi observa a influência crescente do capital financeiro no regime alimentar, pela entrada de investidores no negócio de alimentos e pela incorporação de um cálculo estritamente financeiro nas operações de corporações alimentícias (Russi, 2013, p.39).

Para os investidores, o posicionamento estratégico dos fluxos de cadeia alimentar transforma as relações alimentares em relações financeiras: "convertendo o alimento em qualquer outra mercadoria negociável, a ser movimentada nos mercados financeiros, para a extração progressiva de valor a partir da cadeia alimentar a fim de criar novos espaços para o lucro corporativo" (ibid., p.30). Essa articulação entre os mercados financeiro e alimentar não só transforma o alimento em alvo de especulação, mas também agrava a abstração do alimento de sua relação orgânica com as pessoas (e os animais) – em particular, uma vez que os alimentos são fracionados e reconstituídos em produtos alimentares como fontes de acumulação de capital.

Um indicador da financeirização dos alimentos industriais é que, ao passo que os agricultores norte-americanos recebiam 37 centavos de cada dólar gasto com alimentos em 1973, em 2000 eles passaram a receber menos de 20 centavos – sendo o restante apropriado pelo agronegócio e o capital financeiro (Roberts, 2008, p.114). O milho é, provavelmente, o alimento quintessencial (serve para fins alimentares e como combustível) cultivado para recombinação industrial. A relação do milho com o sistema alimentar é extensa. Cultivado como ração para produção de carne bovina, de frango e suína, além de ovos e laticínios, é também usado como ingrediente de adoçantes para doces, cereais, refrigerantes e outros gêneros alimentícios vendidos em supermercados (Philpott, 2006). Michael Pollan observa que:

> um McNugget de frango é milho sobre milho sobre milho, começando com uma galinha alimentada com milho, passando por aditivos alimentares obscuros e o amido de milho que dá liga a tudo. Todo lanche McDonald's é, na verdade, feito de milho. Os frangos tornaram-se máquinas de conversão de duas libras de milho em uma libra de carne. (Pollan, 2002)

Em outras palavras, a invasão de certos produtos alimentícios básicos na manufatura de proteína animal e alimentos de conveniência ilustra a reconstrução dietética que cada vez mais reflete o conglomerado financeiro, e é refletida por ele.

Os fundamentos da financeirização foram estabelecidos no regime alimentar anterior, uma vez que a agroindustrialização por atacado acentuava a linearidade da produção de alimentos como uma operação insumo-produção, desde sementes híbridas com agroquímicos até matéria-prima para a indústria de processamento de alimentos – em que as colheitas serviam como insumos (açúcares, óleos e grãos) para a produção de alimentos duráveis (Friedmann, 1994). Por exemplo, a substituição de manteiga por óleos vegetais para a criação da margarina reconstitui o alimento por meio de um processo industrial replicado inúmeras vezes na indústria contemporânea de processamento de alimentos. Isso representa a lógica autorreferente da financeirização do alimento (Russi, 2013). Como processos industriais, o fracionamento e a reconstituição prestam-se prontamente a uma lógica financeira de reestruturação das relações agroalimentares. David Burch e Geoffrey Lawrence sugerem o aparecimento de um "regime alimentar financeirizado":

> o papel desempenhado por uma série de instituições e instrumentos financeiros que têm a capacidade de reorganizar vários estágios da cadeia de suprimento agroalimentar e modificar os termos e condições sob os quais outros atores da cadeia podem operar. No caso da empresa de *private equity*, por exemplo, vemos uma fração do capital que considera a empresa agroalimentar – que pode ser um auditor terceirizado, um fornecedor de insumo, um administrador de fazenda, um fabricante de alimentos ou um varejista – como um pacote de recursos que propicia oportunidades de lucro rápido. (Burch; Lawrence, 2009, p.275)

Burch e Lawrence defendem que a financeirização é endêmica à indústria alimentícia. Supermercados estabelecem seus próprios serviços financeiros em parceria com bancos, atuando como empresa de *private equity* que realizam valor para o acionista ao explorar e transformar ativos corporativos. E a indústria alimentícia gera renda com o licenciamento do nome da marca para produção de "alimentos saudáveis", como os nutracêuticos e os funcionais que "estão na fronteira entre produtos alimentícios e farmacêuticos" (ibid., p.277). Referindo-se a essa prática como engenharia alimentar orientada para finanças, Russi observa que os investidores "são capazes de determinar uma repadronização coercitiva dos fluxos de produção que leva à artificialização progressiva do alimento e que – no entanto – permite-lhes [...] tirar proveito das estratégias globais de abastecimento" (Russi, 2013, p.65). Wayne Roberts argumenta que "os ocidentais não compram mais alimentos. Eles compram refeições processadas a partir de ingredientes ou outros insumos" (2008, p.122). As estratégias globais de abastecimento concentram-se em empacotar, em vez de produzir, ingredientes de múltiplas localidades como alimentos globais (ibid., p.123). Os alimentos compostos de ingredientes globais (alimentos de procedência desconhecida, segundo José Bové) não são os únicos disponíveis, visto que os alimentos de procedência conhecida suprem aqueles que podem pagar por eles.

Ao incorporar e constantemente transformar as cadeias agroalimentares mundo afora, o capital financeiro busca repadronizar ao estilo camponês a coprodução de alimentos, ecossistemas e subsistemas em moldes econômicos, isolando a terra "com a visão de incluí-la em diferentes pacotes dos quais a extração duradoura de lucro financeiro possa ser sustentada" (Russi, 2013, p.82). A esse respeito, Jan Douwe van der Ploeg observa que o capital (assim como o império alimentar) não se liga a atividades *subsistentes*, mas "impõe sua própria ordem" a minifúndios (por exemplo, transformando agricultores em trabalhadores sob contrato) de determinado modo predatório, absorvendo e repatriando recursos locais (cf. McMichael, 2013b). Nesse caso, o capital "raramente cria qualquer riqueza adicional; ele simplesmente explora a riqueza produzida localmente a fim de concentrar e reusá-la de acordo com sua própria lógica", de tal forma que

> dificilmente qualquer capital é trazido de fora para a situação local. O capital é movimentado basicamente no mercado de capital nacional com a promessa de que o fluxo de dinheiro gerado por meio do novo empreendimento renderá considerável lucro e segurança. A situação local e os recursos e potenciais vinculados a ele são usados como *colaterais*. (Ploeg, 2009, p.77-8)

Essa predação é fonte estratégica daquilo que Russi chama "capital faminto", com seu ímpeto em "liberar" o valor pela reordenação das relações extraeconômicas "em pacotes estritamente econômicos que estão sujeitos a uma métrica financeira" (2013, p.94). A consequência é o rompimento do metabolismo entre agricultor e ecossistema e a reconstituição do valor em termos de troca. A financeirização, ao reduzir o alimento a uma relação fungível em vez de socialmente construtiva, presta-se a aprofundar esse processo e acelerar o esgotamento dos processos naturais por sua conversão em "recursos" especulativos.

Nutricionalização

Jane Dixon incorpora uma perspectiva distinta, nutricional, à análise do regime alimentar, usando a "transição da nutrição" como uma referência de modernidade e desenvolvimento nacional positivo. A transição – de dietas vegetarianas para o consumo de proteína animal, óleos e gorduras, açúcares e carboidratos processados – costuma ser associada à crescente abudância. Esse cenário linear enfoca as políticas de desenvolvimento nacional sobre a nutricionalização do suprimento alimentar, isto é, idealmente maior diversidade dietética e energia disponível levando a desfechos positivos na saúde pública. Em oposição ao ideal estão duas forças significativas: dietas sociais/de classes e a artificialização do alimento à medida que a agroindustriação evolui. Com respeito ao último, sabemos que a colheita expandida gera maior quantidade de alimentos em detrimento de sua qualidade (como em densidade de nutrientes) – por exemplo, "novas variedades de milho, trigo e soja, criadas para aumentar a produção, possuem teor mais baixo de proteína e óleo, enquanto tomates de alto rendimento têm menos vitamina C, licopeno e betacaroteno". Ao mesmo tempo, a ruptura metabólica da agricultura industrial priva o solo de matéria orgânica, assim reduzindo os micronutrientes disponíveis para o cultivo (Albritton, 2009, p.116).

Enquanto os consumidores de alta renda tenham mais possivelmente acesso a dietas saudáveis (orgânicas), a estruturação do regime alimentar distribui alimentos calóricos e altamente processados para as populações mais pobres. A resultante explosão de má nutrição (associada à obesidade) equipara-se à persistente subnutrição de uma considerável parcela da humanidade – a OMS estima que mais de 3 bilhões de pessoas (quase 50% da população mundial) sofrem de desnutrição (Albritton, 2009, p.95). Dixon identifica esses últimos fenômenos como a fase crítica da transição da nutrição, com "doenças da abundância" surgindo em regiões globais da fome. Sustentando essa crise está uma economia cultural que envolve a nutricionalização dos sistemas alimentares modernos. Isso se baseia em uma ciência do "destino metabólico do alimento" como uma forma de governança – nas palavras de Dixon: "a cooptação da ciência da nutrição para extrair valor excedente e relações de autoridade do alimento [...] mais transparente ao moldar estratégias corporativas e políticas públicas no tocante à doença nutricional e ao avanço da riqueza da saúde" (Dixon, 2009, p.322).

A análise do regime alimentar por Dixon evidencia como a nutricionalização dos sistemas alimentares é representada em uma "revolução técnica e de conhecimento" de longa data, começando com a identificação da caloria no final do século XIX. Isto é,

> a capacidade de quantificar a energia humana introduziu o "modo científico de alimentação" nas políticas públicas e legitimou os complexos de importação-exportação agroalimentar que sustentaram o primeiro e o segundo regimes alimentares. (ibid., p.331)

A autora nos alerta para a natureza cada vez mais contestada da "busca por segurança ontológica nutricional e dietética" em um mundo de encolhimento da diversidade dietética e dos recursos naturais, uma crise de legitimidade de ciência (autoridade) nutricional e nutricionalização corporativa (*versus* culinárias viáveis ou dietas culturais) à medida que se avolumam os efeitos colaterais indesejáveis.

Aya Hirata Kimura desenvolve a estrutura de Dixon com um substancial estudo de caso sobre o programa de "nutricionismo" na Indonésia como constitutivo do regime alimentar corporativo (Kimura, 2013, p.10). Intitulando seu estudo *Hidden Hunger: Gender and the Politics of Smarter Foods* [Fome oculta: gênero e as políticas de alimentos mais inteligentes], Hirata Kimura documenta como a suposta invisibilidade da deficiência de micronutrientes invoca o conhecimento especializado da ciência nutricional a abordar o problema da desnutrição como uma questão de consumo individual, em vez de uma condição socioecológica relacionada com o empobrecimento de pessoas e ecossistemas. Como tal, a lente normativa que trata da segurança alimentar enfoca o acompanhamento da ingestão pessoal de nutrientes e destina-se primordialmente a responsabilizar as mulheres "por não alimentar as crianças e sua família de modo adequado enquanto a indústria alimentícia surge como o salvador dos famintos" – a menos, é claro, que uma crise alimentar inflacione o preço das *commodities* como trigo, oleaginosas e açúcar usados para fortificação, tornando-as onerosas demais para os pobres (Kimura, 2013, p.165-6).

O nutricionismo inclui a fortificação de alimentos processados (como produtos à base de farinha de trigo, comida para bebê) e a biofortificação via cultivos geneticamente modificados (como o arroz dourado) – ambas empregam a lógica do mercado corporativo para tratar a deficiência dietética, transformando-a em um problema técnico e, assim, despolitizando a fome. Hirata Kimura argumenta que o nutricionismo é uma "técnica de poder" dirigida para mulheres em um modo de governança que "sistematicamente organiza o conhecimento sobre alimentos e organismos, privilegiando uma visão especializada enquanto as silencia" – elas que estão nas linhas de frente da produção, preparação e entrega do alimento por todo o Sul global (Kimura, 2013, p.6). Como uma forma de forte componente feminino do biopoder exercido por parcerias público-privadas voltadas a ajustes nutricionais, o nutricionismo é profundamente emblemático da era neoliberal, que reduz o alimento a "um veículo para os nutrientes [...] [para capitalizar] o *know-how* dos negócios agroalimentares" (ibid., p.11). Contextualmente, a "revolução" dos micronutrientes coincidiu com a redução do apoio público à pesquisa agrícola internacional na era pós-revolução verde do neoliberalismo, à medida que a "segurança alimentar" era privatizada e institucionalizada como uma relação internacional de mercado no Acordo sobre Agricultura da OMC (ibid., p.10).

A tentativa de introduzir o arroz dourado na Indonésia, como Hirata Kimura demonstra, foi repleta de contradições – ressaltando a tensão elementar no regime alimentar corporativo entre regra de mercado e soberania alimentar. Pela lente cultural, "o arroz provavelmente tem um dos mais intricados conjuntos de significados de qualquer alimento da Indonésia", associado não só a deuses e deusas, mas também às identidades étnica e sexual (ibid., p.157). Uma perspectiva nutricional deixa escapar (ou torna invisível) esse sentimento, politizando inadvertidamente o arroz – tanto que as empresas ligadas às ciências da vida foram obrigadas a enfocar a "lucratividade em detrimento da penetração de mercado" e, desse modo, dar prioridade ao milho e à soja híbridos da Indonésia, conferindo ao arroz dourado um símbolo discursivo mais do que um cultivo biofortificado efetivado (ibid., p.156-7). Por ironia, no contexto da representação do Sul global como uma distopia a ser alimentada pela utopia do alimento nutricionalizado, os proponentes dos alimentos geneticamente modificados encontraram tamanha resistência ao risco e ao reducionismo dos alimentos transgênicos que a racionalidade científica do alimento medicalizado esvaiu-se em uma cruzada moral, incitada pela retórica de "alimentar o mundo" (ibid., p.159-60).

Ecologia

Os regimes alimentares têm consequências ecológicas. A proposição inicial do regime alimentar reproduziu uma perspectiva político-econômica em grande parte destituída de uma dimensão ambiental. Isso é insustentável. Por conseguinte, Hugh Campbell, inspirando-se na sensibilidade ecológica de Friedmann (2000, 2003), introduziu os conceitos de "ecologias à distância" e *feedback* ecológico" na análise do regime alimentar para combater a invisibilização de seus impactos ecológicos (Campbell, 2009). Desenvolvendo a ideia de que um sistema alimentar sustentável implica a reincorporação da produção alimentar aos ecossistemas locais, desse modo subvertendo "a distância e a durabilidade" agroindustrial (Friedmann, 1994), ele ressaltou a reviravolta em curso na direção da localidade e da sazonalidade, à medida que se avolumam as preocupações com o meio ambiente e a saúde pública. Campbell vê as narrativas do império e do desenvolvimento associadas às culturas de regime alimentar enfocando a legitimidade e a estabilidade, "caracterizadas pela capacidade de mascarar o que Marx havia [...] descrito como uma ruptura metabólica irreparável que cada vez mais rompia a interação entre seres humanos e natureza" (Campbell, 2009, p.312). Além disso, assim como o fetichismo das mercadorias e a ruptura metabólica "obscureciam as violentas condições sociais de produção de mercadorias, também obscureciam condições ambientalmente catastróficas" (ibid., p.315).

A título de ilustração, para o segundo regime alimentar, o enquadramento cultural dos pesticidas no contexto de um otimismo tecnológico começou a se desenredar com a crítica decorrente de *Silent Spring* [Salto silencioso], de Rachel Carson (1962). Desenvolvendo o argumento de Friedmann de que os movimentos sociais legitimam ou desafiam as culturas do regime, Campbell enfoca as tendências contraditórias em torno de "um regime do alimento de procedência desconhecida".[5] Este, baseado na legitimidade cultural do "alimento barato", tem "um problema emergente grave de legitimidade cultural" resultante da queda de confiança em ciência, mobilização ecológica, comunicação de "relações antes invisíveis e características dos 'alimentos de procedência desconhecida'", políticas de risco e temores alimentares, o poder do varejista e as preferências explícitas dos consumidores e uma crise percebida de nutrição associada a alimentos de conveniência (Campbell, 2009,

---

5 Esta frase é originalmente de José Bové (2001).

p.312-3). Por conseguinte, Campbell argumenta que "os alimentos com procedência conhecida" – como o movimento *Slow Food* e as agriculturas comunitárias – surgiram a partir dessas dinâmicas culturais. O alimento com procedência conhecida[6] representa uma contralógica aos alimentos convencionais do regime alimentar agroindustrial, "estendendo-se sobre a ruptura metabólica" (ibid., p.318). O legado de Campbell, seguindo o nexo ambiental urdido por Friedmann, não consiste somente em reassentar a análise do regime alimentar explicitamente na ecologia política, mas também destacar a tensão existente entre a abstração e a situação das culturas alimentares na luta pela trajetória da agricultura sustentável e dos sistemas alimentares. Além disso, ao enfatizar a noção de "*feedback* ecológico", Campbell reforça a contribuição fundamental de Weis à análise das contradições ecológicas da "economia alimentar global" com a distância percorrida pelos alimentos, a escalada da toxicidade e as enormes "pegadas animais ecológicas" associadas à "carnificação". Weis propõe que

> afastar-se dos padrões de consumo centrados na carne é uma parte elementar da redução do espaço coletivo da humanidade na biosfera, deixando espaço para outras espécies neste século, com dietas vegetarianas bem balanceadas e também mantendo a promessa adicional de uma gama de benefícios à saúde pública. (Weis, 2007, p.171)

Com isso, repercute a convocação de Lang e Heasman por um princípio de "saúde pública ecológica", regendo os sistemas alimentares (2004) e oferecendo uma contrapartida ao vetor de nutricionalização da ciência alimentar moderna. Dessa maneira, uma perspectiva ecológica para os regimes alimentares liga o fracionamento, a adulteração e a financeirização do alimento moderno à ruptura metabólica original, implicando a separação da vida social da natureza e a simplificação da agricultura em lugar da produtividade, com as relações ecológicas substituindo os insumos tecnológicos.

---

6 Cf. McMichael (2002).

A "ruptura metabólica" marca a subordinação da agricultura ao capital, reduzindo os ciclos naturais de nutrientes no solo e na água e substituindo insumos agrícolas como fertilizantes químicos e sementes híbridas para substituir a policultura pela monocultura (Foster, 2000). A separação histórica entre cidade e campo é um produto da ruptura metabólica, com a agricultura especializando-se como um setor econômico (Moore, 2000). Removida dos ciclos biológicos, a agricultura industrial é, em princípio, espacialmente incestuosa, visto que as "qualidades intrínsecas da terra importam menos" (Duncan, 1996, p.122) em um sistema baseado na "anulação biofísica" (Weis, 2007). A "petroagricultura" moderna (Walker, 2005) agrava a ruptura metabólica ao ampliar o uso de insumos como fertilizante inorgânico, pesticida e herbicida em associação com a mecanização, aumentar o uso agrícola de combustíveis e insumos emissores de carbono, além de liberar carbono do solo para a atmosfera acompanhado pelo ainda mais pernicioso óxido nitroso da aplicação de fertilizantes e das fezes do gado na pecuária. O modelo agroindustrial toma o lugar de ecossistemas agrícolas, os quais revertem a ruptura metabólica, promovem a biodiversidade, usam de seis a dez vezes menos energia do que a agricultura industrial, restauram solos e ciclos de água e reduzem as emissões, além de sustentar a agricultura de pequenos agricultores (Pretty et al., 2006; Apfelbaum; Kimble, 2007).

Recuperar a ecologia não tem a ver somente com o impacto ambiental de "ecologias à distância" e "*feedback* ecológico", mas também com o reconhecimento de que o regime alimentar do capital extingue a agricultura biológica, impede futuros agrários sustentáveis. A tensão central no regime alimentar corporativo refere-se ao antagonismo entre o alimento de procedência conhecida e o de procedência desconhecida, e o pêndulo oscila entre corromper o ninho humano ou restaurá-lo. A mudança climática é o derradeiro "*feedback* ecológico" porque se trata da desorganização em massa, da descontinuidade.

Conclusão

O "regime alimentar" é, portanto, uma forma de método histórico. Pode ser implementado de várias maneiras para elucidar processos locais, nacionais, regionais e globais regidos pela dinâmica contraditória do regime alimentar genérico e periódico. Embora o projeto do regime alimentar original se refira ao esboço das inter-relações entre o sistema estatal e as rotas internacionais de alimentos no âmbito de determinada ordenação de mundo, ele está claramente gerando novas proposições que enriquecem e ampliam seu escopo, revelam segredos e abordam novas e emergentes dimensões.

6
CRISE E REESTRUTURAÇÃO

O padrão dos regimes alimentares é representado, de modo excepcional, como uma sucessão de estruturas regulatórias que organizam as relações de produção e circulação de alimentos. Essas estruturas regulatórias representam episódios da dinâmica de acumulação regidos por padrões de expansão e crise. Cada regime ancora-se em uma forma específica de acumulação que podemos caracterizar, simplesmente, como extensiva, intensiva e financeira. Essas formas condicionaram as relações geopolíticas e institucionais baseadas na mercantilização cada vez mais profunda da agricultura e dos alimentos. Cada episódio do regime alimentar é, portanto, parte sucessiva de uma conjuntura histórica em evolução – a era da agricultura industrial. Embora cada regime tome por base "ajustes espaciais" expansivos para revitalizar a acumulação por meio da provisão de recursos, ao mesmo tempo existe uma deterioração *cumulativa* da sustentabilidade do ecossistema, cujos limites evidenciam-se em limiares ecológicos, energéticos e climáticos conhecidos. A questão é: qual a relação existente entre esses limiares e a crise do regime alimentar corporativo? Embora seja cedo demais para determinar se o regime alimentar está em transição ou simplesmente se reestruturando, a crise de acumulação em si pode ser examinada pelas lentes do regime alimentar.

Crise? Que crise?

Essas questões referem-se à temporalidade. Do ponto de vista metodológico, o regime alimentar é um aspecto genérico da estruturação das relações agrícolas pelo capital ao longo do tempo e do espaço, como o alicerce da acumulação e dos processos de produção e reprodução das forças de trabalho. Do ponto de vista essencial, o regime alimentar *corporativo* é uma forma conjuntural do regime alimentar de longa data por meio do qual o capitalismo histórico reorganizou a agricultura mundial. Esse regime incorpora processos e contradições tanto sincrônicos quanto diacrônicos que, juntos, provocaram uma crise de abastecimento alimentar. Sob essa perspectiva, como diria Braudel (1969), a recente inflação do preço dos alimentos é um *evento*, que faz parte da *conjuntura* política do neoliberalismo, de *longue dureé* do capitalismo.[1] Isto é, o que se denomina "crise alimentar mundial" constitui uma estratificação de relações espaço-temporais – em particular, o ciclo de longo prazo da agroindustrialização, envolvendo a simplificação pela monocultura e pela crescente dependência de combustível fóssil, combinada com declínios conjunturais na produtividade da produção de alimentos e efeitos inflacionários dos sistemas de compensação do agrocombustível e da especulação financeira. Custos em elevação, relacionados à alta do petróleo e à expansão dos cultivos substitutos do combustível, combinam-se com a fixação de preços de monopólio pelo agronegócio para inflar os preços dos alimentos, transmitidos globalmente pelas formas liberalizadas de finanças, comércio e segurança alimentar.

A crise do regime alimentar corporativo foi registrada na esfera pública sob a forma de um pico nos preços dos alimentos em 2007 e 2008, e "protestos por comida" em cascata, mais notadamente no Haiti, Itália, Uzbequistão, Marrocos, Guiné, Mauritânia, Senegal, Índia, Indonésia, Zimbábue, Burkina Faso, Camarões, Iêmen,

---

1 O *longue dureé* de Braudel referia-se, evidentemente, ao tempo geográfico. Eu modificaria isso de modo a fazer referência ao tempo-espaço do capitalismo, na reorganização das geografias social e ecológica.

Jordânia, Arábia Saudita, Egito, México e Argentina – com até trinta países registrando alguma espécie desse tipo de manifestação no período (Jafri, 2008). Nos primeiros oito anos da década, a produção mundial de grãos ficou constantemente atrás do consumo (Cribb, 2010, p.3); de 2005 a 2007, o preço dos alimentos subiu 75% e as reservas mundiais de grãos atingiram seu nível mais baixo (Holt-Giménez; Kenfield, 2008, p.3). Em meados de 2009, quase um sexto da humanidade (cerca de um bilhão de pessoas) era considerada faminta ou subnutrida, em especial, mulheres. E quase três quartos desse subgrupo mundial residem na zona rural. Em 2011, a crise alimentar retornaria com uma vingança: o preço dos alimentos ultrapassando o patamar de 2008. A atenção do mundo voltou-se novamente para a agricultura, seguindo-se um longo período de negligência e sedução por um regime alimentar que dizia "alimentar o mundo".

Em um nível epifenomenal, a inflação na agricultura representou o fim do "regime alimentar barato" (Rosset, 2008), após um quarto de século com declínios no preço de gêneros alimentícios de primeira necessidade como consequência do regime de subsídios da OMC e da corporatização dos mercados mundiais de alimentos. Em outro nível, o político, os protestos por comida não se limitaram à contestação da alta no preço de alimentos básicos e à defesa de acessibilidade, extrapolando sua temática para a economia política da provisão de alimentos (Patel; McMichael, 2009). Em outras palavras, os protestos por comida tiveram origem nas políticas neoliberais de ajuste estrutural impostas a partir da década de 1980 pelas Instituições Financeiras Internacionais (IFIs), desmantelando a capacidade agroalimentar pública de prover crédito rural, apoio a preço e reservas alimentares (Banco Mundial, 2007, p.138), e também na crescente dependência de alimentos de todo o Sul global. Políticas orientadas pelas finanças eram justificadas em nome da "segurança alimentar" – entendida como um bem de mercado, em que o cálculo político substitui a formação de preços, convertendo a necessidade pública do abastecimento alimentar social em um direito privado (McMichael, 2003, p.173). Com a liberalização da OMC negando às nações o direito à autossuficiência alimentar, a "segurança alimentar" passou a caber às corporações transnacionais, "que alimentam o mundo" por meio de sua capacidade de organizar as relações globais de produção e circulação de alimentos.

Como já foi sugerido, embora o discurso da "segurança alimentar" buscasse legitimidade para o regime alimentar corporativo, foi dirigido ao movimento de resistência da soberania alimentar a partir de meados da década de 1990. Esse movimento politizou a privatização do alimento com uma crítica direta ao regime alimentar corporativo, mobilizando o agricultor e o camponês que vivenciavam o agravamento de uma crise agrária global de negligência pública e extrapolação de preços por parte dos comercializadores de grãos (Nicholson, 2008, p.456). A crise agrária de longa duração incluiu uma "deflação de renda" por meio de políticas neoliberais, tornando a reprodução social do campesinato cada vez mais inviável. Essa "acumulação por usurpação" também contribuiu para um aprofundamento da estagnação na provisão de alimentos e para a incapacidade do pequeno agricultor de reagir à alta de preços cultivando mais alimentos (Patnaik, 2008, p.113).

A crise agrária foi intensificada pela queda no rendimento de grãos agroindustriais – de aumentos entre 5% e 10% no auge da revolução verde (na década de 1960) para 1% ou menos no novo milênio (Cribb, 2010, p.8); por outro lado, "o volume de produção *per capita* de grãos em escala global manteve-se inalterado desde o pico atingido em 1986" (Weis, 2010, p.327). Evidentemente, tais limitações materiais são construídas socialmente, incluindo: perdas anuais com erosão do solo ultrapassando os nutrientes aplicados mundialmente como fertilizante em um montante passível de destruir dois terços das terras produtivas do mundo até 2050; o colapso do ciclo global de nutrientes com fósforo após seu ponto máximo em 2030; concorrência crescente por água doce para a agricultura, que já responde pela utilização de 70% do estoque mundial desse recurso; o colapso previsto da rentabilidade da pesca oceânica até 2040; as consequências decorrentes do pico das reservas mundiais de fosfato alcançado em 1989, elemento sem nenhum substituto, essencial para o aumento das áreas de cultivo e pastagem; e uma inflação de calorias de 20% por cidadão global médio desde a década de 1960 (Cribb, 2010, p.10-11, 54, 76; Cordell, 2009). Associados aos limites construídos socialmente estão as diferenças nos efeitos das políticas entre a mercantilização e a regulação de alimentos. O preço do arroz aumentou em grande parte do Sudeste Asiático em 2008, em menor proporção na Indonésia, onde os controles ao comércio e ao preço desaceleraram a inflação (Nielson; Arifin, 2012, p.163). Enquanto isso, os preços permaneceram relativamente estáveis no Leste Asiático, pois

> Em primeiro lugar, eles possuem sua própria produção interna. Segundo, ampliam essa produção com reservas próprias de grãos. Terceiro, só conseguem fazer isso porque são negociadores aguerridos e poderosos nos contratos de comércio internacional. O Japão sustenta há muito tempo que seu arroz não é uma mera mercadoria, mas um modo de vida. (Patel, 2008)

Por ironia, o Japão aderiu à Rodada Uruguai do GATT somente quando os membros concordaram em "retirar a possibilidade de os países restringirem as exportações em tempos de escassez crítica" (Ritchie, 1988, p.3). No entanto, a proibição à exportação no auge da "crise alimentar" contestou essa regra, talvez em futuro próximo.

A exceção a essa regra de restrição à exportação talvez seja a norma agora. Em 2008, proibições ou restrições à exportação de trigo no Cazaquistão, Rússia, Ucrânia e Argentina fecharam um terço do mercado global; no caso do arroz, as proibições ou restrições à exportação da China, Indonésia, Vietnã, Egito, Índia e Camboja restringiram a alguns poucos os fornecedores, como Tailândia e Estados Unidos (Grain, 2008a, p.2). Na realidade, isso deve registrar uma espécie de *alerta de crise*, que indica a obsolescência da OMC como peça central do regime alimentar corporativo, dada a oposição dos membros às regras de livre-comércio que proíbem exportação, intensificando a oposição anterior do G-20 a práticas comerciais desleais.

Além de uma crise agrária de longa data para os agricultores, a agflação representa a articulação dos regimes do petróleo e dos alimentos. Embora a agroindustrialização tenha passado por um longo ciclo de dependência de combustível fóssil, a reorganização pós-guerra das redes dessa fonte energética, liderada pelos Estados Unidos, transformou a economia política internacional, com o valor do dólar dependente dos fluxos de petróleo energizando a economia capitalista e ignorando a sangria nos recursos energéticos (Mitchell, 2009, p.418), assim subscrevendo um intensivo regime agroalimentar extrativo. Mas, na década de 2000, em sintonia com o aumento do preço dos alimentos, o preço do petróleo subiu, sextuplicando entre 2003 e 2008, inflacionando os custos de produção de alimentos (Cribb, 2010, p.6) e invocando o potencial dos agrocombustíveis como uma fonte de energia transicional.

No entanto, no discurso público, os agrocombustíveis eram associados diretamente à inflação dos alimentos. Entre 2006 e 2007, a demanda por milho pelas destilarias de etanol dos Estados Unidos duplicou em relação ao aumento de sua demanda global, afetando os mercados globais, visto que esse país produz 40% do milho mundial (Holt-Giménez; Kenfield, 2008, p.3). Em 2007, a legislação do Renewable Fuels Standards do governo Bush e as obrigatoriedades de uso do biocombustível na Europa (10% dos combustíveis para transportes até 2020) ofereceram enormes subsídios ao etanol de milho, desviando cultivos de alimentos para os de combustível. A demanda por milho substitui as colheitas de trigo e soja e, dada a centralidade do milho e da soja como insumos para o processamento de alimentos e ração animal, a inflação do milho desencadeia a inflação do preço dos alimentos mundo afora (ibid.). Jacques Bertholet identificou que as políticas do biocombustível dos Estados Unidos e da União Europeia contribuíam para "enormes *déficits* no comércio alimentar de ambos os países" e estavam "no cerne da explosão dos preços de *commodities* agrícolas" (2008b, p.26). Além disso,

> o etanol de milho norte-americano responde por um terço do aumento no preço mundial do milho, de acordo com a FAO, e 70%, de acordo com o FMI. O Banco Mundial estima que as políticas norte-americanas sejam responsáveis por 65% da explosão dos preços

agrícolas e, para [...] o ex-economista-chefe da USDA [Secretaria de Agricultura norte-americana], explicaram 65% do aumento de preço. (Berthelot, 2008b, p.27)

Em um nível mais aprofundado, a cronologia desse projeto de agrocombustíveis expressa uma integração dos mercados de petróleo e alimentos, uma vez que as culturas alimentares e de combustível (milho, açúcar, óleo de palma e pinhão manso [*jatropha*]) tornam-se intercambiáveis (McMichael, 2010). Assim, o óleo de palma "agora usado amplamente em produtos alimentícios, de macarrão instantâneo a biscoitos e sorvete, integrou-se de tal modo aos mercados de energia que seu preço varia conforme as oscilações do petróleo bruto" (Greenfield, 2007, p.4). O impacto, naturalmente, varia conforme as dietas de classe. No auge da "crise alimentar", o *The New York Times* noticiou:

> O óleo de cozinha pode parecer uma despesa insignificante no Ocidente. Mas, no mundo em desenvolvimento, é uma importante fonte de calorias e representa uma das maiores despesas das famílias pobres, que cultivam grande parte de seu próprio alimento, mas têm de comprar o óleo para prepará-lo. (2008)

A vulnerabilidade induzida pela privatização das formas mais básicas de reprodução social, combinada com os protestos por comida, levou governos a restabelecer alguns subsídios para alimentos básicos, impor controles de preço e restringir as exportações. Assim, a "crise alimentar" revelou uma conjuntura que combinava uma crise agrária de longa duração, uma integração dos mercados de alimentos e de energia e uma associada conquista de legitimidade por governos com horizontes de curto prazo que agravavam a crise ao patrocinar um projeto de agrocombustíveis.

Crise da acumulação de capital

A atual crise de acumulação combina um aspecto estrutural de longo prazo do capitalismo (sub-reprodução) com uma forma conjuntural (financeirização). Enquanto o primeiro refere-se à negligência do capital e à efetiva erosão de suas condições de produção, o último refere-se ao capitalismo neoliberal no qual, diante da ausência de uma ordem monetária internacional estável, o capital renega a produção em benefício da circulação, securitizando e disseminando arbitragem de risco por meio de uma gama de instrumentos financeiros (Hoogvelt, 2010). A conjunção de cada um desses aspectos é exclusiva ao regime alimentar corporativo. Examinaremos todos eles.

Historicamente, a ruptura metabólica simboliza o processo pelo qual o capital solapa suas condições de produção ao perturbar os ciclos naturais de nutrientes que regeneram o solo e a qualidade da água, desse modo, separando a produção capitalista de suas bases naturais e apagando os conhecimentos ecológicos (Foster, 1999; Schneider e McMichael, 2010). A agricultura industrial atende o setor manufatureiro como receptora e fonte de insumos e produtos de *commodity*, respectivamente, explorando tanto a mão de obra quanto a terra. É dessa relação que Moore deriva o conceito de capitalismo como um "regime ecológico mundial" (2011), enquanto Araghi deriva o conceito de "relações globais de valor", em que o regime alimentar é um projeto dedicado ao reducionismo ecológico a fim de diminuir o custo da força de trabalho com alimentos barateados (2003).

Em ambos os aspectos, a produção de *commodities* com base no capital depende do acesso crescente aos recursos naturais (terras e combustíveis fósseis). A capitalização da natureza não humana ao longo do tempo, para estimular a acumulação, depende de extrair o "capital ecológico" da terra. Para Araghi, trata-se da "natureza excedente";[2] para Moore, isso representa a "sub-reprodução da natureza",

---

2 "Natureza excedente é o tempo de trabalho potencial excedente do futuro. A natureza excedente pode ser diferenciada da 'natureza necessária', que significa a transformação sustentável da natureza" (Araghi, 2009, p.121).

no sentido de que a relação predatória do capital com o mundo natural esgota certos recursos/processos. Embora sejam conceitos distintos, juntos eles evidenciam o dilema ambiental atual. Assim, a dependência do capital em relação à natureza excedente refere-se à ocupação de espaços e processos naturais em detrimento da sustentabilidade futura, sinalizando a possibilidade de um esgotamento *absoluto* dos "serviços" do ecossistema. O conceito de Moore sobre a sub-reprodução da natureza refere-se aos processos de esgotamento *relativo* dos serviços do ecossistema, por meio de uma colonização progressiva de novas fronteiras de acumulação como soluções temporárias para crises de acumulação. Nesse caso, o capital adia o esgotamento da natureza por meio de uma sub-reprodução em série de ecossistemas em determinadas fronteiras, até que chegue o momento em que a opção da fronteira desapareça (esgotamento absoluto).

Pode-se dizer que a crise atual combina de forma singular cada uma dessas formas de esgotamento. Expressa-se de modo perceptível na inflação do preço dos alimentos, desencadeando preocupações sobre a segurança alimentar. Ao mesmo tempo, uma série de relatórios recentes – como o *Millenium Ecosystem Assessment* (2005) e o *IAASTD Report* (2008) – associou uma grave crise ambiental (e, portanto, a insegurança alimentar) à erosão das condições naturais de produção da agricultura industrial. Isso é claramente complementado por um projeto de agrocombustíveis que intensifica a "urbanização do campo" (Marx), à medida que o capital busca uma nova fronteira de acumulação (McMichael, 2010). E, levando-se em conta que as culturas de alimento e combustível são "culturas flexíveis" intercambiáveis (Borras et al., 2012, p.6), tal cultura de fronteira assume uma dimensão especulativa – por conseguinte, entre 2004 e 2007, o investimento de risco em agrocombustíveis aumentou 800% (Holt-Giménez, 2007, p.10). Possivelmente, a produção de agrocombustíveis represente uma tentativa de postergar o esgotamento da natureza (pico do petróleo), apesar da estimativa da International Energy Agency de que, até 2030, os biocombustíveis "mal compensarão o aumento anual na demanda global de petróleo" (Holt--Giménez, 2007), e todas as formas de energia renovável, inclusive os agrocombustíveis, vão responder por somente 9% do consumo global de energia (Grain, 2007, p.6).

Esse cenário salienta o ponto de vista de Moore segundo o qual a acumulação de capital é ao mesmo tempo uma formação ecológica *geradora* e *atenuante* de crise. O auge do petróleo representa um esgotamento (sub-reprodução) da natureza extra-humana, somente a ser suplantado por outra fonte de bioenergia como uma estratégia de atenuação da crise. A dialética entre a geração e a atenuação da crise, movida pela abstração da dinâmica de relação de valor (externalizando os limites naturais), é dramaticamente evidente na corrida pelo agrocombustível e seu impacto ambiental negativo.[3] Os agrocombustíveis sub-reproduzem a natureza em ciclos de esgotamento relativo.

Com a preocupação de que o esgotamento absoluto gere tais políticas "verdes", defensores dos agrocombustíveis buscam legitimizar uma nova rodada de acumulação de capital em nome da sustentabilidade. Uma vez que, em alguma medida, a agricultura industrial já é responsável por um terço das emissões de gases estufa, os agrocombustíveis reciclam o problema como uma forma de solução.

Não obstante, os agrocombustíveis representam uma nova fronteira para o capital (Houtart, 2010). Nesse caso, a capitalização da fronteira talvez seja o último recurso estratégico do capital financeiro, não mais satisfeito em criar valor por meio da relação salarial, subsequente à realocação da manufatura para regiões de mão de obra "barata" da economia global (McMichael, 1999). Liberar valor por meios financeiros depende da securitização e especulação de mercados futuros (do endividamento à segurança alimentar). No início do século XX, o capital financeiro gravitou em torno de investimentos

---

3 Isto é, a conversão de florestas tropicais, pantanosas, savanas ou pastagens para produzir biocombustíveis no Brasil, Sudeste Asiático ou Estados Unidos "cria uma 'dívida de carbono biocombustível' ao liberar de 17 a 420 vezes mais CO_2 do que as reduções anuais de gás de efeito estufa (GHG, do inglês *greenhouse gas*) que esses biocombustíveis emitem ao tomar o lugar dos combustíveis fósseis" (Fargione et al., 2008). Além disso, como culturas industriais, os biocombustíveis intensificam a degradação do solo e da água via dependência de insumos químicos.

especulativos em terras e culturas flexíveis, especialmente após o colapso do mercado de derivativos financeiros em 2009. O comércio em mercados futuros agrícolas e outros derivativos cresceu 32% em 2007, e o "número de contratos futuros entre outubro de 2007 e o final de março de 2008 aumentou 65% na Bolsa Mercantil de Chicago, sem um aumento correspondente na produção real" (Bank for International Settlements, apud Ernst; Wahl, 2010, p.13). Jennifer Clapp associa esse movimento recente ao enfraquecimento do dólar norte-americano, observando que, à medida que os investidores em operações de risco baseadas no dólar percebem um declínio no valor real dos investimentos, "eles se deslocam para outros produtos financeiros associados a *commodities* físicas" a fim de captar retornos crescentes (2012, p.137). Em vez de responder a um aumento na demanda por alimentos em si, essa atividade financeira toma a agricultura como um porto seguro e/ou a próxima fronteira de investimento em *commodities* e, portanto, uma fonte de rendimentos especulativos. O capital de *private equity*, especulativo por natureza, recebeu assistência direta técnica e de mercado local da International Finance Corporation, do Banco Mundial, em nome do desenvolvimento (Daniel, 2012, p.714, 722).

A especulação dos alimentos intensificou-se pelos fundos indexados de *commodities*, pelos quais os investidores visavam os "agrofuturos" (ao lado de energia e metais industriais) à medida que os contratos agrícolas eram convertidos em derivativos (após a desregulação do negócio de contratos de *commodities* na década de 1990). A partir daí, especuladores juntaram-se aos gestores de produtos agrícolas no mercado de agrofuturos. O que um dia consistia num mercado de alimentos converteu-se em um mercado autogerido de contratos de alimentos, contando com preços de derivativos em ascensão, visto que os futuros eram negociados múltiplas vezes (Kaufman, 2010). Comprar e vender futuros de alimentos, portanto, evoluiu para um mercado derivativo, o que, por sua vez, inflacionou o preço dos alimentos. Isto é, "o mecanismo criado para estabilizar os preços de grãos havia sido recomposto em um mecanismo para inflacionar os preços de grãos" (ibid., p.34). Economistas do Banco

Mundial estimam que a especulação chegou a responder por 37% da inflação no preço de alimentos (Mahon, 2012, p.91).

Desse modo, a crise geral de acumulação, expressa na conjunção das crises de alimento, energia e financeira, resultou em mercados internacionais de capital gravitando em torno da agricultura como um porto relativamente seguro de investimento num prazo relativamente longo, desencadeando a "apropriação global de terras" (McMichael, 2012b). Ao mesmo tempo, Estados-nação do Sul investem em terras no exterior para proteger suprimentos de alimento e combustível contra aumento de preços, protestos por comida e esgotamento do ecossistema no nível interno (veja a seguir). Esses planos de deslocalização ignoram a arquitetura de livre-comércio da OMC, pressagiando a realocação da agroindústria do Norte para o Sul, à medida que a lacuna entre os preços de terras amplia-se,[4] indicando uma transformação na geografia do regime alimentar.

A reestruturação do regime alimentar corporativo

A repadronização das rotas comerciais no regime alimentar por meio da apropriação de terras coincide com um redirecionamento histórico aos pequenos agricultores do Sul no contexto da crise agrária que irrompeu em uma crise alimentar global. Em 2008, o novo *World Development Report* do Banco Mundial, sobre "agricultura para o desenvolvimento", moldou a Cúpula Mundial da Alimentação da FAO, em Roma, onde as elites institucional, corporativa e filantrópica decidiram abordar a crise reorientando o investimento para a incorporação de minifundiários às cadeias de valor do agronegócio, como uma nova fronteira para capitalização por meio agroinsumos e infraestruturas de *marketing* (McMichael, 2013b). A visão unificadora considera as terras ocupadas (fazendas) ou acessadas (comunais)

---

4 Por exemplo, o preço das terras cultiváveis nos Estados Unidos subiu 13% em 2007 e mais de 10,5% em 2008, enquanto na Grã-Bretanha o aumento foi de 28% no final de 2007 e mais de 10% no primeiro trimestre de 2008 (Berthelot, 2009, p.16).

por pequenos agricultores e pecuaristas como de baixo rendimento e subutilizadas que, com capitalização, poderiam melhorar a renda rural e a segurança alimentar global. A gestão dessa nova atenção às terras do Sul seria regulada por *soft laws*, como os Princípios de Investimento Agrícola Responsável (RAI – Responsible Agriculture Investment Principles) do Banco Mundial, com a finalidade de justificar e permitir o cercamento e a concessão de terras de pequenos agricultores e as comunitárias, sem distinção (Borras; Franco, 2010).

Ao mesmo tempo, os investimentos bancários e compensatórios de biodiversidade intensificam o cercamento à medida que o Mecanismo de Desenvolvimento Limpo, do Protocolo de Kyoto, e o incipiente protocolo de Redução de Emissão por Desmatamento e Degradação (REDD) reservam terras e florestas para sequestro de carbono (Fairhead; Leach; Scoones, 2012; McAfee, 2012; Lohmann, 2006).

Em uma relação indireta, a apropriação de terras contemporânea repete o padrão das colônias e regiões coloniais britânica na composição do regime alimentar original. Em outra relação indireta, como Kautsky advertiu, a crise agrária resultante (para os agricultores europeus) sofreria um agravamento global, à medida que concessões, subsídios e financeirização de terras associadas à apropriação representassem o declínio da produtividade do Norte e estendem a fronteira de terra (barata) a seus limites ecológicos. Segundo ele: "Os países tropicais que não são adequados ao cultivo de trigo – América Central, região Nordeste do Brasil, grandes partes da África, Índia, Sudeste Asiático – também se juntariam, então, às fileiras dos concorrentes dos plantadores de grãos da Europa" (Kautsky, 1988, p.252).

Embora o regime alimentar inicial se concentrasse no trigo, a composição de suas rotas alimentares foi ampliada para culturas flexíveis, como soja, milho, óleo de palma e açúcar. Afastando-se de padrões anteriores de investimento em culturas de alto valor para exportação, ou complementando-os, os novos padrões de investimento no Sul global favorecem as *commodities* a granel – assim, para o Sudeste Asiático, "83% das terras agriculturáveis adquiridas ou arrendadas em bases de longo prazo são dedicadas à produção dos principais plantios em fileiras (oleaginosas, milho, trigo e grãos forrageiros)"

(Borras; Franco, 2010, p.31). E, no Cone Sul, onde a soja responde por 50% e 80% da terra cultivável de Argentina e Paraguai, respectivamente, a revolução da soja intensifica a monocultura, uma vez que a leguminosa é lucrativa somente pela produção industrial (Wald et al., 2012, p.168-9). De modo geral, investimentos de grande escala em terras na África "seguem um modelo simples de produção concentrada usando um sistema de *plantations*" (Committee on World Food Security, 2011, p.34). A justificativa para esse padrão é dada pelos economistas do Banco Mundial:

> Recentes inovações em melhoramento genético de plantas, preparo do solo e tecnologia da informação podem facilitar a supervisão da força de trabalho e reduzir deseconomias de escala de grandes operações. Variedades resistentes a pragas e herbicidas incentivaram a ampla adoção de nenhum preparo do solo e, ao reduzir o número de etapas no processo de produção e a intensidade de mão de obra para cultivo, permitiu o manejo de áreas maiores. (Deininger; Byerlee, 2011, p.13-4)

Nesse sentido, o relatório de 2008 do High Level Group on the Competitiveness of the Agro-Food Industry (HLGCAI) da União Europeia – representando o agronegócio, as corporações transnacionais, a Comissão Europeia, os Estados-membros e algumas organizações da sociedade civil – menciona que a colheita de proteína doméstica na Europa tem sido dizimada por importações de soja barata, reforçadas por apropriação de terras, sobretudo via monoculturas na América Latina. Isso reflete a reestruturação mais geral da geografia do regime alimentar. O relatório do HLGCAI, por exemplo, observa a concorrência crescente nos mercados alimentares para a União Europeia (bem como para os Estados Unidos) das agroexportações provenientes do Brasil, China, Argentina, Tailândia, Indonésia e Malásia, com o Brasil quase duplicando suas exportações de alimentos no decorrer da década anterior (Fritz, 2011, p.10-1). Em outras palavras, conforme previsto por Kautsky, o complexo de agroexportação europeia protegido pelo regime da OMC está perdendo participação de mercado mundial à medida que a exportação de alimentos transfere-se para países de renda média, atraindo os interesses público e privado pelo acesso a suprimentos mais baratos de alimentos e combustível no exterior. Embora o relatório do HLG ratifique o multilateralismo da OMC, o grupo recomenda a realização de negociações comerciais bilaterais entre a União Europeia e os produtores agrícolas em ascensão (Fritz, 2011, p.10), desse modo refletindo e erodindo o multilateralismo da OMC e a deslocalização da agricultura do Norte.

A bioeconomia

A deslocalização da agricultura do hemisfério norte por meio da apropriação de terras abrange o desenvolvimento da bioeconomia (Levidow, 2011), um paradigma autolegitimizador que inclui "atividades econômicas que captam o valor latente dos processos biológicos e dos biorrecursos renováveis para produzir melhoria na saúde e crescimento e desenvolvimento sustentáveis" (OECD, 2005, p.22). A conversão do "mercado de combustível líquido para biomassa" representa a virada inicial da bioeconomia (ETC, 2010, p.3) e é, possivelmente, a mais clara manifestação da "reavaliação" da terra, impulsionada pela neoliberalização da natureza (Birch et al., 2010). Como o ETC Group [Action Group on Erosion, Technology and Concentration] menciona:

> A nova bioeconomia conforme vislumbrada atualmente por empresas de silvicultura, agronegócio, biotecnologia, energia e produtos químicos favorece o cercamento e a degradação contínua do mundo natural ao apropriar-se da matéria vegetal para sua transformação em *commodities* industriais, criando células que tenham um desempenho industrial e redefinindo e reparando ecossistemas para prover "serviços" industriais de suporte. (ETC, 2010, p.6)

Os proponentes da bioeconomia visam o Sul global, como Stephen Chu, secretário norte-americano de Energia, observou em 2006: "A terra mais adequada para geração de biomassa (América Latina, África subsaariana) é a menos utilizada" (apud ETC, 2010, p.15). Um relatório europeu afirmou em 2004: "Um pré-requisito para o potencial da bioenergia em todas as regiões é [...] que os atuais sistemas ineficientes e de baixa intensidade de gestão agrícola sejam substituídos até 2050 pelas melhores práticas em sistemas e tecnologias de manejo agrícola" (Smeets et al., 2004). Essa observação repercute a retórica do Banco Mundial sobre "lacunas de produtividade" como justificativa para a introdução da cadeia de valor agrícola. Seja em plantações de camponeses, seja em plantações comunitárias, a terra e seu teor de carbono vivo são o novo alvo dos bioespecialistas, à medida que os limites do carbono morto (combustível fóssil) tornam-se evidentes. Nesse sentido, Rachel Smolker observa que "a agricultura está, portanto, situada de modo único nas duas 'pontas' dos debates sobre políticas alimentares e energéticas, tanto como uma fonte quanto como uma solução dos problemas iminentes" (2008, p.519).

Como um fator estratégico na reestruturação do regime alimentar, a apropriação global de terras antecipa o valor crescente da biomassa viva como fonte de insumos à bioeconomia, em que "a inovação em biologia sintética está permitindo às empresas aperfeiçoar a economia do hidrocarbono para prover matéria-prima de carboidrato" (ETC, 2010, p.11). O departamento norte-americano de Energia afirma que "há pouquíssimos produtos que são feitos hoje em dia à base de petróleo, como tintas, adesivos, plásticos e outros de valor agregado, que não possam ser produzidos a partir da biomassa" (apud Smolker, 2008, p.520). Em outras palavras, as projeções (de lucratividade) e as tecnologias da bioeconomia dependem do acesso cada vez maior à produção externa de biomassa para prover energia a economias abastadas.

A emergente economia bioenergética, que funde a "ecologia global" (Sachs, 1993) na economia política, depende da capacidade da financeirização para administrar uma transição espaço-setorial na acumulação de capital rumo a um novo regime extrativo de alimento/

combustível/biomassa envolvendo o que resta das terras e das águas do mundo. Se e até que ponto essa transição pode ratificar uma revolução de acumulação de capital é uma questão de especulação (cf. Moore, 2012), uma vez que as mudanças climáticas ameaçam a duração de qualquer desses desenvolvimentos.

A probabilidade (e a realidade) de uma crise climática estimula simultaneamente a bioeconomia e a intensificação da monocultura em detrimento de habitantes e subsistências. A agricultura inteligente, ou "intensificação sustentável" (Royal Society, 2009; FAO, 2010), alia-se ao regime extrativo de alimento/combustível/biomassa e é interpretada por empresas como a Monsanto como a procura de novas tecnologias agrícolas que proporcionem "mais produção em menos terra e coletivamente reduzam a quantidade de recursos necessários por unidade de produção" (apud Abergel, 2011, p.267). Elizabeth Abergel situa esse desenvolvimento no âmbito dos termos da emergência climática, comentando que:

ao definir o estresse ambiental climático estritamente no contexto das possibilidades tecnocientíficas e do isolamento de traços biológicos, a pesquisa de biotecnologia sobre mudança climática deixa de alterar radicalmente nossa dependência do paradigma convencional do agroalimento. (Abergel, 2011, p.261)

Qualificando a conjuntura da crise, ela nota que o discurso da mudança climática promove a incorporação das relações ecológicas à lógica do mercado (ibid., p.262). Isso estimula a "tecnologização da natureza" como o aspecto definidor do que Moore chama de uma estratégica "atenuação da crise" por um novo "regime de acumulação tecnológica" que engrena a inovação científica para a capacitação da penetração de mercado em todos os aspectos da vida, individuais e coletivos. O novo regime, por sua vez, "oferece o meio pelo qual as propriedades de sistemas vivos são apropriadas por meio de títulos, patentes, governança e outros elementos pseudolegais dentro de um regime comercial neoliberal que garante a geração de capital" (Abergel, 2011, p.262).

Em outras palavras, um regime alimentar voltado para cultivos em meio à mudança climática envolve a "reorganização de fronteiras entre a ciência e a agricultura, bem como uma nova compreensão do *status* do cultivo de alimentos e da prática agrícola". O biocapitalismo organiza a apropriação de terras por intermédio de sua habilidade de converter a *natureza* em meio ambiente, como *capital intelectual* (ibid., p.263). Resultado disso, o "biovalor" representa uma "agricultura inteligente" destinada à bioeconomia, com base na anexação de terra "subutilizada".

Essa premissa convém à apropriação de terras. Segundo o Banco Mundial: "nenhum dos países africanos que despertam mais interesse aos investidores atinge mais de 30% do potencial de produtividade em áreas cultivadas atualmente" (2010, p.vii). E a Comissão Europeia defende as reformas fundiárias como forma de tratar essa lacuna: "Assegurar o acesso à terra e assegurar a propriedade rural e usar os direitos como pré-requisitos para maior produtividade de pequenos agricultores" (apud Borras; Franco, 2011, p.40). A realidade é que tal gesto, lançado de cima para baixo, tem pouca probabilidade de represar uma maré de espoliação regida mais por um cálculo financeiro do que de produtividade, embora, apesar disso, seja representado como um bem global necessário (produtividade de alimentos, combustíveis verdes e, até, compensações de carbono). Conforme demonstrado em inúmeros relatórios na mídia, em periódicos e por órgãos de comunicação de ONGs, a apropriação de terras implica a autorização pelos governos de remoção em larga escala das populações rurais de terras ancestrais. A ONU relatou que:

> A experiência com plantações de palma para extração de óleo na [...] Indonésia demonstra de modo conclusivo que a propriedade e outros direitos de povos nativos são desprezados, seu direito a ser consultado não é respeitado, alguns são desalojados e deixados sem outra alternativa que não a de se tornar *de facto* trabalhadores forçados colhendo os frutos da palma para as empresas que administram as plantações. (apud Smolker et al., 2008, p.30)

Nesse processo, a apropriação de terras altamente subsidiada e voltada à biomassa substitui a sustentabilidade da ecologia humana e natural pela administração de uma crise de acumulação. Em 2011, o *The Guardian* relatou:

> Metade de todas as crianças [da Guatemala] com menos de 5 anos de idade é desnutrida – uma das maiores taxas de desnutrição do mundo. No entanto, o país tem alimento em abundância. É o quinto maior exportador de açúcar, café e banana. Suas áreas rurais estão testemunhando uma corrida ao óleo de palma na busca de comercializadores internacionais em lucrar com a demanda por biocombustíveis criada por imposição da lei e subsídios nos Estados Unidos e na Europa. Mas, apesar de ser um grande agroexportador, a Guatemala tem metade de seus 14 milhões de habitantes vivendo em condições de extrema pobreza, com menos de $2 por dia. (Lawrence, 2011)

Emprestando objetividade ao mercado, em seu *World Development Report* de 2008, o Banco Mundial extrapola trajetórias futuras (insustentáveis e injustas): "Para atender à demanda do projeto, a produção de cereais terá de aumentar praticamente 50% e a de carnes, 85% de 2000 a 2030. Some-se a isso a demanda emergente por insumo agrícola para biocombustíveis" (2007, p.8). Em outras palavras, *commodities* a granel, como trigo, milho, arroz, soja, açúcar e óleo de palma, são a extensão lógica de um futuro agroindustrial, ou um regime de biomassa, movido por uma "demanda" altamente subsidiada. Essa cláusula de salvaguarda temporária para o capital (que protela o esgotamento do ecossistema) requer a espoliação e/ou incorporação de pequenos produtores a cadeias de valor, em que todos os cultivos sejam fungíveis e, em última instância, subordinados a um cálculo financeiro, em vez de social. Essa visão pressagia um regime intercambiável de alimento/ração animal/combustível baseado em ondas de apropriação de terras e no surgimento de novas rotas sul-norte, leste-norte, leste-sul e sul-sul de alimentos, combustível e biomassa.

A fronteira do capital

Pico de petróleo e alimento, controle da emissão de gases e fundos de investimento estagnados encontram resolução material na apropriação de terras e são legitimados por uma ideologia de cercamento ("ecologia global") ao defender a humanidade (alimento) e o meio ambiente (combustível verde). Além dos notórios *slogans* sobre alimentar e abastecer o mundo, outras formas de apropriação de terras constituem esse momento: tal como a apropriação de recursos de água (Mehta; Veldwisch; Franco, 2012), "apropriação verde" (Leach et al., 2012; Corson; MacDonald, 2012), apropriação de terra individual por grandes (R. Hall, 2012) ou pequenos (D. Hall, 2011) produtores e carbono florestal (Osborne, 2011). No nível bem local, por exemplo, mulheres da zona rural na África Ocidental que devem arrendar terras de parentes ou membros da comunidade do sexo masculino podem perder seu pedaço de terra quando o proprietário concluir que "há mais lucro em vender a uma nação ou corporação estrangeira" (Ndiaye; Ouattara, 2011, p.60; veja também Behrman, Meinzen-Dick; Quisumbing, 2012; e Razavi, 2009, p.212-3).[5]

Em escala mundial, a questão é se uma nova fronteira de terra pode resolver a crise de acumulação de capital, embora seja possível argumentar que a lógica da financeirização privilegia ganhos no mercado futuro em relação aos produtividade. Além disso, a noção de "lacuna de produtividade" baseia-se em uma definição linear e extrativa de agricultura que promoveria a sub-reprodução de populações de minifundiários (Araghi, 2009). A premissa de que a "intensificação sustentável" soluciona uma "lacuna de produtividade" é enganosa na medida em que o paradigma bioeconômico reproduz soluções genéricas e agregadas que dominam determinados ecossistemas e sua sustentabilidade (Marsden, 2012, p.263).

---

5 Tanya Kerssen reformula a apropriação de terras hondurenhas como um *jogo de poder político* (o golpe de 2009) contra um substancial movimento de soberania da terra em resposta a uma apropriação de terra "interna" para plantações de palma na década de 1990 (2013).

Capitalizar uma nova fronteira por meio de processos bioeconômicos e de agroindustrialização compromete ainda mais as condições de produção do capital e sua capacidade de resolver sua crise de acumulação (O'Connor, 1998; Moore, 2010). Para começar, capitalizar áreas de pastagem e florestais com agroinsumos degrada as bases naturais da produção. A produção global de fertilizante aumentou mais de 31% desde 1996 – uma tendência agora intensificada pelos agrocombustíveis e pela remoção de fibra de celulose dos campos (ETC, 2009). Além disso, é questionável se há biomassa suficiente disponível para conversão em produtos químicos, plásticos e combustíveis renováveis com o propósito de concretizar as reivindicações de natureza aberta da visão bioeconômica de entidades como governos, o exército dos Estados Unidos e as indústrias química e energética (ETC, 2009). Quando o deslocamento dos cultivos de alimentos pelos agrocombustíveis é acompanhado por especulação em mercados futuros de alimentos, a possibilidade de a fronteira da apropriação de terras prover recursos baratos de energia e alimento para reduzir os custos de produção e reprodução do capital, respectivamente, terá vida curta, não obstante desvastadora, para habitantes e habitats.

Quando o conceito de "*global commons*"[6] torna-se o *modus operandi* (Sachs, 1993; Corson; MacDonald, 2012), a aquisição de terras por órgãos, governos e investidores desvaloriza suas funções culturais e sociais. A ação de despejo de populações "improdutivas" serve ao "planejamento racional" – movido por requisições de maior produtividade, redução do endividamento, intensificação da exportação e desenvolvimento rural. O despejo resulta do cercamento administrado pelo Estado, estendendo subsídios de terra a baixo custo/isenta de custo para investidores em detrimento dos direitos de reprodução social de pequenos agricultores. Subsídios públicos para a apropriação de terras ativam um conjunto composto de custos

---

6 Terminologia normalmente empregada para designar áreas ou recursos naturais relacionados com o "bem comum" que estariam além do alcance das políticas nacionais, devido a seu elevado grau de importância para a "comunidade humana". (N. E.)

"externalizados" ambientais, sociais e de direitos humanos. Desalojar o valor social e intrínseco desses habitats acaba por reverter em custos monetários de reassentamento da população, escassez de alimentos e esgotamento do ecossistema para governos e órgãos de desenvolvimento. Os custos "externos" do agronegócio multiplicam-se, com o aquecimento global e a degradação do ecossistema (seguindo-se à capitalização da natureza via apropriação de terras, plantações de palma, sementes OGM etc.), e combinam-se para solapar as condições de acumulação de capital no longo prazo.

A mercantilização da segurança agrária

Embora a nova fronteira da terra seja reflexo da crise de acumulação de capital, ela depende dos subsídios do hemisfério norte às empresas de agronegócio, energia e transporte, bem como das concessões do Sul aos investidores. Em outras palavras, em conformidade com a análise do regime alimentar original, tal reestruturação ilustra um novo nexo Estado/capital, de várias formas. Uma delas é a "mercantilização da segurança",[7] pela qual algumas nações buscam garantir acesso a alimentos e agrocombustíveis patrocinando a aquisição direta de terras no exterior. Isto é, além do investimento privado, o uso de fundos de soberania para apropriação de terras sobrepõe-se ao sistema de comércio multilateral instituído pela OMC, substituindo os suprimentos de alimento e combustível por acesso direto à terra produtiva, em vez de depender do acesso ao mercado. Para os Estados, essa forma de apropriação de terra gira em torno de uma dialética da "reterritorialização", por meio do investimento estatal em terras estrangeiras para agroexportação de alimento, ração animal e combustível, e da "desterritorialização", uma vez que Estados anfitriões cedem terra e água para exportação a nações (em grande parte) dependentes de alimentos.

---

7 Hofman e Ho (2012) referem-se a isso como "terceirização desenvolvimentista".

Um conjunto de dados liberados recentemente documenta mais de quatrocentas apropriações de terra, das quais uma parcela substancial é iniciada por empresas estatais ou pelos próprios Estados, com ocorrência predominante no Leste Asiático (por exemplo, a estatal chinesa Beidahuang Land Cultivation Group) e no Oriente Médio e em seu Conselho de Cooperação do Golfo (Grain, 2012). Essa "reterritorialização" evita a dependência dos mercados ou, mais particularmente, dos intermediários do mercado, como os comercializadores de *commodity* Cargill e Bunge (Pearce, 2012, p.202). Além de fazer investimentos públicos, a China enviou expatriados à África para estruturar operações agrícolas, e a "Iniciativa Rei Abdullah" da Arábia Saudita apoia investimentos em terras estrangeiras para produção de arroz, trigo, cevada, milho, açúcar, forragem verde e gado, além de facilitar a apropriação de terra/água por empresas sauditas (Green, 2012), ao passo que os Emirados Árabes, o Catar e o Egito adquirem terras agrícolas diretamente, sobretudo na África.

Os países do BRIC (Brasil, Rússia, Índia e China) e outras nações de renda média também estão adquirindo terras no exterior (Middle East Business News, 2012). Esses investimentos não são impulsionados apenas pela "mercantilização da segurança", mas também antecipam o abastecimento de mercados do "Terceiro Mundo" no longo prazo (ibid.; Pearce, 2012, p.202) – ressaltando a proliferação paralela de zonas e rotas de abastecimento de alimento/ração animal/combustível que marcam uma transição significativa na geografia do regime alimentar (McMichael, 2012b). Assim, a negociação de terras entre Brasil e Moçambique, acerca de 6 milhões de hectares por um preço simbólico, vai sustentar uma operação de agroexportação no exterior – como o presidente da Associação Mato-Grossense de Produtores de Algodão observou:

> Moçambique é como o Mato Grosso no meio da África, tem áreas livres, sem tantos obstáculos ambientais e com um custo de expedição bem mais baixo para a China. Hoje em dia, além de a terra custar muito caro no Mato Grosso, é impossível obter uma autorização de desmatamento. (apud MercoPress, 2011)

Além do investimento estatal direto, regulamentos como o Emission Trading Scheme (ETS) da União Europeia estimulam a expansão do óleo de palma na Malásia e Indonésia, bem como na Guatemala e Colômbia, onde Estados locais e investidores privados participam do desenvolvimento de complexos de exportação de alimento/combustível que abasteçam tanto os Estados quanto os mercados globais (Borras et al., 2012, p.863; McMichael, 2010).

Desse modo, em vez da regra de mercado sob os auspícios da OMC, organizada por corporações transnacionais em torno do princípio (subsidiado) de "vantagem comparativa", a geografia do regime alimentar associada à mercantilização da segurança aproxima-se de um conjunto de acordos bilaterais organizados por Estados e/ou fundos de soberania. *Aproxima-se* é a palavra de ordem porque, apesar do relatório do Banco Mundial, segundo o qual agronegócios e fundos de investimento são os principais adquirentes de terras (Deininger et al., 2011), Lorenzo Cotula adverte quanto ao risco de superestimar a divisão público/privado, visto que

> o governo do país natal dos investidores pode adotar um papel de suporte a iniciativas lideradas pelo setor privado, oferecendo apoio diplomático, financeiro ou outro para negociações privadas [...] Além disso, a própria linha limítrofe entre investidores públicos e privados pode ser flexível, uma vez que a implementação de acordos assinados entre governos pode ser conduzida por operadores privados. (Cotula, 2012, p.660)

Não obstante, há um padrão de apropriação de terra liderada pelo Estado, possivelmente um fenômeno de "desenvolvedor tardio", segundo o qual enquanto as nações do hemisfério norte dependem de uma rede substancial de cadeias corporativas de suprimento de alimentos – por exemplo, o Carrefour possui 15,6 mil em 34 países (Fritz, 2011, p.11) –, as nações asiáticas e do Oriente Médio e norte da África (Mena, do inglês *Middle East and North of Africa*) dependem mais dos fundos de soberania, enquanto as empresas estatais e os bancos dependem de adquirir terras no exterior. Assim, a Coreia do

Sul, um grande importador de alimentos (90% de seu trigo e milho), em 2008,

subitamente descobriu que seus principais fornecedores estrangeiros estavam banindo as exportações para alimentar seu próprio povo. Em Seul, o governo estabeleceu uma estratégia nacional de alimentos para subsidiar corporações nacionais dispostas a anexar terras estrangeiras para garantir suprimentos essenciais [...] para cultivar um quarto de seus alimentos em solo estrangeiro possuído ou arrendado por empresas coreanas [até 2030]. (Pearce, 2012, p.204-5)

Desse modo, a dependência alimentar e de combustível é expressa em uma crescente (sobretudo sulista) mercantilização de segurança agrária que complementa a apropriação de terras pelo Norte. Ambos contribuem para a reestruturação do regime corporativo alimentar/de combustível em moldes multicêntricos (além da relação de "celeiro" do Norte), por conseguinte aprofundando o modelo de agroexportação instituído pela liberalização da OMC e pelos protocolos de ajuste estrutural das IFIs.

É importante observar que essa agroexportação depende de os Estados do Sul patrocinarem a apropriação de terras (Fairbairn, 2013; Lavers, 2012). Essa repadronização das rotas de alimento/combustível recompõe os contornos do regime alimentar – qualificando a arquitetura da OMC de fluxos "liberalizados" de *commodity*. Dada a centralidade da agroexportação, a anexação direta de zonas de abastecimento intensifica o regime corporativo (com a cumplicidade estatal na mercantilização da terra e da água) sem evidentemente fazer a transição para um regime sucessor.

Do ponto de vista de um regime alimentar, a "mercantilização da segurança agrária" desafia a arquitetura do Acordo sobre Agricultura da OMC. Se, por um lado, as regras de comércio da OMC e as normas de ajustamento estrutural exigiram a redução das proteções agrícolas para institucionalizar a agricultura de exportação, agora uma infraestrutura paralela de regras e protocolos privados e voluntários por meio de *soft laws* facilita a apropriação de terras (circulação de alimentos com base no não comércio). Essa infraestrutura é, por sua vez, viabilizada pela proteção de leis internacionais que se intensificaram durante a era de liberalização político-econômica. Assim, um número emergente de tratados (mais de 2,6 mil em 2010) e um crescente consentimento estatal para resolver disputas por arbitração internacional em vez de cortes domésticas fortaleceram consideravelmente as salvaguardas internacionais para compradores estrangeiros de terras. (Anseeuw et al., 2011, p.53)

Em contraste, as convenções internacionais acerca dos direitos à terra de povos e comunidades nativas são consideravelmente mais frágeis do que a lei de investimento. Essa condição é exacerbada na Ásia e na África pela posse e o controle estatal de terras tradicionalmente ocupadas por produtores, o que "torna perfeitamente lícito para governos venderem ou arrendarem terras em que seus cidadãos vivem ou que eles utilizam. Isso é importante para prováveis adquirentes de terras" (Anseeuw et al., 2011, p.50-52).

No tocante às políticas processuais da *soft law*, o regime alimentar/de combustível incorpora uma estrutura privada com códigos voluntários de conduta propostos pelos órgãos de desenvolvimento (em particular, o RAI do Banco Mundial), para legitimar e facilitar a reestruturação associada à apropriação de terras. Os protocolos de aquisição de novas terras prenunciam o cercamento global em nome da mercantilização genérica – "destruindo de modo responsável os campesinatos do mundo", como menciona Olivier de Schutter (2008). Isso inclui parcerias público-privadas para financiar o agronegócio; acordos bilaterais sobre acesso à terra; protocolos climáticos emergentes que sancionam a apropriação de terras e florestas como sumidouros de carbono; e plataformas de combustíveis verdes (incluindo mesas-redondas para certificação).

Conclusão

Evidentemente, as nações do Norte estão perdendo centralidade na organização e no domínio do regime alimentar/de combustível – não somente por causa do desafio do G-20 às regras da OMC e da proliferação da agroexportação nos países do Sul, mas também porque alguns Estados (em especial, os asiáticos e da região do Mena) estão ignorando o multilateralismo da OMC ao se apoderarem diretamente dos suprimentos agrícolas. A apropriação de terras está gerando um movimento para a instituição de formas paraestatais e privadas de governança. Pode-se dizer que esses novos desdobramentos marcam a transição do "movimento em massa do alimento" para um complementar "movimento em massa do capital ao redor do mundo [...], forçando a movimentação crescente de pessoas", para parafrasear a Via Campesina.

Esses "serviços" de desenvolvimento oferecem um amplo complexo de infraestrutura a sustentar a apropriação de terras – tanto material quanto ideológica. Na medida em que um regime alimentar possui uma estrutura institucional, regida por regras implícitas (Friedmann, 2005, p.234), esses serviços com "políticas" emergentes registram uma atualização institucional do regime alimentar corporativo, incorporando uma visão normativa de modernização agrícola, intensificação da produção de alimentos, incorporação do pequeno agricultor às cadeias de valor, emprego rural e agrotecnologias inteligentes (McMichael; Schneider, 2011; Marsden, 2012).

Embora as regras da OMC institucionalizassem um "regime alimentar barato" sancionando subsídios corporativos (institucionalizando o *dumping* de alimentos do Norte), as tendências institucionais correntes reestruturam o arcabouço do regime em quatro dimensões principais. Primeiro, um complexo multicêntrico de regras e códigos de conduta surge por meio da comunidade de desenvolvimento em geral (incluindo ONGs influentes), porém centrado nas organizações da ONU (notadamente, a FAO) e nas IFIs (notadamente, o Banco Mundial) sobre a gestão da aquisição de terras agriculturáveis e da assistência técnica. Segundo, essa estrutura emergente fomenta padrões de circulação centrados na agroexportação de alimento, combustível e biomassa do sul, tendo em vista que empresas e investidores capitalizam novas zonas de agroexportação. Terceiro, as *commodities* em circulação são cada vez mais fungíveis como alimento, ração animal, combustível e ingredientes para alimentos processado. E, em quarto lugar, as *commodities* em circulação incorporam os recursos de terra, água e mão de obra baratos capturados por negociações de terra realizadas por um nexo de capital financeiro estatal dedicado a abrir novas fronteiras de acumulação.

7
O REGIME ALIMENTAR E AS RELAÇÕES DE VALOR: QUAIS VALORES?

Este capítulo final explora a questão do valor com respeito aos regimes alimentares. A análise do regime alimentar tem sido moldada pelo "capitalcentrismo" [*Capital-centrism*]. Essa análise tem ressaltado a importância da agricultura como fonte de matérias-primas e alimentos da qual a indústria e a força de trabalho, bem como o exercício do poder estatal, têm dependido. Não obstante, ela apresenta uma narrativa unilateral da formação do mundo moderno. É o que enfatiza o ponto de vista de James Scott, segundo o qual, na cultura do milho, este cultivo é mais do que o grão em si, considerando-se os múltiplos usos e seu valor simbólico (1998, p.295; e veja Baker, 2013). De tal maneira, o projeto do regime alimentar narra historicamente a simplificação do "milho",[1] às expensas de suas dimensões culturais e ecológicas. As evidentes restrições da era geológica do antropoceno dão destaque a essas dimensões, uma vez que os seres humanos enfrentam a necessidade de restauração biótica do carbono e de estilos de vida de "baixo carbono".

Na medida em que privilegia "um bloqueio coerente, coeso e regulatório de um conjunto de relações" nomeadas e moldadas "em

---

1 Para obter um relato mais complexo sobre o "milho", veja Lind e Barham (2004) e Fitting (2011).

termos binários e opositivos" (LeHeron; Lewis, 2009, p.346), o projeto do regime alimentar marginaliza culturas alimentares subsistentes que representam, de fato, as populações majoritárias do mundo. Nesse sentido, a agricultura industrial deve ser considerada uma alternativa, não o contrário, assim como a norma analítica. É a partir das culturas alimentares subsistentes que podemos extrair uma lógica saudável de reprodução de relações sociais e ecológicas, em oposição à força degradante e incapacitante da dinâmica da agricultura capitalista de sub-reprodução do trabalho social e dos ecossistemas. O movimento de soberania alimentar, em versão ampliada, representa uma multiplicidade de engajamentos e experimentos cruciais com a restauração da reprodução socionatural a suas capacidades sustentáveis. Isso impõe a ampliação e a recuperação de valores que reconstruam a diversidade e suplantem a homogeneidade do regime de troca de valores.

O conceito de "relações globais de valor", de Araghi, é inestimável ao refocalizar uma teoria histórica do regime alimentar, mas também toma como certa a questão ontológica relacionada ao "valor". A extração de produtos alimentícios tropicais, por exemplo, pode muito bem ter reduzido os custos salariais, mas as consequências para as culturas alimentares coloniais e a ecologia são cruciais para uma narrativa completa – assim como para compreender as questões de "feedback ecológico" (Campbell, 2009) e direitos agrários episódicos; os direitos do trabalho/trabalhador agrícola; os movimentos agrários e alimentares; e os protestos (por exemplo, Holt-Giménez, 2011; Borras et al., 2008; Patel; McMichael, 2009; Borras; Franco, 2012). A resistência é necessariamente condicionada pelas relações de capital, mas seus termos não são necessariamente compreendidos pelas lentes do capital (Beverly, 2004; van der Ploeg, 2009). Este capítulo discorre sobre seu título de duas maneiras: (1) sugerindo uma estrutura interpretativa para a inclusão de dimensões adicionais da análise do regime alimentar com o propósito de problematizar sua ontologia e enriquecer seu impacto político-analítico;[2] e (2) desenvolvendo a

---

2 Isso desenvolve o argumento em McMichael (2012a).

questão do movimento social como insumo, com foco nas implicações do atual movimento de soberania alimentar.

As relações de valor

O regime alimentar corporativo vem moldando progressivamente uma forma de agricultura que valoriza seu produto unicamente como uma mercadoria. A bioeconomia representa o mais alto estágio de mercantilização em matéria de cultivos substituíveis. Nesse caso, o valor de troca elimina o valor de uso, e as culturas tornam-se investimentos fungíveis – como nos múltiplos usos do milho, soja, óleo de palma e açúcar, por exemplo, como alimento, ração animal, combustível, cosmético, estabilizante etc. Para as culturas mencionadas, sua conversão de alimento para valor de troca é o derradeiro fetichismo da agricultura, como um processo de insumo-produto voltado à produção indiscriminada de mercadorias visando o lucro. Para a Via Campesina, essa é a "agricultura sem agricultores", em que a agroindustrialização refere-se, em última análise, a combinar insumos mercantilizados (sementes, fertilizantes, antibióticos, material genético privado, pesticidas e assim por diante) com terra ou água ou pecuária para gerar produtos como ingredientes de *commodities* processadas com o propósito de abastecer a força de trabalho ou o maquinário, sem pensar nas consequências sociais ou ecológicas. Em outras palavras, o processo de abstração não se refere simplesmente ao destino do produto, mas também às relações biofísicas. A fungibilidade da colheita depende do processo de "anulação biofísica" (Weis, 2007), que desconsidera, ou externaliza, as consequências ambientais. No caso dos agrocombustíveis, não são apenas um "crime contra a humanidade" ao tomar o lugar das culturas alimentares, de acordo com o ex-relator de direitos humanos da ONU, Jean Ziegler, mas também degradam o meio ambiente. Em suma, as culturas destinadas ao combustível ameaçam a reprodução social (ecologias de produção e humana) e, embora engordem as carteiras de investimentos (em especial, com volumosos subsídios), ameaçam a sustentabilidade planetária e humana.

O fetichismo correlato das relações de valor de troca representa uma crise de irracionalidade não somente material, mas também epistêmica. O melhor exemplo disso é que os agrocombustíveis aumentam as emissões de carbono,[3] não solucionam a crise energética e ameaçam as terras comunitárias, pradarias e florestas existentes – das quais uma grande parcela (e, em última instância, a totalidade) da humanidade depende e onde uma substancial porção de alimentos é produzida (ETC, 2009). A crise epistêmica expressa-se em uma série de desdobramentos – desde o relatório da International Assessment of Agricultural Science and Technology for Development (IAASTD), o relator da ONU e os contramovimentos de ONGs e agrários –, todos eles sugerindo que os biocombustíveis industriais são parte do problema e não a solução (veja, por exemplo, Borras; McMichael; Scoones, 2011). Além disso, sua contribuição para a crise alimentar de 2007 e 2008 fez repensar a "tecnoburocracia global" (Wilkinson, 2009, p.91), incluindo o FMI, o International Food and Policy Research Institute (IFPRI), a FAO, o Banco Mundial e, subsequentemente, o U.K. Gallagher Report (2008), ainda que tais dúvidas (de curto prazo) tenham sido mitigadas por novas propostas de códigos de conduta e esquemas de certificação (cf. Borras; Franco, 2010). Pode-se dizer que essas apreensões pressagiam uma transformação epistêmica radical. A possibilidade de uma mudança epistêmica permeia a questão agrária do século XXI, que não diz mais respeito a contribuições políticas da agricultura para a formação do Estado, mas sim ao valor da agricultura. Em suma, a questão epistêmica refere-se a como compreendemos o "valor".

Nas perspectivas original e de valor do regime alimentar, as lentes da acumulação de capital obscurecem as consequências socioecológicas da apropriação e conversão do alimento ecológico pelo alimento intercambiável. Trata-se de um processo cumulativo, porém não linear, pelo qual o capital procura superar ou eliminar barreiras para sua acumulação. Os efeitos fenomenais desse processo

---

3 Fargione et al. observa que a conversão de vários cenários para a produção de biocombustíveis cria uma significativa "dívida de carbono biocombustível" (2008).

(agroindustrialização, cadeias globais de suprimento, complexos de proteína animal e supermercantilização) ofuscam os mecanismos subordinados, sob o risco de reproduzir narrativas dominantes, e o que Araghi chama de "ilusão da abundância" (2009). Do mesmo modo, formas de resistência e experiências de espoliação permanecem em grande parte não examinadas.[4] E, assim como o conceito da "transição da nutrição" traça um gráfico ascendente da progressão de dietas sociais por uma cadeia alimentar moderna sem considerar a regressão dietética daqueles que renunciam a suas ecologias alimentares, o regime alimentar concentrou-se no lado "saciado" da equação "o saciado e o esfomeado" (Patel, 2007).

Ao mesmo tempo, as lentes da acumulação de capital reforçam uma ontologia social, um princípio organizacional, externalizando relações ecológicas (McMichael, 2011b). A proposta de Campbell de reconduzir a análise do regime alimentar à ecologia política enfatiza as tensões no âmbito dos regimes alimentares entre abstração e situação das culturas alimentares. Isso expande a questão ecológica, insistindo que outros mundos não só são possíveis, mas já existem – em especial, aqueles que tratavam a crise ambiental sem "sacrificar" o meio ambiente, mas restaurando e sustentando a troca metabólica de ordem prática da humanidade com a natureza (cf. Schneider; McMichael, 2010; Perfecto; Vandermeer; Wright, 2009). E é aí que entram as interpretações de "valor".

Como já observamos, Araghi insistiu que o regime alimentar é mais bem concebido como "um regime político de relações globais de valor" (2003). Uma vez que o alimento é essencial à reprodução do trabalho assalariado ou sob outras formas, é intrínseco às relações globais de valor do capital. Assim, o regime alimentar é um mecanismo de redução de custo do capital ao baratear alimentos básicos (em especial, grãos e carnes) como um importante insumo e/ou valor agregado a alimentos processados. Também consome excessivamente "a 'natureza excedente' à custa do futuro esgotamento dos recursos

---

4   Veja, por exemplo, *Late Victorian Holocausts*, de Mike Davis (2001) para conhecer a visão "externa".

naturais e do dano irreversível à vida biosférica" (Araghi, 2009, p.121). Nesse caso, a natureza excedente é "um potencial excedente de tempo de trabalho no futuro" (ibid.), visto que a fertilidade natural afeta o montante de tempo de trabalho (valor) necessário à reprodução social. Desse modo, o regime alimentar do capital é uma "forma de transferência de valor da natureza excedente e dos pobres do mundo para os consumidores mais abastados" (ibid., p.137).

A análise da relação de valor revela, desse modo, como o regime alimentar do capital explora a força de trabalho e a natureza juntas. Insistindo que o ato do trabalho é simultâneo à transformação da natureza, Araghi desmonta o binário sociedade/natureza, postulando uma unidade na exploração do trabalho humano e seu componente natural. Desse modo, o valor é um conceito metodológico que permite a Araghi (Marx) desmistificar o preço (e o pagamento dos serviços de ecossistema) como uma representação fetichizada das relações sociais e ecológicas inerentes à produção de mercadorias. Aqui, o valor torna-se uma relação histórica por meio da qual o capital produz, circula e acumula. É uma poderosa explicação do regime de capital, incluindo suas relações contraditórias, como a superexploração do trabalho e do mundo natural. Não obstante, precisamente porque o conceito de valor com que Marx (e Araghi) trabalha(m) insiste na unidade original do trabalho e da natureza, reconhece-se de modo implícito a possibilidade de expressões alternativas a essa relação. Isto é, o "valor" narra historicamente o capitalismo como uma forma alienada de reprodução social. Permite, portanto, a possibilidade de transcendência, expressando valor em outros termos que não o de preço.

Revisitando a questão agrária

A transcendência abrange o reenquadramento da questão agrária como questão "alimentar", reconhecendo que, como valor de uso, o alimento possui qualidades metabólicas que conectam os homens a seu meio ambiente. Essa reavaliação da agricultura transcende o cálculo de mercado abstrato do regime alimentar, e sua desvalorização da ecologia e outras culturas a serviço da compressão tempo-espaço. A esse respeito, Joan Martinez-Alier observa que os imperativos extrativos do capital geram tensão

> entre o tempo econômico, que prossegue de acordo com o ritmo acelerado imposto pela circulação do capital e da taxa de juros, e o tempo geoquímico-biológico controlado pelos ritmos da natureza, [...] e que se expressa na destruição irreparável da natureza e de culturas locais que valorizavam seus recursos de modo diferente. (Martinez-Alier, 2002, p.215)

Essa contradição é central para a criação industrial de camarões, em que os conflitos entre a conservação do mangue e as exportações de camarão expressam as tensões entre diversas linguagens de valoração (ecologia política). Assim, Martinez-Alier argumenta que a criação industrial de camarões

> acarreta a perda da subsistência de pessoas que vivem, inclusive diretamente da venda, de produtos do mangue. Além da sobrevivência humana direta, outras funções do mangue são perdidas, talvez de modo irreversível, como a defesa costeira contra a elevação do nível do mar, viveiros para peixes, sumidouros de carbono, repositórios de biodiversidade (por exemplo, recursos genéticos resistentes à salinidade), além dos valores estéticos. (ibid., p.80)

Nesse caso, os múltiplos valores de ordem prática são apagados pela abstração do preço de mercado ("todo o camarão que se possa comer" – a ilusão da abundância). O consumismo certificado e/ou verde pode demandar que os consumidores paguem o "custo" (ambiental) total por meio de um subsídio de preço, mas a que custo *prático* aos criadores de camarão espoliados? Assim, a autovalorização do capital impõe uma ontologia violenta que privilegia uma narrativa de desenvolvimento e descontrói e desvaloriza outras reivindicações culturais com base em experiência prática bastante distinta. Onde o capital mercantiliza e fraciona a ecologia, a formação de preço abstrai-se do processo biológico e o invisibiliza. Sobre essa abstração, Marx (1990, p.376) observou:

> O capital não questiona o tempo de vida da força de trabalho. O que interessa é pura e simplesmente o máximo de força de trabalho que se pode colocar em ação em um dia de trabalho. E esse objetivo é alcançado pelo encurtamento do tempo de vida da força de trabalho, do mesmo modo que um agricultor ganancioso extrai mais produção do solo roubando-lhe a fertilidade.

Desse modo, o regime alimentar do capital exercita a "anulação do valor" a serviço da racionalidade "moderna". Enquanto as práticas ecológicas organizam-se em torno do reabastecimento, as práticas econômicas organizam-se para a pilhagem. O primeiro caso respeita o tempo biológico, o último preocupa-se unicamente com a velocidade de circulação do valor. Por conseguinte, as práticas ecológicas (e não as econômicas) são fadadas ao anacronismo e à resistência à mudança. Essa episteme econômica desconsidera, em bases rotineiras, formas de reprodução social camponesa. Assim:

> com frequência, modos campesinos de plantio existem como *práticas sem representação teórica*. Daí, não serem compreendidas apropriadamente, o que de modo geral estimula a conclusão de que não existem ou são, na melhor das hipóteses, alguma anomalia irrelevante. (van der Ploeg, 2009, p.19, itálico nosso)

A questão agrária contemporânea refere-se, portanto, a como transcender o cálculo do valor de troca aplicado à agricultura. Trata-se de uma questão metodológica, referente à teoria de valor de Marx como uma relação social representada pelo preço, que dá objetividade às relações sociais (e ecológicas). O valor não é *intrínseco* ao trabalho, ou à natureza; antes, é fruto de combinações sociais de trabalho/natureza como *commodities* com valor de troca. A linguagem de valoração do capital é o valor monetário somente (determinado pelos intercâmbios de mercadoria em qualquer dado momento), mas a teoria do valor desmistifica essa linguagem alienada, explorando a possibilidade de crítica e contra-alienação. O que parece ser uma racionalidade universal é, na realidade, uma abstração e uma forma de negação do valor prático baseado no espaço. Em outras palavras, a teoria do valor implica (mas suprime) outras relações que incorporem formas e entendimentos distintos de valor. Defendo, a seguir, que as "práticas camponesas" forçam esse reconhecimento na medida em que abordam a questão agrária buscando reparar a ruptura metabólica.

Uma dimensão da reavaliação da questão agrária é o apelo à "multifuncionalidade" agrícola no relatório da IAASTD. No entanto, com sua representação oficial na OECD, FAO e Council of Europe no decorrer da década de 1990, como uma designação de agricultura sustentável, esse conceito não é isento de problemas. Durante a formação do Acordo sobre Agricultura da OMC, a União Europeia tentou, sem sucesso, inserir a "multifuncionalidade" como um princípio de governança ambiental. O conceito busca transcender a simplificação radical da agricultura industrial, observando que a agricultura "pode gerar múltiplos produtos e, em virtude disso, contribuir com os vários objetivos societários ao mesmo tempo" (OECD, 2001). O termo "produto" sugere um papel funcional para a agricultura – contribuindo para uma multiplicidade de fins, como gestão de paisagens, emprego rural, segurança alimentar e proteção ambiental. Mas, em um contexto de mercado, está-se a um pequeno passo de auditar e mercantilizar esses produtos, e consignar alguns (por exemplo, a conservação ambiental, o emprego rural) para caixas "verdes" ou "azuis" de modo a atender aos requisitos de redução de subsídio na OMC, enquanto se continua a direcionar o grosso dos pagamentos a agricultores corporativos (McMichael, 2011a).

Apesar disso, a multifuncionalidade surgiu como uma "contranarrativa à visão neoliberal da agricultura europeia" (Potter; Tilzey, 2005, p.590) entre coalizões de agricultores e ativistas ambientais. Nesse sentido, a multifuncionalidade é compreendida como um princípio restaurador e regenerativo. Em vez de designar espaços separados (auditados) de conservação para proteger a biodiversidade e os sumidouros de desperdício, o significado de multifuncionalidade nesse caso refere-se a integrar a conservação ecológica e sua reprodução à prática em si da agricultura (cf. Perfecto; Vandermeer; Wright, 2009). Parte dessa coalizão inclui o movimento de soberania alimentar europeia (Nyéléni Europe), que politiza a multifuncionalidade com uma linguagem distinta de valor. Isso dá forma à questão agrária contemporânea.

Reprodução social *versus* reprodução do capital

Enquanto o foco clássico da questão agrária referia-se à reprodução do capital, o movimento de soberania alimentar inverte isso como uma questão de reprodução social, incorporada à prática agrícola. Com isso, a soberania alimentar redefine o que significa ser moderno, além do racionalismo científico, a fim de abordar a atual emergência social e ambiental. Essa visão de modernidade defende uma concepção historicamente específica de multifuncionalidade: "a reforma agrária pode acabar com o êxodo rural maçivo e forçado do campo para a cidade, levando a um crescimento urbano em níveis insustentáveis e sob condições desumanas" (Via Campesina, 2006). Além da redistribuição da terra, a visão busca reverter a associação do progresso com a urbanidade, contrapondo um "planeta de campos" à catástrofe do "planeta de favelas" do capitalismo neoliberal (Ajl, 2011) e reavaliando a agricultura como a chave para a reprodução social e ecológica em grande escala. A soberania alimentar repercute na China, onde um movimento paralelo está em curso com o propósito de organizar o campesinato remanescente como uma força social para combater iniciativas estatais e de mercado mercantilizando a agricultura como um setor industrial para abastecer o crescimento urbano-industrial. A Nova Reconstrução Rural, um amplo movimento rural social e cooperativo que surgiu em resposta à crescente desigualdade entre a cidade e o campo e à erosão da cultura rural, é uma colcha de retalhos de organizações e projetos que buscam criar autossuficiência na terra via agroecologia e *marketing* alternativo (Wen, 2007; Day, 2008; Hale, 2013).

A soberania alimentar é uma visão que corresponde a uma alternativa de "soberania da terra" (Borras; Franco, 2012). Como o dirigente do Movimento dos Trabalhadores Rurais Sem Terra (MST), João Pedro Stedile, observa:

> Desde os tempos de Zapata no México, ou de Julião no Brasil, a inspiração da reforma agrária foi a ideia de que a terra pertencia a quem nela trabalhasse. Hoje em dia, precisamos ir além disso. Não basta discutir se alguém trabalha na terra ou se detém a posse dela [...] Queremos uma prática agrária que transforme os agricultores em protetores da terra, e outro tipo de cultura que assegure o equilíbrio ecológico e também garanta que a terra não seja vista como propriedade privada. (Stedile, 2002, p.100)

Nesse sentido, o movimento de soberania alimentar está engajado na construção de uma narrativa alternativa (histórica) dentro do contexto, do regime alimentar corporativo, mas contra seus ditames (McMichael, 2005, 2009d). Não é uma visão alicerçada em um conceito abstrato de valor (de mercado), mas prenuncia uma ontologia política que valorize diretamente a prática que se auto-organiza por meio de redes de cooperação (Holt-Giménez, 2006), incluindo o colapso da divisão urbano/rural e a reparação da ruptura metabólica (Schneider; McMichael, 2010). Essa ontologia é bem expressada por Jésus León Santos, do Centro de Desarrollo Integral Campesino para la Mixteca (Cedicam), que caracterizou a agricultura *milpa* da seguinte maneira: "Não é um jeito de melhorar a natureza – é um jeito de se aproximar dos processos da natureza, chegar o mais próximo possível do que a natureza faz" (apud Canby, 2010), p.36). O cultivo de *milpa* é uma forma de agroecologia familiar em campos relativamente pequenos baseados nos ciclos de colheita de milho, abóbora e feijão, e sistemas alqueivados complementados por culturas secundárias para fins de biodiversidade e variedade de dietas.

A ontologia de diversas comunidades e redes agrícolas auto-organizadas deriva de práticas emergentes mundo afora. No estado brasileiro do Rio Grande do Sul, por exemplo, a deterioração contínua das condições do cultivo de soja, em particular, estimulou lutas independentes da maioria dos agricultores (Preschard, 2012), expressadas em uma nova prioridade de autoabastecimento, que "representa um modo econômico da agricultura, baseado na internalização de recursos, na maximização de recursos disponíveis na unidade familiar e na coprodução associada à habilidade do trabalho familiar" (Schneider; Niederie, 2010, p.394). A intensificação do processamento de alimentos na própria fazenda, envolvendo ao menos um terço das 608 propriedades pesquisadas, gera novas estruturas locais e regionais de mercado (ibid., p.396). Uma adicional "pluralidade de atividades baseada na agricultura" caracteriza quase metade das fazendas, suplementada por fontes de renda não agrícolas. A receita de qualquer agricultura comercial depende cada vez mais da consolidação de recursos agrícolas (desmercantilizados).

Em outras regiões, como em Honduras, o Movimiento Unificado Campesino del Aguan (Muca) vem tentando desde a crise alimentar de 2007 e 2008 reequilibrar-se entre a obtenção de lucro e a autossuficiência. Isso implica transferir o foco do plantio da palma para o de grãos básicos (milho e feijão) como projetos de soberania alimentar local, expandindo-se para cultivos perenes como mandioca, banana e abacaxi, "indicando um investimento de longo prazo na terra" (Kerssen, 2013, p.116). A Muca também desenvolveu uma rede de pequenos mercados para distribuir alimentos locais de baixo custo. Tanya Kerssen observa que essas cooperativas continuam a vender os frutos da palma como uma "ferramenta de desenvolvimento", usando a receita para financiar grãos básicos, gado, pescados, panificação e oficinas de carpintaria, soldagem e mecânica, como "projetos de diversificação econômica que visam devolver economias inteiras às mãos de comunidades e famílias locais" (ibid., p.117).

No México, a política governamental na era do Nafta privilegia a eliminação do setor de pequenos agricultores para salvar o subsídio à "pobreza" de 2,5 milhões de agricultores de milho. Cada vez mais, agricultores nativos deixam a economia formal, "livrando-se de fertilizantes químicos onerosos e subsistindo com o milho que podem plantar, colher e negociar" (Canby, 2010, p.30). Embora os economistas neoclássicos tomem isso como um "recuo à subsistência", trata-se de adotar o valor de produzir e reproduzir variedades autóctones intrínsecas à cultura do milho (Barkin, 2002). Isso também fixa as *milpas*, que os "agricultores retiraram habilmente de sua área rica em biodiversidade por meio de um manejo astuto e assíduo" (Canby, 2010, p.31), como uma defesa combinada contra mudanças climáticas e pragas da agricultura, com implicações globais, em vez de meramente locais. Em outras palavras, a preservação dos recursos genéticos, como uma prática local enraizada, é potencialmente mais importante em termos globais (ao longo do tempo) do que as reivindicações universais de agroindustrialistas.

Na região montanhosa da Guatemala, a preservação pelos camponeses da diversidade genética nas fazendas depende de mercados que não os agrícolas, da migração transnacional e da contratação de mão de obra para sustentar o cultivo de *milpa*, "mesmo quando seria mais econômico comprar alimento no mercado [sugerindo] que a agricultura orientada à subsistência gera benefícios além do valor de mercado das culturas" (Isakson, 2010, p.740). Dados extraídos de 120 fazendas, sendo que 97% das quais cultivam *milpa* para consumo próprio, demonstram que a mão de obra não agrícola é comum a todos os proprietários de terras. Essa força de trabalho (incluindo os migrantes) e as culturas rentáveis intensificam o plantio de *milpa*, "[cuja] prática não deve se reduzir ao valor de mercado da produção" (2010, p.735, 737). Isto é, a biodiversidade agrícola está mais do que produzindo valor de troca. A renda não agrícola, incluindo a proveniente da produção de pequenas mercadorias (em especial, mercadorias artesanais), é tida como um complemento ao autoabastecimento (ibid., p.738, 743) –, contradizendo o ministro da Agricultura local, segundo o qual: "o milho não é rentável, por isso tentamos desestimular esse cultivo; queremos que os *campesinos* diversifiquem" (apud ibid., p.749).

A pesquisa de Ryan Isakson lembra que o valor da *milpa* é mais do que o valor de mercado do milho e outras culturas, sendo regido pelas relações sociais às quais as fazendas estão incorporadas, incluindo, por exemplo, a existência de discriminação de gênero nos mercados de mão de obra, de tal modo que "para muitos, o uso de força de trabalho feminina na *milpa* representa um uso racional de recursos domésticos" (ibid., p.752). Contrariando as alegações de que a subsistência é um recuo, ou um ato de desespero, camponeses plantam a *milpa* "como uma expressão de identidade cultural, como um meio de fortalecer laços sociais, como uma forma de suprir alimentos que compensa os caprichos e as incertezas do mercado e como uma rejeição à total mercantilização do alimento" (ibid., p.755).

Em um contexto de crise, pressões oficiais à mercantilização do alimento em escala global desconsideram a multiplicidade de defesas auto-organizadas contra os mercados globais – e atualmente a mudança climática – praticada por agricultores e comunidades camponesas pelo mundo (McMichael, 2010). A agricultura de preservação, que devolve nutrientes ao solo via compostagem, as culturas de cobertura e o uso de culturas intercaladas são métodos comuns de manejo da terra. Nas regiões leste e sul da África, nos ambientes mais secos de chuvas sazonais, o Africa Center for Holistic Management lidera uma iniciativa voltada ao uso da criação de gado para recuperar o solo e "simular o que imensos rebanhos de animais selvagens, como búfalos e antílopes, têm feito por milênios" (Wilson, 2012, p.79). Na região de Tahoua, no Níger, agricultores camponeses (sobretudo mulheres) recuperaram 250 mil hectares de terra degradada, após as crises ambientais e políticas das décadas de 1980 e 1990, respectivamente, melhorando a segurança alimentar doméstica e as técnicas de cultivo na estação da seca, de tal modo que "de acordo com estatísticas da FAO, o Níger produziu 100 mil toneladas de cebola em 1980, mas 270 mil toneladas em 2004, que foi um ano de seca" (Reij, 2006).

Visto que a reprodução social é ignorada constantemente por órgãos corporativos, de desenvolvimento e estatais, através das lentes do mercado, possivelmente sua dimensão de gênero também seja desconsiderada com frequência na pesquisa de economia política (inclusive do regime alimentar) (Razavi, 2009, p.207). Existem, ao menos, duas dimensões a levar em conta: primeiro, a predominância de mulheres no setor agrícola (70% na produção e no processamento de alimentos na África); e, segundo, os mecanismos redistributivos negativos do neoliberalismo, que aumentam o trabalho informal/não mercantilizado das mulheres para o sustento da família (Whitehead, 2009) – um exemplo palpável do efeito de "sub--reprodução" do capital.[5] Shahra Razavi observa que os argumentos em favor da redistribuição positiva de terras às mulheres, como mão de obra mais "eficiente", descartam as desigualdades de gênero (por exemplo, a relativa falta de acesso aos insumos agrícolas pelas agricultoras), de tal modo que sua eficiência "é certamente um sinal de aflição e exploração da força de trabalho familiar" (2009, p.204). O papel da mulher na reprodução social e ecológica tem valor universal. No fórum de Terra Preta (Roma, 2008), um representante do Network of Peasant Organization and Agricultural Producers da África Ocidental relatou que a seleção flexível de sementes por agricultoras tem administrado secas recorrentes e que essas práticas e resultados estão sendo documentados. Em seu estudo sobre a gestão da diversidade de sementes no árido planalto do Decão ao sul da Índia, Carine Pionetti (2005) documentou o valor do trabalho feminino na formação de uma "economia localizada de sementes" por meio de intercâmbios de sementes que tenham importância ecológica, econômica, social e cultural. Em contraste com o monopólio de sementes protegidas por patentes favorecido pela indústria de desenvolvimento:

> O intercâmbio constante de sementes por espécies vegetais locais faz os recursos genéticos circularem de um campo a outro no âmbito territorial de uma vila ou além dela. A gestão dinâmica dos recursos genéticos acentua a estabilidade dos agrossistemas tradicionais, melhora o potencial de adaptação das culturas locais a condições ambientais em transformação e limita o risco de erosão genética. As transações com sementes também contribuem para garantir que a terra não seja alqueivada por falta delas, assim evitando a erosão do

---

5 O'Laughlin defende o acesso das mulheres à terra como "segurança social contra os caprichos do emprego assalariado" (2009, p.205).

solo e aumentando seu teor de matéria orgânica e sua capacidade de retenção de água. (Pionetti, 2005, p.154)

A reserva de sementes minimiza o risco, aumenta a diversidade e a nutrição da colheita, promove "a autossuficiência e o poder de barganha da família" (ibid., p.xiv) para as mulheres, permitindo-as selecionar sementes que atendam a necessidades individuais, ambientais e climáticas específicas, bem como possibilitando o plantio na época certa com geração de ativos (as sementes constituem uma moeda, particularmente entre mulheres com poucos recursos). As sementes representam a segurança de uma "comunidade do conhecimento" (Holt-Giménez, 2006, p.97) – uma proteção contra o agronegócio e nações sob pressão para adotar a agricultura da "cadeia de valor" e, consequentemente, um "território de luta" (Bezner Kerr, 2010). Quando os agricultores adotam as "cadeias de valor", tornam-se dependentes de uma cadeia de produção "em que a escolha de insumos e o uso da colheita são predeterminados por empresas de agroquímicos e de processamento de alimentos" (Pionetti, 2005, p.xv). A pesquisa de Elisa Da Via na Europa acentua a relação entre as redes de reserva de sementes e a promoção de métodos agroecológicos que intensifiquem a integração, a resiliência e a segurança da subsistência (2012).

O relatório da ONG Action Aid *We Know What We Need: South Asian Women Speak Out On Climate Adaptation* [Sabemos o que queremos: as mulheres do sul asiático manifestam-se sobre adaptação climática] documenta como os agricultores no delta do Ganges, na fronteira com o Nepal, a Índia e Bangladesh, gerenciam sua subsistência sob condições de padrões erráticos de monções, evidenciando "que as mulheres nas áreas pobres começaram a se adaptar a um clima em transformação e podem articular claramente de que precisam para assegurar e sustentar sua sobrevivência de modo mais eficaz" (2007, p.4). Via de regra, os órgãos de desenvolvimento não estão preparados a dar apoio à criatividade dos pequenos agricultores, uma vez que julgam saber "o que *eles* necessitam". Em outra zona ecológica, a região árida do planalto do Decão, onde uma variedade de cultivos irrigados pelas chuvas, incluindo sorgo, milho, leguminosas e oleaginosas, a "relação simbiótica entre essas culturas oferece soluções a uma ampla gama de problemas enfrentados pela agricultura atual da Índia, como o manejo de solos e sua fertilidade, o controle de pragas e a minimização de riscos e incertezas" (DDS Community Media Trust et al., 2008, p.35). Embora tal biodiversidade possibilite às comunidades agrícolas administrar as condições climáticas em ambientes frágeis, a episteme de valor do mercado é alheia "aos muitos valores de biodiversidade não cultivada que as pessoas usam em busca de alimento, forragem e medicamento". Assim,

> O número de alimentos não cultivados que são colhidos no distrito de Medak (no estado de Andhra Pradesh) supera muito o número de espécies cultivadas. Cerca de oitenta espécies de hortaliças não cultivadas são usadas localmente como alimento, além de várias dezenas mais incluindo raízes, tubérculos e frutas. Essa vasta gama de hortaliças, bagas e frutas "selvagens" são fontes de muitos nutrientes [...] A maioria delas é rica em cálcio, ferro, caroteno, vitamina C, riboflavina e ácido fólico. Por isso, são uma dádiva para mulheres grávidas e lactantes, bem como para seus bebês. Visto que não custam nada, são uma benção para os pobres. Os *dalits* sabem disso e as incorporaram a sua alimentação. (ibid.)

Nesse caso, o problema é, em última instância, epistêmico. As práticas locais valorizam os ecossistemas locais e as redes de mão de obra, e dependem deles. Por exemplo, para a recuperação das regiões saarianas,

> as altas densidades populacionais, longe de serem um passivo, são, na verdade, essenciais à provisão da força de trabalho necessária para lavrar o solo, escavar planaltos e coletar água nos açudes para irrigação, bem como para capinar, cuidar dos campos, alimentar animais e espalhar adubo. (Lim, 2008)

A episteme da modernidade desvaloriza o trabalho dos camponeses e seu conhecimento prático, esperando que eles sumam nas áreas urbanas e/ou em empregos rentáveis. O senso comum de que a agricultura camponesa está obsoleta decorre de entendimentos naturalizados da agricultura de subsistência ou semissubsistência como uma condição de pobreza, significando renda baixa ou inexistente.[6] É um equívoco presumir que a agricultura camponesa represente uma fase inicial de desenvolvimento, como se as condições agrárias tenham se fixado no tempo. A lavoura e a mão de obra agrícola adaptam-se continuamente, com frequência sob condições de deterioração. Embora certamente em circunstâncias nada românticas, a resiliência de camponeses com ou sem terra, sem distinção, é responsável pela continuidade de sua presença (Holt-Giménez, 2006; Desmarais, 2007, p.19). Na realidade, como sugere a extensa pesquisa de van der Ploeg (2009) no Peru, Itália e Holanda, há um processo global de "recampesinização" em curso, semelhante aos exemplos citados de México, Brasil e Burkina Faso (veja também Altieri e Toledo, 2011; Corrado, 2010; Vanhaute, 2008).

Recampesinização: uma reavaliação da questão agrária?

Van der Ploeg distingue sua conceitualização do campesinato daquela de um historicista que confinaria o campesinato ao passado e/ou à periferia, referindo-se à "condição camponesa" (2009, p.34). Essa condição deriva da crise do regime alimentar corporativo ou do que ele considera um complexo de impérios alimentares movidos pela cadeia de suprimentos. É centrada em uma prática camponesa de coprodução com a natureza viva, que "visa e materializa-se com *a criação e o desenvolvimento de uma base autocontrolada e autogerida de recursos*", a qual pode ser fortalecida pelo engajamento em múltiplas

---

6 Essa premissa de base aparece na primeira página do *World Development Report* (2008) do Banco Mundial, cuja frase de abertura recicla a retórica da pobreza como uma condição original que define grande parte do sul rural. Para obter uma crítica, veja McMichael (2009c).

atividades/outras atividades não agrárias (ibid., p.23, 33).[7] Nesse caso, embora as lentes do mercado retratem a agricultura camponesa como estagnada, na realidade, a reprodução e o desenvolvimento da base de recursos são definidores do campesinato *e* a condição de sua emancipação.

Nesse sentido, van der Ploeg insiste que "os camponeses europeus são bem mais camponeses do que muitos agricultores nos países em desenvolvimento, e isso explica por que eles estão em uma situação relativamente melhor" (ibid., p.40).[8] Assim, ele universaliza a condição camponesa, em contraste com o senso comum que coloca o campesinato às margens de uma fronteira capitalista que avança no Sul global. Ele situa o camponês moderno no tempo, simultaneamente explorando o sentido pejorativo de "camponês" nas ontologias modernistas que anulam a condição camponesa como retrógrada ou pré-moderna.

O "modo camponês de produção" moderno é definido como "a produção e o crescimento do máximo de valor agregado possível" – gerando renda por meio da reprodução e ampliação de recursos autogeridos (ibid., p.42). Esse modo distingue-se da "agricultura empresarial", voltada à aquisição dos recursos de terceiros bem como à agregação de valor a determinados recursos, e do foco no lucro da "agricultura capitalista" (ibid., p.42-43). O modo camponês impulsiona determinados recursos (por exemplo, aqueles produzidos e

---

7 Essa definição leva em conta o comprometimento com as rotas de *commodity* (sem se tornarem pequenos produtores de *commodities*) e o oportunismo camponês: "se e em qual proporção os camponeses produzem *commodities* que entram em bases rotineiras nas rotas capitalistas, e se e em qual proporção os camponeses veem-se utilizando, e não internalizando, a produção de *commodities* para sustentar suas famílias e comunidades" (McMichael, 2006, p.411). Argumentando que os camponeses adaptam-se constantemente a circunstâncias em transformação, van der Ploeg (2009, p.30) evita de modo enfático "identificar ou limitar o conceito de sobrevivência (e, a propósito, o conceito mais amplo de campesinato) ao de 'subsistência' (ou autoabastecimento de alimentos)".

8 Na realidade, van der Ploeg cita a pesquisa comparativa em sete países europeus indicando que 60% dos agricultores profissionais cortam custos por meio do autoabastecimento (2010, p.7).

reproduzidos por meio de ciclos de produção anteriores) com uma intensificação movida pela força de trabalho, acentuada por reações recíprocas no âmbito de redes camponesas mobilizadas para a agregação de valor. Segue-se a possibilidade de fazer a transição do valor agregado econômico para o ecológico: "quanto mais a fazenda se distancia dos grandes mercados a montante (e o controle imperial neles arraigado), maior a margem de manobra para criar novas alternativas a jusante" (ibid., p.20). Essa transição admite o argumento epistêmico de que a agricultura camponesa é distinta de outras formas de cultivos por priorizar o valor ecológico. Nesse sentido, é impensável em termos modernistas e particularizada pela centralidade da força de trabalho. Operações comerciais, *tout court*, são regidas por um impulso à acumulação pela substituição da mão de obra na produção. Assim, a agricultura industrial considera o trabalho camponês redundante, apropriando-se do conhecimento prático pela desqualificação da agricultura com insumos comerciais, centrados nas tecnologias de sementes que ignoram as ecologias locais e reduzem as demandas de mão de obra (Kloppenburg, 1988). Para van der Ploeg, a intensificação da mão de obra é a *differentia specifica* do modo camponês de produção. Em contraste, as percepções modernistas veem o trabalho camponês como ultrapassado e limitado por uma escassez de recursos (mais físicos do que biofísicos), contribuindo para um nível de subsistência que é "incapaz de estimular o desenvolvimento" (van der Ploeg, 2009, p.46). Em resposta, "a intensificação movida pela força de trabalho surge como uma trajetória estratégica, senão inevitável" (ibid., p.48), em que o valor ecológico tem sua própria lógica positiva:

> Uma troca não mercantilizada com a natureza permite a construção de uma importante linha de defesa: quanto mais essa agricultura for fundamentada no capital ecológico, menores serão os custos monetários de produção. O capital ecológico, se bem cuidado, também permite padrões de crescimento que independem dos principais mercados para fatores de produção e insumos não fatoriais: rebanhos são ampliados e melhorados com reprodução e seleção *in loco*; campos

são bem cultivados e tornam-se mais férteis; novas experiências são traduzidas em conhecimento expandido. (ibid., p.4-5)

O conceito de "capital ecológico" invoca a agregação de valor como a meta e o resultado dessa concepção de agricultura camponesa. Essa forma de valor depende de uma *redução* dos insumos monetizados, na medida em que os recursos agrícolas são recuperados como valores de uso, e não como valores de troca. Nesse caso, a agricultura é desmercantilizada como uma prática (ainda que colheitas e gado sejam vendidos) e, nesse sentido, exerce um efeito emancipador pelo qual os agricultores ganham autonomia diante do endividamento e da padronização de agroinsumos. A "agregação de valor" aumenta o valor reprodutivo dos recursos agrícolas nas propriedades agrícolas, em vez de contribuir com a acumulação de capital em cadeias de valor externas. O "capital ecológico", portanto, representa uma forma alternativa de valorização como o cerne do empreendimento agrícola (muito embora possa realizar valor de troca de mercado, mas agora nos termos do agricultor).

Soberania alimentar

Pode-se argumentar que o "capital ecológico" é análogo à "soberania alimentar". Cada um desses termos parece problemático, fundamentados em linguagens convencionais. Assim como a "soberania alimentar" é uma forma política de essencialismo, usando a expressão de soberania para recuperar terreno jurídico perdido no curto prazo, mas reformulando o significado da categoria no longo prazo (McMichael, 2006), o "capital ecológico" pode desempenhar uma função semelhante. Isto é, cada um politiza as tensões do capital em relação ao sentido de valor, apresentando uma compreensão mais robusta de "valor de uso" que destaca a reprodução de ecologias e culturas (e não de capital). Em suma, o conceito de van der Ploeg de "recampesinização" sugere uma teoria social que surge, em paralelo às diretrizes emancipatórias da soberania alimentar, dadas pelos termos de espoliação (material e epistêmica) do projeto neoliberal (McMichael, 2008).

A justaposição que van der Ploeg faz entre "agregação de valor" e "capital ecológico" marca a fluidez e a sobreposição entre seus três tipos de agricultura (camponesa, empresarial e capitalista). Em termos práticos, isso permite alguma mutação (e condicionamento mútuo) entre os tipos, em particular o camponês e o empresarial. Sua pesquisa agrupa "campesinatos" com coordenadas bastante distintas de tempo/espaço. Quanto mais substancial o "capital ecológico", em que as famílias camponesas estão em posição de mobilizar recursos dentro e fora da propriedade e estabilizar sua base material, maiores as possibilidades emancipatórias e o impacto sociopolítico do modo camponês de produção – com consequências desenvolvimentistas. Na Europa, ao menos, na medida em que a produção camponesa

> facilmente se desdobra em agricultura multifuncional [...] para a agricultura empresarial será mais difícil fazer isso [...] haverá uma necessidade abrangente de criar alto nível de emprego e níveis adequados de remuneração nessas novas áreas rurais da União Europeia ampliada [...] A recampesinização ocorrerá como uma necessidade material (se já não for assim). (van der Ploeg, 2009, p.285)

Segundo a Coordination Paysanne Européene (2003), "manter o número de pessoas que trabalham na agricultura não é sinal de 'atraso' econômico, mas sim um valor agregado". Em termos mais visionários, o uso da expressão "capital ecológico" enfatiza o tema da reavaliação da questão agrária contemporânea. Assim,

> Nesse sentido, o início do século XXI representa uma ruptura clara: a terra volta a ser uma questão importante. Isso se evidencia no modo como a terra está se tornando novamente objeto das lutas dos camponeses [...] e de "apropriação" [...] Mais do que isso, também se evidencia no modo como a terra está sendo considerada um capital ecológico. A agricultura volta a ser entendida, e praticada, como uma coprodução: a interação e a transformação mútua entre atores

humanos e a natureza viva. A agricultura baseia-se não só nas "trocas econômicas", mas também na "troca ecológica" (van der Ploeg, 2010, p.4)

Nesse caso, o argumento é que, na medida em que os produtores podem basear a agricultura na "troca ecológica", é mais provável que a "troca econômica" subsequente se dê nos mercados locais ou regionais, considerando-se o prêmio sobre a agroecologia e a reorientação ao valor que não de mercado.

A *reavaliação* refere-se a uma luta essencial que agora, no âmbito dos termos da questão agrária, diz respeito à soberania da terra (Borras; Franco, 2012). Para um campesinato emergente (século XXI), a terra não é somente um objeto de luta a assegurar, mas também em restauração (por biorrecuperação e o uso da agroecologia para práticas restauradoras) com o propósito de criar recursos como "capital ecológico", a fim de restaurar direitos anteriores (incluindo o das mulheres) à segurança da terra, garantir a identidade territorial/cultural (cf. Escobar, 2008) e restabelecer a autossuficiência alimentar. A recuperação da terra implica assegurar novas concepções de "cidadania agrária" (Wittman, 2009), conforme proposto pelo MST, no Brasil, em relação ao reposicionamento da mão de obra agrária no corpo político (reposicionando a cidadania para além da urbanidade) e à introdução da conservação ambiental em uma noção coletiva de cidadania.

Essa forma politizada de recuperação da terra, como "soberania da terra", combina o reflexo involuntário do "novo campesinato" com a mobilização de camponeses e sem-terra como uma política emancipatória do movimento de soberania alimentar (Desmarais, 2007; Borras, 2004). Em cada caso, a emancipação é da intensificação neoliberal das reações de valor que cercam e desalojam pequenos agricultores, além de comprometer os ecossistemas. Soberania significa não só o direito de produzir, mas também o controle da produção, e a soberania alimentar "é um princípio e um estilo de vida ético que não guarda correlação com uma definição acadêmica, mas nasce de um processo coletivo, participativo" (Stedile; Carvalho, 2011, p.25; veja também Patel, 2009).

A questão dos direitos é significativa nessa conjuntura: tanto moral quanto politicamente. A IAASTD refere-se à soberania alimentar como "uma empreitada explicitamente moral que se contrapõe aos processos econômicos da globalização orientada ao mercado", transferindo poder do controle corporativo/científico para as forças populares "visando à produção de conhecimento social e ecológico" (apud Ishii-Eiteman, 2009, p.691). Como Sofia Monsalve Suárez observa:

> sabe-se que a OMC e o regime de proteção ao investimento internacional têm à disposição rigorosos mecanismos de sanção, ao passo que o sistema de proteção aos direitos humanos da ONU, infelizmente, carece deles. Além disso, os regimes legais de investimento e comerciais ainda não aceitam a primazia da lei internacional dos direitos humanos. (Suárez, 2012, p.13)

Na prática, de acordo com a Declaração de Nyéléni (2007), a soberania alimentar constitui "o direito das pessoas a alimentos saudáveis e culturalmente aceitáveis, produzidos por métodos ecologicamente corretos e sustentáveis, e o direito a definir sistemas alimentares e agrícolas próprios" (2009, p.673). Embora promova uma Conferência Internacional sobre os Direitos dos Camponeses, com a participação de agricultores e populações de sem-terra e de nativos que lavram a própria terra, a Via Campesina reconhece que seu nome se refere a "um *processo* de cultura camponesa, um 'modo' camponês". Paul Nicholson, um membro fundador da Via Campesina, acrescenta:

> O debate não está na palavra "agricultor" ou "camponês". O debate está muito mais no processo de coesão [...] Trata-se de um processo de acumulação de forças e realidades que se juntam a partir de cidadãos de todo o planeta. A soberania alimentar não se restringe a resistências, uma vez que há uma centena delas, mas também abrange propostas oriundas de movimentos sociais, e não apenas de camponeses. Dos movimentos ambientais, entre outros, advêm

muitas iniciativas que desenvolvem propostas de recuperação, de direitos, de diretrizes. Trata-se também de um processo autônomo e independente. Não existe um comitê central, e a soberania alimentar não é patrimônio de nenhuma organização. Não é o projeto da La Via Campesina, nem mesmo um projeto de camponeses. É uma proposta, baseada em princípios de luta e objetivos, originário de movimentos sociais, não de instituições ou organizações [...] Ela está sendo criada a partir do nível local, e vamos continuar a acumular energia em prol de uma força nacional e uma expressão internacional. (2009, p.678-80)

Em suma, a soberania alimentar é um movimento civilizacional, que combina uma crítica conjuntural à "segurança alimentar" neoliberal (como um jogo de poder corporativo e um estratagema ao equiparar a agroexportação ao conceito de "alimentar o mundo") com os princípios *longue dureé* de autodeterminação reconfigurados como direitos democráticos para e de cidadãos e seres humanos. A ética central – o alimento como um direito, não uma *commodity* – expressa a politização contemporânea da "segurança alimentar". Ao mesmo tempo, a soberania alimentar refuta o regime alimentar do capital como um todo, como uma estrutura institucionalizada que subordina uma diversidade de valores de uso a uma ordem política única, orientada para o valor de troca, nesse processo criando um "regime de fome".[9]

O amadurecimento do movimento de soberania alimentar implica um compromisso crescente com a produção agroecológica. Miguel Altieri define agroecologia como uma ciência e um conjunto de práticas específicas de um lugar. Seus princípios centrais abrangem

reciclar nutrientes e energia na propriedade, em vez de introduzir insumos externos; melhorar a matéria orgânica e a atividade biológica do solo; diversificar espécies de plantas e recursos genéticos nos agrossistemas ao longo do tempo e do espaço; integrar colheitas e criação de gado; e otimizar as interações e a produtividade do sistema

---

9 Esse termo é uma ideia original de Farshad Araghi.

agrícola como um todo, e não de espécies individuais. (Altieri; Toledo, 2011, p.588)

Vários estudos concluem que a produção relativa da agricultura orgânica/agroecológica *versus* a não orgânica é suficiente para suprir o atual consumo médio diário de calorias por todo o mundo (Pretty; Hine, 2001; Pretty; Morison; Hine, 2003; Badgley et al., 2007). Jules Pretty et al. (2006) compararam 286 projetos por 37 milhões de hectares em 57 países do hemisfério sul e descobriram que as técnicas agroecológicas aumentaram a produtividade dos plantios em uma média de 79% em mais de 12 milhões de propriedades agrícolas, com melhorias nos serviços ambientais. E Catherine Badgley e colegas (2007) examinaram 293 casos em uma base global de dados e concluíram que, em média, a agricultura orgânica no hemisfério norte produz 92% da produção agrícola convencional, mas, no Sul, a agricultura orgânica produz 80% *mais* do que a agricultura convencional. Além disso, constataram que se poderia produzir organicamente alimento suficiente para alimentar o mundo, mesmo sem expandir as terras agriculturáveis, e que as culturas de cobertura com leguminosas poderiam fixar nitrogênio a ponto de substituir as atuais aplicações de fertilizantes sintéticos (cujo uso excessivo prejudica a saúde do solo).

Cuba é um caso exemplar na era do petróleo, ao perder acesso às importações de petrolíferos, agroquímicos e máquinas agrícolas após o colapso da União Soviética em 1990. A agricultura cubana sobreviveu à crise desenvolvendo agricultura orgânica, hortas urbanas, tração animal e controle biológico de pragas. Um estudo recente revelou que em menos de uma década, dependendo da região, de 46% a 72% das terras de camponeses adotam práticas agroecológicas, produzindo cerca de 60% dos vegetais, milho, feijão, frutas e carne suína consumidos na ilha. Após a passagem do furacão Ike, em 2008, constatou-se que as propriedades agroecológicas sofreram um prejuízo da ordem de 50%, em comparação com o das monoculturas que atingiram o nível de 90% a 100%. As fazendas agroecológicas recuperaram-se mais rapidamente, e cerca de 80% das terras voltaram a produzir em 40 dias da passagem do furacão (Altieri; Toledo, 2011).

Em um país onde 75% da população moram na cidade, a agricultura urbana está bem estabelecida: ocupando aproximadamente 87 mil acres dentro e no entorno de Havana, responde por 60% a 90% da produção consumida na cidade (Ergas, 2013, p.48). Um grande volume de estudos e exemplos de experiências agroecológicas bem-sucedidas, incluindo o sistema agroflorestal (veja, por exemplo, de Schutter, 2011; Lin et al., 2011), confirmam o

> princípio óbvio de que áreas naturais serão protegidas com êxito no longo prazo somente quando são incorporadas às [...] economias que suprem maiores níveis de diversidade econômica, resiliência, segurança e participação política. Uma ferramenta essencial [...] é a integração da agricultura produtiva com a conservação. (Perfecto et al., 2009, p.124)

Esse princípio, central à visão prática da soberania alimentar, foi defendido pelo relator de Direitos Humanos da ONU, Olivier de Schutter, perante a Comissão de Direitos Humanos da ONU:

> A agricultura deve ser redirecionada fundamentalmente para modos de produção que sejam mais ambientalmente sustentáveis e socialmente justos [...] [A agroecologia] ajuda pequenos agricultores a serem capazes de lavrar a terra de maneiras que sejam menos onerosas e mais produtivas. Mas isso beneficia a todos nós, porque desacelera o aquecimento global e a destruição ecológica. (2011)

Pesquisas demonstram que as pequenas propriedades agrícolas são "amigas das condições climáticas", tratando o solo com fertilizantes orgânicos que absorvem e sequestram carbono mais eficazmente do que a agricultura industrial, de tal modo que "a conversão de 10 mil fazendas de pequeno a médio porte para a produção orgânica armazenaria carbono no solo em nível equivalente a retirar 1,174 milhões de veículos de circulação" (Altieri, 2011). Para a soberania alimentar, a terra é examinada não pelas lentes das mercadorias, mas sim pelas lentes ecológicas, culturais e/ou multifuncionais como a base de uma agricultura agroecológica intensiva em mão de obra e de baixa aplicação de insumos químicos. É sobre esse princípio fundamental que o contramovimento ao regime alimentar se fortaleceu, com o IPC[10] para Soberania Alimentar defendendo que os campesinatos em nível global alimentam o mundo e resfriam o planeta.[11]

Ascensão

É claro que o movimento de soberania alimentar tem um longo caminho a percorrer, em especial na formação de alianças (Rose, 2012). Mas a compactação do tempo pelo espaço, à medida que os ecossistemas da terra se degradam e a apropriação de terras se intensifica, acelera a proliferação de redes alimentares alternativas e alianças estratégicas nos hemisférios sul e norte (Holt-Giménez; Patel, 2009; Holt-Giménez, 2011; Borras; Edelman; Kay, 2008; Andrée et al., 2013). Ao mesmo tempo, segundo Nora McKeon, "pela primeira vez na história, a comunidade internacional estabeleceu um fórum de diretrizes globais para questões alimentares, em que movimentos organizados pelas pessoas podem defender suas propostas" (2011, p.265).

Apesar da posição ambígua da FAO sobre a apropriação de terras, e seu apoio a alimentos geneticamente modificados (OGMs) e à

---

10 Comitê Internacional de Planejamento para Soberania Alimentar, formado por ONGs e organizações da sociedade civil. (N. E.)
11 Há várias estimativas de provisão de alimentos camponeses: o ETC estima que os "camponeses" produzem 70% dos alimentos consumidos no mundo (2009); McCalla defende que 90% dos alimentos mundiais são consumidos no local onde são produzidos, com os produtores rurais consumindo 60% de seu alimento (1999, p.3); e a Public Citizen com o movimento de soberania alimentar alegam que 90% são produzidos por camponeses: "A produção baseada na agricultura familiar e campesina para fins domésticos é responsável por aproximadamente 90% da produção mundial de alimentos, grande parte da qual nem passa pelos mercados. Por outro lado, o comércio agrícola internacional representa somente cerca de 10% da produção agrícola mundial" (Public Citizen, disponível em: <www.citizen.org/documents/wtofood.pdf>). Veja também: <http://ag-transition.org/?p=1769>.

Aliança para uma Revolução Verde na África, os movimentos agrários conseguiram delegar poderes ao IPC para Soberania Alimentar para defender junto ao "ministério da Agricultura" do sistema da ONU sua posição como um fórum de política intergovernamental alternativo às instituições de Breton Woods e à OMC (ibid.). O IPC facilitou a participação de mais de 2 mil representantes de organizações de pequenos produtores nos fóruns de diretrizes da FAO e, com a crise alimentar de 2007 e 2008, houve uma ruptura na "intergovernabilidade" dado o "aparente vácuo global de políticas" (ibid., p.266) e a evidente "disfuncionalidade dos mercados desregulados" (Wilson, 2010, p.8). O choque da crise alimentar mundial refocalizou a atenção nas questões de segurança alimentar, simbolizadas pelo novo *slogan* de "agricultura para o desenvolvimento" do Banco Mundial e um foco renovado na fome global e sua erradicação. Esta última centrada na reforma da FAO (em particular do Comitê de Segurança Alimentar Mundial), consolidada em novembro de 2009. Além de revitalizar o princípio de "um país, um voto", as organizações da sociedade civil foram reconhecidas pelos Estados-membros como cruciais aos planos de reforma e ação (Duncan e Barling, 2012). O IPC desempenhou um papel fundamental ao assegurar o direito ao alimento como um objetivo central e deslocar o centro de gravidade dos participantes, transferindo-o das instituições financeiras internacionais para as organizações da sociedade civil, representando uma variedade de grupos de interesse estratégicos, como pequenos agricultores, pescadores artesanais, pecuaristas, os sem-terra, a classe pobre urbana, trabalhadores dos setores agrícola e alimentar, mulheres, jovens, consumidores, povos nativos e ONGs correlatas (Wilson, 2010, p.20).

O reformulado Comitê de Segurança Alimentar Mundial (CFS, do inglês *Committee on Food Security*) da FAO representa a possibilidade de qualificar o regime de comércio da OMC com um mandato renovado para a criação de uma infraestrutura global de sistema alimentar capaz de sustentar o apelo do relator de Direitos Humanos da ONU por medidas que promovam a segurança alimentar doméstica, baseada na agricultura (agroecológica) praticada por pequenos agricultores. Assim, o CFS proporciona um nível e uma qualidade de participação sem precedentes para atores não estatais, com especial atenção a organizações representativas de pequenos produtores de alimentos e consumidores pobres das áreas urbanas [...] [e reconhece] o direito de as organizações da sociedade civil estabelecerem, com autonomia, um mecanismo global que facilite sua participação no CFS. (McKeon, 2011, p.15)

Embora a intervenção da CFS ainda seja tênue, é evidente que, por causa do choque de preços dos alimentos (que persiste para populações vulneráveis), tem ocorrido uma transição no equilíbrio de forças morais, uma vez que instituições neoliberais foram comprometidas e os interesses majoritários de pequenos produtores de alimentos encontraram uma voz institucional na FAO, ao menos. Na prática, isso fortalece a reivindicação pela institucionalização de indicadores de segurança alimentar doméstica e o desdobramento de uma política de soberania alimentar.[12]

Nesse ínterim, ao menos doze países adotaram o direito ao alimento, com meia dúzia deles (Equador, Venezuela, Bolívia, Nepal, Mali e Senegal) incluindo a soberania alimentar em suas constituições – indicando uma transição normativa (e epistêmica) em curso (Rose, 2012, p.174). No Equador, por exemplo, a Ley Orgánica de la Soberanía Alimentar (fruto de pressão política da Confederação de Nacionalidades Indígenas do Equador) articula as metas da soberania alimentar: autossuficiência nacional em gêneros alimentícios de primeira necessidade e redução da dependência alimentar, privilegiando e apoiando os pequenos agricultores e a pesca artesanal; promoção da multifuncionalidade, da reforma agrária distributiva e do desenvolvimento rural; implementação de métodos orgânicos e

---

12 Embora a CFS necessite de fortalecimento de "baixo para cima" – como Borras et al. Defendem –, "até agora não testemunhamos [...] uma centelha de protestos multinível dos mesmos grupos de organizações da sociedade civil com escala e intensidade que se aproxime da campanha anti-OMC [...] Há mobilizações dispersas, incluindo aquelas na arena do Comitê de Segurança Alimentar (CFS) da ONU" (2011, p.43).

agroecológicos para proteger a agrodiversidade; otimização da saúde pública no sistema alimentar; redução da cadeia alimentar; proteção do conhecimento tradicional e proibição dos OGMs (ibid., p.175-6). Na Venezuela, indicadores de soberania alimentar foram implementados, pela redistribuição de terras, expansão de crédito rural e serviços técnicos, redes de distribuição para pequenos agricultores e pescadores, um programa nacional de merenda escolar, cozinhas comunitárias para os pobres, autossuficiência em grãos básicos até 2008 e uma quase autossuficiência em proteína animal (Schiavoni; Camacaro, 2009). Evidentemente, todas essas iniciativas necessitam de tempo conforme fracassam, renovam-se e evoluem. Muito trabalho ocorre em áreas urbanas também, seja em regiões metropolitanas, seja em agrupamentos de vilarejos. Segundo Terry Marsden, na Grã-Bretanha,

> a maioria das grandes cidades agora possui alguma forma de "estratégia alimentar" – que pode girar em torno de cartas alimentares (Brighton), de conselhos alimentares (Bristol) ou do desenvolvimento de polos e cartéis de alimentos (Plymouth, Exeter Stroud). (2012, p.271)

Harriet Friedmann, uma das principais mobilizadoras no Toronto Food Policy Council, observa:

> Entendo que a comunidade de prática alimentar de Toronto abrange mais do que redes de indivíduos e mais do que seu hábil acesso a recursos institucionais. Também abrange as funções específicas de um corpo governamental municipal, o Toronto Food Policy Council, e uma rede vibrante de organizações não governamentais de segurança alimentar, em especial a maior delas, a FoodShare. Essas organizações ofereceram recursos estratégicos, bem como oportunidades de testar e aprender com outras experiências, aos diversos indivíduos que se mobilizam por meio delas, normalmente deixando para trás novos projetos e ideias. Essas instituições sobressaem-se por ligar uma ampla gama de iniciativas de cima para

baixo e vice-versa que surgem e se desenvolvem dentro e através de uma gama de "setores" – público, voluntário (ONG) e de mercado. (2010, p.68)

No entanto, ao distinguir "escalonamento" de "crescimento imperativo", Friedmann observa também que, na região vizinha do Golden Horseshoe,

agricultores e terras agriculturáveis estão desaparecendo, mas o Cinturão Verde e muitas iniciativas atuam para reconduzir agricultores e salvar terras. Os consumidores são diferentes e pouco saudáveis na juventude e crescem em número. Essas condições impõem um desafio [...] a soberania alimentar tornou-se uma estrutura compartilhada por muitos. (2011, p.185-6)

A formação de cenários de soberania alimentar não é nada linear, mas a inspiração continua a fluir das novas gerações de produtores, cidadãos e consumidores, e do reconhecimento cumulativo das graves deficiências (literalmente) do regime alimentar corporativo.

Conclusão

A politização da capitulação epistêmica às relações de valor no regime alimentar abre a possibilidade de valores alternativos. Este capítulo conclusivo defende que o processo camponês, ou o movimento de soberania alimentar, fez exatamente isso em virtude de sua experiência de valor de troca. No início da década de 1990, a crise agrária foi o caldo de uma mobilização internacional que desmascarou as relações de poder e a ilusão de "segurança alimentar". Ao desnaturalizar o mercado neoliberal, a soberania alimentar evoluiu e se ampliou, passando a abranger uma ampla gama de práticas que incorporam, recuperam e desenvolvem orientações de valor que dão sustentação a relações sociais e ecológicas positivas de reprodução, em contraposição às tendências de sub-reprodução do capitalismo.

Nesse sentido, o regime alimentar corporativo gera uma conjuntura contraditória: uma tensão entre uma trajetória de abstração em agroindustrialização (agroalimento/combustível de procedência desconhecida) e formas de agricultura agroecológica com base na localização (alimentos de procedência conhecida), acalentadas por uma política de soberania alimentar – uma política de modernidade arraigada em uma ecoeconomia moral global. Em outras palavras, o movimento de soberania alimentar é, ao mesmo tempo, reflexo do projeto neoliberal e uma ontologia política alternativa e formativa, que cria valores antiéticos de autovalorização do capital a qualquer custo. Ele cristaliza antigas reivindicações por autodeterminação em um momento de absoluto esgotamento das condições de acumulação de capital, uma vez que o *feedback* ecológico sinaliza o fechamento da fronteira, com a apropriação de terras passando por um movimento de cerco final, desesperado.

Pode-se notar que o regime alimentar como um todo conteve (em ambos os sentidos) resistências por todo o processo – a diferença agora é que o regime alimentar é totalmente global, cada vez mais claustrofóbico e, portanto, gerador de utopias reais. Trata-se de uma transição ontológica de longo prazo, em que a violência da abstração é contestada por novas linguagens de multifuncionalidade, soberania alimentar e cidadania agrária, e novas práticas que buscam desacelerar e superar a emergência ambiental e social que o mundo enfrenta.

GLOSSÁRIO

Acordo de Bretton Woods: regime monetário pós-guerra (1944) baseado em taxa fixa de câmbio e controle sobre a movimentação internacional de capital.

Acordo sobre Agricultura: protocolo da Organização Mundial do Comércio (OMC) sobre a liberalização do comércio agrícola e a redução do protecionismo agrícola.

Agricultura por contrato: contrato comercial pelo qual produtores recebem de comercializadores sementes e outros insumos agrícolas, além de acesso ao mercado, em troca da garantia de entrega de colheita.

Agrocombustível: termo que designa biocombustível, mas foi criado para alertar que os biocombustíveis industriais (obtidos a partir do milho, da óleo de palma, da soja, da mamona e do açúcar) ocupam terras agriculturáveis e florestais, desalojando as culturas alimentares.

Agroecologia: ciência ou conjunto de práticas específicas de um local voltados a: reciclagem de nutrientes e energia na propriedade agrícola, formação de solos saudáveis, promoção de biodiversidade e otimização da produtividade do sistema agrícola, e não de espécies individuais.

Agroindustrial: refere-se à industrialização da agricultura como um setor econômico integrado a complexos industriais, que produz alimentos para grandes processadores e comerciantes, com uso de agroinsumos (sementes híbridas, produtos químicos, maquinário) nos moldes das monoculturas.

Ajuste estrutural: políticas neoliberais que exigem que os Estados reduzam o tamanho do setor público e dos gastos sociais, salários e subsídios agrícolas, bem como exportem para compensar o endividamento.

Alimentos duráveis: alimentos processados industrialmente com alto teor de óleo, gordura e açúcar para estender sua vida útil.

Anulação biofísica: substituição dos processos ecológicos na agricultura pelo uso de agroquímicos, requerendo compensação contínua para a perda de fertilidade do solo e a contaminação por pragas e ervas daninhas.

Anulação de valor: subordinação da produção e das relações sociais à mercantilização e ao preço.

Apropriação de terras [*Land grab*]: cercamento de terras, florestas, águas e habitats por forças colonizadoras ou neocolonizadoras (nações, empresas, financistas e proprietários de terras próximas).

Apropriação verde [*Green grab*]: cercamento de terras e florestas habitadas, visando-se a conservação, o ecoturismo e a geração de créditos de carbono por meio de plantações de matérias-primas agroindustriais.

Aristocracia do trabalho: setores privilegiados da classe trabalhadora urbana no contexto de uma economia imperial que explora mão de obra não qualificada externa e local.

Banco de Compensações Internacionais (BIS – Bank for International Settlements): coordena a regulação financeira e a cooperação entre bancos centrais, atuando como instituição bancária de última instância.

Bioeconomia: uso crescente de matéria-prima de origem vegetal para substituir *commodities* industriais derivadas do petróleo (plásticos, combustíveis etc.).

Biofortificação: fortificação nutricional de culturas por meio da engenharia genética (por exemplo, arroz dourado fortificado com vitamina A da biossíntese de betacaroteno).

Cadeias de valor: incorporação de produtores às relações de mercado organizadas e dominadas pelo agronegócio como fornecedores de insumos.

Cadeias globais de commodity: relações transfronteiriças organizadas por empresas transnacionais envolvidas na produção, montagem e circulação de produtos globais.

Capital ecológico: termo referente à resiliência/riqueza de processos e ciclos ecológicos.

Carnificação: intensificação do consumo de carne, associada à concentração e centralização de criação de gado, que depende do estreitamento da base genética.

Cidadania agrária: prática e visão de soberania alimentar que se referem à conservação da terra, à produção de alimentos para os concidadãos e à reavaliação da agricultura na era moderna.

City de Londres: centro financeiro de Londres, que serve como polo internacional de operações cambiais e contas de comércio.

Comércio justo: prática certificada que incorpora custos sociais e ambientais no preço de mercadorias comercializadas, para compensar de forma adequada os produtores e suas comunidades e tornar mais transparentes as condições e as relações de produção aos consumidores.

Comitê de Segurança Alimentar (CFS – Committee on Food Security): principal órgão da FAO para monitoramento e debate de uma ampla gama de questões relativas à soberania alimentar, agora com entrada legítima da sociedade civil, além da representação de Estados-membros.

Complexo da soja: agroindustrialização da produção de soja para o complexo pecuário ou agrocombustíveis, cada vez mais com o uso de tecnologias transgênicas.

Complexo de proteína animal: integração transnacional de fontes de ração animal e produção concentrada de proteína animal (confinamentos de boi gordo, aviários e aquicultura).

Contramovimento: resistência ou oposição reflexiva a um regime político-econômico.

Corn Laws **[leis dos cereais]:** legislação britânica (1804) de proteção aos lucros dos grandes proprietários diante do crescimento das importações de milho verificado à época.

Cultivos adaptados às mudanças climáticas: cultivos submetidos à bioengenharia para resistir aos efeitos do aquecimento global.

Culturas flexíveis: condição de intercâmbios de cultivos de alimento, ração animal e combustível em particular, de acordo com um cálculo de lucratividade, e não social.

Dependência alimentar: dependência nacional de produtos alimentícios importados, em alguns casos à custa de sistemas alimentares locais.

Desagrarização: redução da população rural à medida que agricultores ou membros de uma família camponesa migram para centros urbanos.

Descampenisização: processo ativo de espoliação e desalojamento de pequenos proprietários de terras.

Desenvolvimentismo: visão ideológica que naturaliza o desenvolvimento capitalista.

Desmercantilização: redução da dependência da agricultura em relação a insumos comerciais externos por meio do aprimoramento do cultivo de riqueza ecológica.

Divisão internacional do trabalho: diferenciação transnacional de qualificações e insumos da força de trabalho na produção de mercadorias para o mercado mundial.

Ecologia global: racionalização vertical de proteções ambientais globais (biodiversidade, redução da poluição, saúde do oceano, agricultura adaptável às condições climáticas), visando-se um crescimento econômico sustentável.

Ecologia política: politização das relações ecológicas.

Estrutura social de acumulação: organização social das relações entre produtor e consumidor conforme são regidas pelas forças (geo)políticas e tecnológicas.

Exportações não tradicionais (NTEs – *Non-traditional exports*): agroexportações do hemisfério sul que substituem ou complementam as exportações de produtos tropicais (como mandioca, aves, vegetais).

Fetichismo da mercadoria: objetificação das relações de mercadoria (trocas de mercado) e ocultação das relações sociais e ecológicas pelas quais as mercadorias são produzidas.

Financeirização: acumulação por meio de operações financeiras em serviços, títulos e especulação, além de fusões e aquisições de empresas, em vez da produção em si.

***Global sourcing*:** acessar no exterior produtos ou componentes de produtos para montagem a mercados mundiais.

Hegemonia: capacidade da parte dominante de estabelecer o consenso pela liderança, encobrindo relações de coerção.

Império alimentar: conjunto de instituições, empresas e produtores que privilegia a acumulação, a concentração e a centralização corporativas no setor alimentar.

Intensificação sustentável: termo que aborda a necessidade de desenvolver métodos agrícolas (sejam agroecológicos, sejam biotecnológicos) para preservação da terra e da natureza.

Latifúndios: vasta plantação ou propriedade rural, introduzida pelos colonizadores ibéricos no Novo Mundo, dependente de mão de obra nativa ou trabalho forçado.

Liberalização: sujeição de instituições, desde Estados até mercados, à desregulação de políticas comerciais e econômicas, bem como privatização de ativos públicos.

Mercantilismo de agrossegurança: tendência recente de Estados regionais (Oriente Médio, Leste Asiático) em destinar fundos soberanos e apoio financeiro para aquisição de terras no exterior, tendo em vista, como retorno, a transferência não comercial de alimentos para o país investidor.

Monocultura: especialização na produção de um único cultivo ou de uma única espécie animal.

Multifuncionalidade: refere-se aos múltiplos usos potenciais da agricultura na produção de alimentos, geração de empregos, estabilização de culturas agrícolas, restauração da biodiversidade, preservação de paisagens e redução da emissão de gases de efeito estufa.

Neoliberalismo: política ideológica segundo a qual o mercado e a eficiência produtiva por meio da privatização ampliam ao máximo o crescimento econômico, tendo como corolários o encolhimento do Estado e a abolição de contratos de trabalho e salvaguardas ambientais.

Novos Países Agrícolas (NACs – *New Agricultural Countries*): nações do Terceiro Mundo que surgiram como agroexportadores importantes a partir da década de 1980 – contraponto aos Países Recém-Industrializados (NICs – *Newly Industrializing Countries*).

Nutricionismo: aplicação da ciência da nutrição aos problemas de desnutrição que surgem em um sistema alimentar industrial que reduz os micronutrientes no solo e a diversidade nas dietas.

Oficina do mundo: centro manufatureiro de comércio internacional. A Grã--Bretanha tornou-se a primeira oficina ao deslocalizar a produção de alimentos para suas classes industriais em expansão.

Organização Mundial do Comércio (OMC): instituição criada por Estados-membros em 1995 para reger as relações internacionais de comércio, segundo o princípio da vantagem comparativa, pela qual se espera que os Estados se especializem na exportação de uma produção em que tenham relativa vantagem competitiva.

Padrão-ouro: padrão de equivalência baseado no preço do ouro de todas as moedas nacionais envolvidas no sistema comercial internacional, estabelecido pelos britânicos no século XIX e segundo o qual todos os países devem ajustar sua balança comercial para manter relativa equivalência.

Propriedade fundiária: relações de posse da terra, com diferentes implicações para as formas de produção agrícola dependendo do sistema social.

Questão agrária: teoria clássica da transformação estrutural da agricultura que se vincula ao capitalismo e ao destino político-econômico do campesinato.

Questão campesina: um subconjunto da questão agrária, focado no destino do campesinato, com frequência representado em termos de diferenciação socioeconômica (por exemplo, tamanho da propriedade) ou simplesmente de desintegração (transformação de classes).

Recampesinização: redução dos insumos comerciais na lavoura com o propósito de recuperar as "práticas camponesas" de auto-organização da agroecologia em prol da reconstrução da riqueza ecológica.

Regime alimentar: estruturação político-econômica de comércio internacional de produtos alimentícios que atende a dietas diferenciadas por classe social e projeta poder hegemônico.

Regime de acumulação: estrutura tecnopolítica de acumulação de capital que corresponde a uma conjuntura capitalista específica.

Regulação nacional: compromisso social-democrata do pós-guerra pelo qual Estados adotaram métodos de regulação da atividade econômica, da mobilidade de capital e das relações capital/trabalho.

Relações de valor: perspectiva metodológica que enfatiza as relações vigentes de mercadorias nas tendências e nos ciclos do capitalismo mundial.

Reprodução social: processo de reprodução da força de trabalho e da vida social, caracteristicamente dependente de trabalho não remunerado e bases ecológicas (incluindo terras comunitárias).

Revolução do supermercado: expansão do modelo supermercadista do Norte para o Sul global e o Leste Europeu, deslocando fornecedores e dietas locais.

Revolução verde: tecnologia voltada à melhoria da produtividade agrícola com sementes tratadas por bioengenharia que demandam pacotes de agroinsumos e suprimento intensivo de água.

Ruptura metabólica: subordinação da agricultura a relações monoculturais de *commodities*, com os agroinsumos (fertilizantes químicos, sementes híbridas) substituindo o metabolismo natural de ciclos de nutrientes no solo e na água.

Saúde pública ecológica: princípio alternativo à nutricionalização, que defende métodos agroecológicos de produção alimentar visando solos e alimentos saudáveis (não tóxicos).

Semiproletarização: deterioração da agricultura camponesa, envolvendo relações de mão de obra de fora da propriedade ou sob contrato.

Sistema-mundo: conceito de um mercado mundial que seria (1) regido pela acumulação de capital; (2) estruturado por uma divisão única de mão de obra que ordena um sistema hierárquico interestatal em Estados centrais, semiperiféricos e periféricos competindo por espólios de mercado lado a lado com empresas; (3) e pontuado por períodos de hegemonia política.

Soberania alimentar: contramovimento a diretrizes alimentares neoliberais, que politiza a privatização da "segurança alimentar" e projeta uma visão democrática de uso da terra e provisão de alimentos.

Soberania da terra: um movimento político fundamentado no direito à terra, que inclui garantia de controle e identidade territorial, biorrecuperação e autossuficiência alimentar.

Sub-reprodução: erosão de energias humanas, nutrição e reivindicações salariais, bem como de processos e ciclos ecológicos, ao ponto de seu esgotamento.

Trade Related Intellectual Property Rights (TRIPs): protocolo da OMC que protege as relações de propriedade de empresas atuantes em nível transnacional.

Transição nutricional: mudança de dietas vegetarianas para o consumo de proteína animal, óleos e gorduras, açúcares processados e carboidratos e frutas e vegetais associados à agricultura industrial.

Referências bibliográficas

ABERGEL, E. A. Climate-Ready Crops and Bio-Capitalism: towards a New Food Regime? *International Journal of Sociology of Agriculture and Food*, v.18, n.3, p.260-74, 2011.

ACTIONAID. *We Know What We Need:* South Asian Women Speak Out on Climate Change Adaptation. Brighton, UK: Institute of Development Studies, Sussex University, 2007.

AGARWAL, B. *A Field of One's Own:* Gender and Land Rights in South Asia. Cambridge: Cambridge University Press, 1994.

AGLIETTA, M. *A Theory of Capitalist Regulation.* Londres: New Left Books, 1979.

AJL, M. Planet of Fields. *Jacobin*, v.12, Winter 2011.

AKRAM-LODHI, H.; KAY, C. (Eds.). *Peasants and Globalization:* Political Economy, Rural Transformation and the Agrarian Question. Londres: Nova York: Routledge, 2009.

ALBRITTON, R. *Let Them Eat Junk:* How Capitalism Creates Hunger and Obesity. Winnipeg: Arbeiter Ring Publishing, 2009.

ALMAS, R.; CAMPBELL, H. (Eds.). *Rethinking Policy Regimes:* Food Secutiry, Climate Change and the Future Resilience of Global Agriculture. Bingley: Emerald, 2012. (Research in Rural Sociology and Development, 18.).

ALTIERI, M. Scaling Up Agroecological Approaches for Food Sovereignty in Latin America. In: WITTMAN, H.; DESMARAIS, A. A.; WIEBE, N. (Eds.). *Food Sovereignty:* Reconnecting Food, Nature and Community. Halifax: Fernwood, 2010.

ALTIERI, M. Small Farms as a Planetary Ecological Asset: Five Key Reasons Why We Should Support the Revitalization of Small Farms in the Global South. *Food First*, 2008. Disponível em: <www.foodfirst.org/en/node/2115>.

ALTIERI, M.; TOLEDO, V. The Agroecological Revolution in Latin America: Rescuing Nature, Ensuring Food Sovereignty and Empowering Peasants. *The Journal of Peasant Studies*, v.38, n.3, p.587-612, 2011.

AMIN, S. *Accumulation on a World Scale*. Nova York: Monthly Review Press, 1974.

ANDRAE, G.; BECKMAN, B. *The Wheat Trap:* Bread and Underdevelopment in Nigeria. Londres: Zed Books, 1985.

ANGUS, I. Food crisis: the Greatest Demonstration of the Historical Failure of the Capitalista Model. *Global Research*, 28 abr.2008.

ANSEEUW, W. et al. *Land Rights and the Rush for Land*. Roma: The International Land Coalition, 2011.

APFELBAUM, S. I.; KIMBLE, J. A Dirty, More Natural Way to Fight Climate Change. *Ithaca Journal*, 6 dez. 2007.

ARAGHI, F. Accumulation by Displacement: Global Enclosures, the Food Crisis, and the Ecological Contradictions of Capitalism. *Review*, XXXII, n.1, p.113-46, 2009a.

_____. The Invisible Hand and the Visible Foot: Peasants, Dispossession and Globalization. In: AKRAM-LODHI, H.; KAY, C. (Eds.). *Peasants and Globalization:* Political Economy, Rural Transformation and the Agrarian Question. Londres: Nova York: Routledge, 2009b.

_____. Food Regimes and the Production of Value: Some Methodological Issues. *The Journal of Peasant Studies*, v.30, n.2, p.337-68, 2003.

_____. The Great Global Enclosure of Our Times: Peasants and the Agrarian Question at the End of the Twentieth Century. In: MAGDOFF, F.; FOSTER, J. B.; BUTTEL, F. B. (Eds.). *Hungry for Profit*. Nova York: Monthly Review Press, 2000.

_____. Global De-Peasantization: 1945-1990. *The Sociological Quarterly*, v.36, n.2, p.337-68, 1995.

ARAGHI, F.; MCMICHAEL, P. Regresando a lo histórico-mundial: uma crítica del retroceso postmoderno en los estudios agrarios. *Revista ALASRU* (Asociación Latinoamericana de Sociología Rural), 3, p.1-47, 2006.

ARRIGHI, G. *The Long Twentieth Century*. Londres: Verso, 1994.

_____. The Three Hegemonies of Historical Capitalism. *Review*, v.13, n.3, p.365-408, 1990.

BADGLEY, C. et al. Organic Agriculture and the Global Food Supply. *Renewable Agriculture and Food Systems*, v.22, n.2, p.86-108, 2007.

BAILEY, M. *Agricultural Trade and the Livelihoods of Small Farmers*. Oxfam, GB: Policy Department Oxford, UK, 2000. (Oxfam GB Discussion Paper, 3/00.). Disponível em: <www.oxfam.ork.uk/policy/papers/agricultural_trade/agric.htm>.

BAKER, L. E. *Corn Meets Maize*: Food Movements and Markets in Mexico. Boulder, CO: Rowman and Littlefield, 2013.

BARKIN, D. The Reconstruction of a Modern Mexican Peasantry. *The Journal of Peasant Studies*, v.30, n.1, p.73-90, 2002.

BARNDT, D. Bio/Cultural Diversity and Equity in Post-NAFTA Mexico (or: Tomasita Comes North While Big Mac Goes South). In: DRYDYK, J.; PENZ, P. (Eds.). *Global Justice, Global Democracy*. Winnipeg: Halifax: Fernwood, 1997.

_____. *Tangled Routes:* Women, Work and Globalization on the TomatoTrail. Nova York: Rowman and Littlefield, 2002.

BEHRMAN, J.; MEINZEN-DICK, R.; QUISUMBING, A. The Gender Implications of Large-Scale Land Deals. *The Journal of Peasant Studies*, v.39, n.1, p. 49-79, 2012.

BELLO, W. *Food Wars*. Londres: Nova York: Verso, 2009.

_____; CUNNINGHAM, S.; RAU, B. *Dark Victory:* the United States, Structural Adjustment and Global Poverty. Londres: Pluto Press, 1994.

BERLAN, J-P. The Historical Roots of the Present Agricultural Crisis. In: FRIEDLAND, W. H. et al (Eds.). *Towards a New Political Economy of Agriculture*. Boulder, CO: Westview Press, 1991.

BERNSTEIN, H. *Class Dynamics of Agrarian Change*. Halifax: Fernwood, 2010.

_____. Agrarian Questions from Transition to Globalization. In: AKRAM-LODHI, H.; KAY, C. (Eds.). *Peasants and Globalization:* Political Economy, Rural Transformation and the Agrarian Question. Londres; Nova York: Routledge, 2009.

_____. Is There an Agrarian Question in the 21st Century? *Canadian Journal of Development Studies*, v.27, n.4, p.449-60, 2006.

_____. Changing Before Our Very Eyes: Agrarian Questions and the Politics of Land in Capitalism Today. *Journal of Agrarian Change*, v.4, n.1-2, p.190-225, 2004.

_____. Land Reform in Southern Africa in World-Historical Perspective. *Review of African Political Economy*, 96, p.203-26, 2003.

BERTHELOT, J. Agribusiness Headlong Flight to Agrofuels and Their Impact on Food Security. *Solidarité*, 2009. Disponível em: <http://solidarite.asso.fr>.

_____. The Food Crisis Explosion: Root Causes and How to Regulate Them. *Kurswechsel*, 3, p.23-31, 2008.

BEVERLEY, J. Subaltern Resistance in Latin America: a Reply to Tom Brass. *The Journal of Peasant Studies*, v.31, n.2, p.261-75, 2004.

BEZNER KERR, R. Unearthing the Cultural & Material Struggles Over Seed in Malawi. In: WITTMAN, H.; DESMARAIS, A. A.; WIEBE, N. (Eds.). *Food Sovereignty: Reconnecting Food, Nature and Community*. Halifax: Fernwood, 2010.

_____. Informal Labor and Social Relations in Northern Malawi: the Theoretical Challenges and Implications of Ganyu Labor Force for Food Security. *Rural Sociology*, v.70, n.2, p.167-87, 2005.

BIRCH, K.; LEVIDOW, L.; PAPAIOANNOU, T. Sustainable Capital? The Neoliberalization of Nature and Knowledge in the European Knowledge--Based Bio-Economy. *Sustainability*, 2, p.2898-918, 2010.

BISHOP, R. V. et al. *The World Poultry Market: Government Intervention and Multilateral Policy Reform*. Washington, DC: USDA, Economic Research Service, 1990.

BLOCK, F. L. *The Roots of International Disorder: a Study of United States International Monetary Policy from World War II to the Present*. Berkley: University of California Press, 1977.

BORRAS JR., S. M. A Land Sovereignty Alternative? Towards a People's Counter-Enclosure. TNI Agrarian Justice Programme Discussion Paper, julho 2012.

_____. et al. Land Grabbing in Latin America and the Caribbean. *The Journal of Peasant Studies*, v.39, n.3-4, p.845-72, 2012.

_____.; FRANCO, J. From Threat to Opportunity? Problems with the Idea of a 'Code of Conduct' for Land-Grabbing. *Yale Huma Rights & Development L. J.*, 13, p.507-23, 2010.

_____.; KAY, C.; LAHIFF, E. (Eds.). *Market-Led Agrarian Reform*. Londres: Routledge, 2008.

_____.; EDELMAN, M.; KAY, C. (Eds.). *Transnational Agrarian Movements: Confronting Globalization*. Oxford: Wiley-Blackwell, 2008.

_____. *Pro-Poor Land Reform: a Critique*. Ottawa: University of Ottawa Press, 2007.

_____. Questioning Market-Led Agrarian Reform: Experiences from Brazil, Colombia and South Africa. *Journal of Agrarian Change*, v.3, n.3, p.367-94, 2003.

BOVÉ, J.; DUFOUR, F. *The World Is Not for Sale*. Londres: Verso, 2001.

BRAUDEL, F. Histoire et sciences sociales: la long durée. In: *Ecrits sur l'Histoire*. Paris: Flammarion: 1969. p.41-83. (Original em *Annales E. S. C.*, v.XIII, n.4, p.725-53, out.-dez. 1958.).

BROWN, L. The New Geopolitics of Food. *Foreign Policy*, maio-jun. 2011. Disponível em: <www.foreignpolicy.com/articles/2011/04/25/the_new_geopolitics_of_food>.

BRYCESON, D. Agrarian Vista or Vortex? African Rural Livelihood Policies. *Review of African Political Economy*, 102, p.617-29, 2004.

BUNKER, S.; O'HEARN, D. Strategies of Economic Ascendants for Access to Raw Materials: a Comparison of the United States and Japan. In: PALAT, R. A. (Ed.). *Pacific-Asia and the Future of the World-System*. Westport, CT: Greenwood Press, 1993.

BURBACH, R.; FLYNN, P. *Agribusiness in the Americas*. Nova York: Monthly Review Press, 1980.

BURCH, D.; LAWRENCE, G. Towards a Third Food Regime: Behind the Transformation. *Agriculture and Human Values*, v.26, n.4, p.267-79, 2009.

BUSH, R. Food Security and Food Sovereignty in Egypt. In: BABAR, Z.; MIRGANI, S. (Eds.). *Food Security in the Middle East*. Londres: C. Hurst and Co. Publishers, 2013.

BYRES, T. *Capitalism from Above and Below*: an Essay in Comparative Political Economy. Londres: Macmillan, 1996.

CAMMACK, P. The Governance of Global Capitalism: a New Materialist Perspective. *Historical Materialism*, v.11, n.2, p.37-59, 2003.

CAMPBELL, H. Breaking New Ground in Food Regime Theory: Corporate Environmentalism, Ecological Feedbacks and the Food from Somewhere Regime? *Agriculture and Human Values*, 26, p.309-19, 2009.

CANAK, W. Debt, Austerity, and Latin America in the New International Division of Labor. In: CANAK, W. (Ed.). *Lost Premises:* Debt, Austerity and Developmet in Latin America. Boulder, CO: Westview, 1989.

CANBY, P. Retreat to Subsistence. *The Nation*, 5, p.30-6, July 2010.

CARLSEN, L. The Mexican Farmers' Movement: Exposing the Myths of Free Trade. *Americas Program Policy Report*. Silver City, NM: Interhemispheric Resource Center, 2003. Disponível em: <www.americaspolicy.org>.

CERNY, P. Globalization and the Changing Logic of Collective Action. *International Organization*, v.49, n.4, p.595-625, 1995.

CLAPP, J.; FUCHS, D. (Eds.). *Corporate Power in Global Agrifood Governance*. Cambridge: MIT Press, 2009.

CLAPP, J. *Food*. Cambridge: Polity Press, 2012.

CLEAVER, H. Food, Famine, and the International Crisis. *Zerowork*, 2, p.7-70, 1977.

COFFIN, H. G. et al. Effects of Canadian Grain Industries on Food and Nutrition Circumstances in Japan. *Jornal of International Food & Agribusiness Marketing*, v.2, n.3/4, p.1-47, 1991.

COLLINS, J. Gender and Cheap Labor in Agriculture. In: MCMICHAEL, P. (Ed.). *Food and Agrarian Orders in the World-Economy*. Westport: Greenwood Press, 1995.

COMMITTEE ON WORLD FOOD SECURITY. *Land Tenure and International Investments in Agriculture:* a Report by the High Level Panel of Experts on Food Security and Nutrition. Roma: Committee on World Food Security (FAO), 2011.

COTULA, L. The International Political Economy of the Global Land Rush: a Critical Analysis of Trends, Scale, Geography and Drivers. *The Journal of Peasant Studies*, v.39, n.3/4, p.649-80, 2012.

CORDELL, D. A New Global Challenge for Food Security: Peak Phosphorus. *The Organic Way Magazine*, 2, p.10-2, 2009.

CORRADO, A. *The Differentiated Rurality:* Migrations in rural South of Italy. 2013. Manuscrito não publicado.

_____. New Peasantries and Alternative Agro-Food Networks: the Case of Réseau Semences Paysannes. In: BONNANO, A. et al (Eds.). *From Community to Consumption:* New and Classsical Themes in Rural Sociological Research. Bingley, UK: Emerald, 2010. p.17-30. (Research in Rural Sociology and Development, 15.).

CORSON, C.; MACDONALD, K. I. Enclosing the Global Commons: the Convention on Biological Diversity and Green Grabbing. *The Journal of Peasant Studies*, v.39, n.2, p.263-84, 2012.

COX, R. W. *Production, Power and World Order:* Social Forces in the Making of History. Nova York: Columbia University Press, 1987.

CPE (Coordination Paysanne Européene). *For a Legitimate, Sustainable, and Supportive Common Agricultural Policy.* 15 nov. 2006. Disponível em: <www.cpefarmers.org>.

CRIBB, J. *The Coming Famine:* the Global Food Crisis and What We Can Do to Avoid It. Berkeley: University of California Press, 2010.

CUMINGS, B. The Origin and Development of the Northeast Asian Political Economy: Industrial Sectors Product Cycles and Political Consequences. *International Organization*, v.38, n.1, p.1-40, 1984.

CURRAN, S. A. et al (Eds.). *The Global Governance of Food*. Londres: Nova York: Routledge, 2009.

CUTLER, A. C. Critical Reflections on the Westphalian Assumptions of International Law and Organisation: a Crisis of Legitimacy. *Review of International Studies*, v.27, n.2, p.133-50, 2001.

DA VÍA, E. Seed Diversity, Farmers' Rights, and the Politics of Re-Peasantization. *International Journal of Sociology of Agriculture and Food*, v.19, n.2, p.229-42, 2012.

DALY, M. T.; LOGAN, M. I. *Brittle Rim:* Finance, Business and the Pacific Region. Ringwood, Australia: Penguin, 1989.

DANIEL, S. Situating Private Equity Capital in the Land Grab Debate. *The Journal of Peasant Studies*, v.39, n.3-4, p.703-30, 2012.

DAVIS, M. *Late Victorian Holocausts:* El Niño Famines and the Making of the Third World. Londres: Verso, 2001.

_____. *Planet of Slums*. Londres: Verso, 2006.

DAY, A. The End of the Peasant? New Rural Reconstruction in China. *Boundary*, v.2, n.35, p.49-73, 2008.

DDS COMMUNITY MEDIA TRUST; SATHEESH, P. V.; PIMBERT, M. *Affirming Life and Diversity:* Rural Images and Voices on Food Sovereignty in South India. Londres: IIED; Deccan Development Society, 2008.

DE JANVRY, A. *The Agrarian Question and Reformism in Latin America*. Baltimore: The Johns Hopkins University Press, 1981.

DE SCHUTTER, O. *Submission to the Consultation on the First Draft of the Global Strategic Framework for Food Security and Nutrition of the Committee on World Food Security*. Roma: FAO/Nações Unidas, 2012.

_____. *Report to the U. N. Human Rights Council by the Special Rapporteur on the Right to Food*. Nova York: U. N. General Assembly, 2010a.

_____. Responsibly Destroying the World's Peasantry. 4 jun. 2010b. Disponível em: <http://farmlandgrab.org/13528>.

DE SOUSA, I. S. F.; VIEIRA, R. C. M. T. Soybeans and Soyfoods in Brazil, with Notes on Argentina: Sketch of an Expanding World Commodity. In: DU BOIS, C. M.; TAN, C-B; MINTZ, S. (Eds.). *The World of Soy*. Urbana: Chicago: University of Illinois Press, 2008.

DEERE, C. D. Women's Land Rights and Social Movements in the Brazilian Agrarian Reform. *Journal of Agrarian Change*, v.3, n.1-2, p.257-88, 2003.

_____. The Feminization of Agriculture? Economic Restructuring in Rural Latin America. Genebra: UNRISD, 2005. (Occasional Paper, 1.).

DEININGER, K.; BYERLEE, D. The Rise of Large Farms in Land Abundant Countries: Do They Have a Future? Washington, DC: World Bank Development Research Group Agriculture & Rural Development Team, 2011. (Policy Research Working Paper, 5588.).

DEININGER, K. et al. *Rising Global Interest in Farmland:* Can It Yield Sustainable and Equitable Benefits? Washington, DC: World Bank, 2011.

DESMARAIS, A. A. *La Vía Campesina:* Globalization and the Power of Peasants. Halifax: Fernwood; Londres: Pluto Press, 2007.

_____. The Vía Campesina: Consolidating an International Peasant and Farmer Movement. *The Journal of Peasant Studies*, v.29, n.2, p.91-124, 2002.

DEWALT, B. Mexico's Second Green Revolution: Food for Feed. *Mexican Studies/Estudios Mexicano*, 1, p.29-60, 1985.

DIXON, J. From the Imperial to the Empty Calorie: How Nutrition Relations Underpin Food Regime Transitions. *Agriculture and Human Values*, v.26, n.4, p.321-33, 2009.

DIXON, M. The Making of the Corporate Agri-Food System in Egypt. 2013. Thesis – Development Sociology, Cornell University.

DOLAN, C. S. On Farm and Packhouse: Employment at the Bottom of a Global Value Chain. *Rural Sociology*, v.69, n.1, p.99-126, 2004.

_____; HUMPHREY, J. Governance and Trade in Fresh Vegetables: the Impact of U.K. Supermarkets on the African Horticulture Industry. *Journal of Development Studies*, 37, p.147-76, 2000.

DUNCAN, C.; BARLING, D. Renewal through Participation in Global Food Security Governance: Implementing the International Food Secutiry and Nutrition Civil Society Mechanism to the Committee on World Food Security. *International Journal of Sociology of Agriculture and Food*, v.19, n.2, p.143-61, 2012.

_____. The Centrality of Agriculture: History, Ecology, and Feasible Socialism. In: PANITCH, L.; LEYS, C. (Eds.). *Socialist Register 2000*. Londres: Merlin, 2000.

_____. *The Centrality of Agriculture:* between Humankind and the Rest of Nature. Montreal: McGill-Queen's University Press, 1996.

EDELMAN, M. Synergies and Tensions between Rural Social Movements and Professional Researchers. *The Journal of Peasant Studies*, v.36, n.1, p.245-65, 2009.

EDELMAN, M.; JAMES, C. Peasants' Rights and the U.N. System: Quixotic Struggle? Or Emancipatory Idea Whose Idea Has Come? *The Journal of Peasant Studies*, v.38, n.1, p.81-108, 2011.

ERGAS, C. Cuban Urban Agriculture as a Strategy for Food Sovereignty. *Monthly Review*, v.64, n.10, p.46-52, 2013.

ERNST, C.; WAHL, P. *Simply Collateral Damage?* The Financial Crisis and the Developing Countries. Berlim: World Economics, Environment & Development, 2010.

ESCOBAR, A. *Territories of Difference:* Place, Movements, Life, Redes. Durham, NC: Duke University Press, 2008.

ETC. *The New Biomasters:* Synthetic Biology and the Next Assault on Biodiversity and Livelihoods. 2010. Disponível em: <www.etcgroup.org>.

_____. *Who Will Feed Us?* ETC Group Communiqué, 102. nov. 2009. Disponível em: <www.etcgroup.org>.

FAIRBAIRN, M. Indirect Dispossession: Domestic Power Imbalances and Foreign Access to Land in Mozambique. *Development and Change,* v.44, n.2, p.335-56, 2013.

_____. Framing Transformation: the Conter-Hegemonic Potential of Food Sovereignty in the U.S. Context. *Agriculture and Human Values,* 29, p.217-30, 2012.

FAIRHEAD, J.; LEACH, M.; SCOONES, I. Green Grabbing: a New Appropriation of Nature? *The Journal of Peasant Studies,* v.39, n.2, p.237-62, 2012.

FARGIONE, J. et al. Land Clearing and the Biofel Carbon Debt. *Science,* 7 fev. 2008, p.1235-38. FAO. 2004. FAOSTAT. Disponível em: <http://faostat.fao.org>.

FEDER, E. *Perverse Development.* Quezon City, Filipinas: Foundation for Nationalist Studies, 1983.

FITTING, E. *The Struggle for Maize:* Campesinos, Workers, and Transgenic Corn in the Mexican Countryside. Durham, NC: Duke University Press, 2011.

_____. Importing Corn, Exporting Labor: the Neoliberal Corn Regime, GMOs, and the Erosion of Mexican Biodiversity. *Agriculture and Human Values,* 23, p.15-26, 2006.

FLOUD, R. *The People and the British Economy:* 1830-1914. Londres: Weidenfeld and Nicholson, 1997.

FOOD CHAIN WORKERS' ALLIANCE. *The Hands That Feed Us:* Challenges and Opportunities for Workers along the Food Chain. Los Angeles: 2012.

FOSTER, J. B. Marx's Theory of the Metabolic Rift: Classical Foundations for Environmental Sociology. *American Journal of Sociology,* v.105, n.2, p.366-405, 1999.

FRIEDLAND, W. The Global Fresh Fruit and Vegetable System: an Industrial Organization Analysis. In: MCMICHAEL, P. (Ed.). *The Global Restructuring of Agro-Food Systems.* Ithaca: Cornell University Press, 1994.

FRIEDMANN, H. Food Sovereignty in the Golden Horseshoe Region in Ontario. In: WITTMAN, H.; DESMARAIS, A. A.; WIEBE, N. (Eds.). *Food Sovereigty in Canada:* Creating Just and Sustainable Food Systems. Halifax: Fernwood, 2011.

FRIEDMANN, H. Scaling up: Bringing Public Institutions and Food Service Corporations into the Project for a Local, Sustainable Food System in Ontario. In: BLAY-PALMER, A. (Ed.). *Imagining Sustainable Food Systems: Theory and Practice*. Aldershot: Ashgate, 2010.

_____. Discussion: Moving Food Regimes Forward – Reflections on Symposium Essays. *Agriculture and Human Values*, 26, p.335-44, 2009.

_____; McNAIR, A. Whose Rules Rule? Contested Projects to Certify Local Production for Distant Consumers. *Journal of Agrarian Change*, v.8, n.2-3, p.408-34, 2008.

_____. A Comment on Henry Bernstein's 'Is There an Agrarian Question in the 21st Century?' *Canadian Journal of Development Studies*, v.27, n.4, p.461-66, 2006.

_____. From Colonialism to Green Capitalim: Social Movements and the Emergence of Food Regimes. In: BUTTEL, F. H.; MCMICHAEL, P. (Eds.). *New Directions in the Sociology of Global Development*. Oxford: Elsevier, v.11. p.229-67, 2005.

_____. Eating in the Gardens of Gaia: Envisioning Polycultural Communities. In: ADAMS, J. (Ed.). *Fighting for the Farm: Rural America Transformed*. Filadélfia, PA: University of Pennsylvania Press, 2003.

_____. What on Earth is the World-System? Food Getting and Territory in the Modern Era and Beyond. *Journal of World-Systems Research*, v.VI, p.480-515, Summer/Autumn 2000.

_____. Distance and Durability: Shaky Foundations of the World Food Economy. In: MCMICHAEL, P. (Ed.). *The Global Restructuring of Agro-Food Systems*. Ithaca: Cornell University Press, 1994.

_____. The Political Economy of Food: a Global Crisis. *New Left Review*, 197, p.29-57, 1993.

_____. Changes in the International Division of Labor: Agri-food Complexes and Export Agriculture. In: FRIEDLAND, W. et al (Eds.). *Towards a New Political Economy of Agriculture*. Boulder, CO: Westview, 1991.

_____. International Regimes of Food and Agriculture since 1870. In: SHANIN, T. (Ed.). *Peasants and Peasant Societies*. Oxford: Basil Blackwell, 1987.

_____. The Political Economy of Food: the Rise and Fall of the Postwar International Food Order. *American Journal of Sociology*, 885, p.248-86, 1982.

_____. World Market, State and Family Farm: Social Bases of Household Production in an Era of Wage Labour. *Comparative Studies in Society and History*, v.20, n.4, p.545-86, 1978.

_____; MCMICHAEL, P. Agriculture and the State System: the rise and Fall of National Agricultures – 1870 to the Present. *Sociologia Ruralis,* v.29, n.2, p.93-117, 1989.

FRITZ, T. *Globalizing Hunger:* Food Security and the E.U.'s Common Agricultural Policy (CAP). Amsterdã: Transnational Institute, 2011.

GARGAN, E. A. An Asian Giant Spreads Roots. *The New York Times,* 14 nov. 1995, p.D1-D4.

GARIKIPATI, S. Landless But No Assetless: Female Agricultural Labour on the Road to Better Status, Evidence from India. *The Journal of Peasant Studies,* v.36, n.3, p.517-46, 2009.

GEORGE, S. *How the Other Half Dies:* the Real Reasons for World Hunger. Montclair, NJ: Allen, Osmund and Co, 1977.

GILBERT, G. N. Baltimore's Flour Trade to the Caribbean: 1750-1815. *The Journal of Economic History,* v.37, n.1, p.249-51, 1977.

GILLON, S. Fields of Dreams: Negotiating an Etanol Agenda in the Midwest United States. *The Journal of Peasant Studies,* v.37, n.4, p.723-48, 2010.

GOODMAN, D. *Globalising Food:* Agrarian Questions and Global Restructuring. Londres: Routledge, 1997.

_____; SORJ, B.; WILKINSON, J. *From Farming to Biotechnology:* a Theory of Agro-Industrial Development. Oxford: Basil Blackwell, 1987.

_____; WATTS, M. Reconfiguring the Rural or Fording the Divide? Capitalist Restructuring and the Global Agro-Food System. *The Journal of Peasant Studies,* v.22, n.1, p.1-49, 1994.

GORELICK, S. Facing the Farm Crisis. *The Ecologist,* v.30, n.4, p.28-32, 2000.

GOSS, J.; BURCH, D. From Agricultural Modernisation to Agri-Food Globalisation: the Waning of National Development in Thailand. *Third World Quarterly,* v.22, n.6, p.969-86, 2001.

GRAIN. GRAIN Releases Data Set With Over 400 Global Land Grabs. 23 fev. 2012. Disponível em: <www.grain.org/fr/article/entries/4479-grain-releases-data-set-with-over-400-global-land-grabs>.

_____. Making a killing from hunger. *Against the Grain.* abr. 2008a. Disponível em: <www.grain.org>.

_____. *Seized:* the 2008 Land Grab for Food and Financial Security – Briefings. Out. 2008b. Disponível em: <www.grain.org/briefings/?id=212>.

_____. Agrofuels Special Issue. *Seedling,* jul. 2007.

GREEN, A. R. Africa: Saudi Agricultural Minister Enticed by Continent Land. *This is Africa,* 8 jun. 2012. Disponível em: <http://farmlandgrab.org/post/print/20619>.

GREENFIELD, H. *Rising Commodity Prices & Food Production:* the Impact on Food & Beverage Workers. International Union of Food, Agricultural, Hotel, Restaurant, Catering, Tobacco and Allied Workers' Associations (IUF), 2007.

GRIGG, D. *The World Food Problem.* Oxford: Blackwell, 1993.

GUPTA, A. *Postcolonial Developments: Agriculture in the Making of Modern India.* Durham: Duke University, 1998.

HAIVEN, M.; STONEMAN, S. (Eds.). Food (&) Sovereignty. *Politics and Culture,* 2, Special Issue, 2009.

HALE, M. A. Tilling Sand: Contradictions of Social Economy in a Chinese Movement for Alternative Rural Development. *Dialectical Anthropology,* v.37, n.1, p.51-82, 2013.

HALL, D. Land Grabs, Land Control, and Southeast Asian Crop Booms. *The Journal of Peasant Studies,* v.38, n.4, p.837-58, 2011.

_____. Regional Shrimp, Global Trees, Chinese Vegetables: the Environment in Japan-East Asia Relations. In: KATZENSTEIN, P. J.; SHIRAISHI, T. (Eds.). *The Dynamics of East Asian Regionalism.* Ithaca: Cornell University Press, 2006.

HALL, R. The Next Great Trek? South African Comercial Farmers Move North. *The Journal of Peasant Studies,* v.39, n.3-4, p.823-44, 2012.

HALPERIN, S. Trans-Local and Trans-Regional Socio-Economic Structures in Global Development: a Horizontal Perspective. In: BUTTEL, F. H.; MCMICHAEL, P. (Eds.). *New Directions in the Sociology of Global Development.* Oxford: Elsevier, 2005.

HANDLEY, P. Food for Thought: Thailand's *Charoen Pokphand* Plans London Listing. *Far Eastern Economic Review,* 25, p.56-8, Oct. 1990.

HARDT, M.; NEGRI, A. *Empire.* Cambridge, MA: Harvard University Press, 2000.

HARRIGAN, J. An Economic Analysis of National Food Sovereignty Policies in the Middle East: the Case of Lebanon and Jordan. In: BABAR, Z.; MIRGANI S. (Eds.). *Food Security in the Middle East.* Londres: C. Hurst and Co. Publishers, 2013.

HARVEY, D. *The Enigma of Capital.* Oxford: Nova York: Oxford University Press, 2011.

HELLEINER, E. *States and the Reemergence of Global Finance:* from Bretton Woods to the 1990s. Ithaca, NY: Cornell University Press, 1996.

HERMAN, P.; KUPER, R. *Food for Thought:* towards a Future for Farming. Londres: Pluto Press, 2003.

HILLMAN, J. S.; ROTHENBURG, R. A. *Agricultural Trade and Protection in Japan*. Londres: Gower Publishing Company, 1988.

HIRATA KIMURA, A. *Hidden Hunger:* Gender and the Politics of Smarter Foods. Ithaca: Cornell University Press, 2013.

HOBSBAWM, E. *Industry and Empire*. Hamondsworth: Penguin Books, 1969.

HOFMAN, I.; HO, P. China's Developmental Outsourcing: a Critical Examination of Chinese Global Land Grabs Discourse. *The Journal of Peasant Studies*, v.39, n.1, p.1-48, 2012.

HOLT-GIMÉNEZ, E. (Ed.). *Food Movements Unite!* Oakland: Food First Books, 2011.

_____. Biofuels: Myths of the Agrofuels Transition. *Food First Backgrounder*, v.13, n.2, p.1-4, 2007.

_____. *Campesino-a-Campesino:* Voices from Latin America's Farmer to Farmer Movement for Sustainable Agriculture. Oakland: Food First Books, 2006.

_____; KENFIELD, I. *When Renewable Isn't Sustainable:* Agrofuels and the Incovenient Truths Behind the 2007 U.S. Energy Independence and Security Act. Oakland: Institute for Food and Development Policy, 2008. (Policy Brief, 13.).

_____; PATEL, R. *Food Rebellions!* Crisis and the Hunger for Justice. Cape Town: Pambazuka Press, 2009.

HOOGVELT, A. Globalization, Crisis and the Political Economy of the International Monetary (Dis)Order. *Globalizations*, v.7, n.1, p.51-66, 2010.

_____. *Globalization and the Postcolonial World:* the New Political Economoy of Development. Londres: Macmillan, 1997.

HOUTART, F. *Agrofuels:* Big Profits, Ruined Lives and Ecological Destruction. Londres: Nova York: Pluto Press, 2010.

HUANG, S.; COYLE, W. T. Structural Change in East Asian Agriculture. In: *Pacific Rim Agriculture and Trade Report*. Washington, DC: USDA, Economic Research Service, 1989.

IATP. *United States Dumping on World Agricultural Markets*. Minneapolis: Institute for Agriculture and Trade Policy, 2004. Disponível em: <www.tradeobservatory.org>.

INTERNATIONAL ASSESSMENT OF AGRICULTURAL KNOWLEDGE, SCIENCE AND TECHNOLOGY FOR DEVELOPMENT (IAASTD). Executive Summary of the Synthesis Report, 2008. Disponível em: <www.agassessment.org/docs/SR_Exec_Sum_280508_English.pdf>.

ISAKSON, S. R. *No hay ganacia en la milpa*: the Agrarian Question, Food Sovereignty, and the on-Farm Conservation of Agrobiodiversity in the Guatemalan Highlands. *The Journal of Peasant Studies*, v.36, n.4, n.725-60, 2010.

ISHII-EITEMANN, M. Fod Sovereignty and the International Assessment of Agricultural Knowledge, Science and Technology for Development. *The Journal of Peasant Studies*, v.36, n.3, p.689-700, 2009.

IUF (International Union of Food, Agriculture, Hotel Catering, Tobacco and Allied Workers' Associations). Hungry Workers in the Global Food System. *Righting Food*, 31 maio 2012. Disponível em: <www.rightingfood.com/hungry-workers-in-the-global-food-system/>.

JAROSZ, L. The Political Economy of Global Governance and World Food Crisis: the Case of the FAO. *Review* XXXII, v.1, p.37-60, 2009.

KABEER, N., VAN AHN, Tran Thi. Leaving the Rice Fields, but Not the Countryside: Gender, Livelihoods Diversification, and Pro-Poor Growth in Rural Vietnam. In: RAVAZI, S. (Ed.). *Shifting Burdens:* Gender and Agrarian Change under Neoliberalism. Bloomfield, CT: Kumarian Press, 2002.

KAMRAVA, M.; BABAR, Z. Food Security and Food Sovereignty in the Middle East. In: BABAR, Z.; MIRGANI, S. (Eds.). *Food Security in the Middle East*. Londres: C. Hurst and Co. Publishers, 2013.

KAUTSKY, K. *The Agrarian Question*. Londres: Zwan Publications, 1988 [1899]. v.2.

KAY, C. Rural Poverty and Development Strategies in Latin America. *Journal of Agrarian Change*, v.6, n.4, p.455-508, 2006.

KERSSEN, T. M. *Grabbing Power:* the New Struggles for Land, Food and Democracy in Northern Honduras. Oakland: Food First Books, 2012.

KIM, C-K. The Rise and Decline of Statist Agriculture and the Farmers' Movement in South Korea. *Korea Observer*, v.37, n.1, p.129-47, 2006.

KLEPEK, J. Against the Grain: Knowledge Alliances and Resistance to Agricultural Biotechnology in Guatemala. *Canadian Journal of Development Studies*, v.33, n.3, p.310-25, 2012.

KLOPPENBURG Jr., J. R. *First the Seed:* the Politcal Economy of Plant Biotechnology (1492-2000). Cambridge: Cambridge University Press, 1988.

KRASNER, S. Structural Causes and Regime Consequences: Regimes as Intervening Variables. In: _____. (Ed.). *International Regimes*. Ithaca: Cornell University Press, 1993.

LANG, T.; HEASMAN, M. *Food Wars:* the Global Battle for Mouths, Minds and Markets. Londres: Earthscan, 2004.

LAVERS, T. Patterns of Agrarian Transformation in Ethiopia: State-Mediated Commercialization and the Land Grab. *The Journal of Peasant Studies*, v.39, n.3-4, p.795-822, 2012.

LAWRENCE, F. Guatemala Pays a High Price for Global Food System Failings. *The Guardian*, 1 jun. 2011. Disponível em: <www.guardian.co.uk/

global-development/poverty-matters/2011/may/31/global-food-crisis--guatemala-system-failure>.

LAWRENCE, G.; VANCLAY, F. Agricultural Change and Environmental Degradation in the Semi-Periphery: the Murray-Darling Basin, Australia. In: MCMICHAEL, P. (Ed.). *The Global Restructuring of Agro-Food Systems*. Ithaca: Cornell University Press, 1994.

LEGUIZAMÓN, A. Modifying Argentina: GM Soy and Socio-Environmental Change. *Geoforum*, 2013. Disponível em: <www.sciencedirect.com/science/journal/aip/00167185>.

LEHERON, R. *Globalised Agriculture*. Oxford: Pergamon, 1993.

LEHERON, R.; LEWIS, N. Discussion: Theorising Food Regimes: Intervention as Politics. *Agriculture and Human Values*, 26, p.345-49, 2009.

LEHMANN, K.; KREBS, A. Control of the World's Food Supply. In: MANDER, J.; GOLDSMITH, E. (Eds.). *The Case against the Global Economy, and for a Turn toward the Local*. São Franscisco: Sierra Club Books, 1996.

LENIN, V. I. *The Development of Capitalism in Russia*. Moscou: Progress Publishers, 1972 [1899].

LEQUESNE, C. *The World Trade Organization and Food Security*. Palestra para o U.K. Food Group, 15 jul. 1997, Londres. Disponível em: <ftp://ftp.fao.org/docrep/fao/009/a0581e/a0581e03.pdf>.

LEVIDOW, I. *Agricultural Innovation:* Sustaining What Agriculture? For What European Bio-Economy? Co-Operative Research on Environmental Problems in Europe (CREPE), Open University, 2011. Disponível em: <http://dpp.open.ac.uk>.

LIN, B. B. et al. Effects of Industrial Agriculture on Climate Change and the Mitigation Potential of Small-Scale Agro-Ecological Farms. *CAB Reviews: Perspectives in Agriculture, Veterinary Science, Nutrition & Natural Resources*, v.6, n.020, p.1-18, 2011.

LIND, D.; BARHAM, E. The Social Life of the Tortilla: Food, Cultural Politics and Contested Commodification. *Agriculture & Human Values*, 21, p.47-60, 2004.

LITTLE, P. D.; WATTS, M. J. (Eds.). *Living under Contract:* Contract Farming and Agrarian Transformation in Sub-Saharan África. Madison: University of Wisconsin Press, 1994.

LLAMBI, L. Comparative Advantages and Disadvantages in Latin American Nontraditional Fruit and Vegetable Exports. In: MCMICHAEL, P. (Ed.). *The Global Restructuring of Agro-Food Systems*. Ithaca: Cornell University Press, 1994.

LOHMANN, L. Carbon Trading: a Critical Conversation on Climate Change, Privatization and Power. *Development Dialogue*, 48, p.1-358, 2006.

LUXEMBURG, R. *The Accumulation of Capital*. Londres: Routledge and Kegan Paul, 1951 [1913].

LYNAS, M. Selling starvation. *Corporate Watch* 7, primavera 2001. Disponível em: <www.corpwatch.org>.

MACKINTOSH, M. *Gender, Class and Rural Transition:* Agribusiness and the Food Crisis in Senegal. Londres: Zed, 1989.

MADELEY, J. *Hungry for Trade*. Londres: Zed, 2000.

MAGNAN, A. Food regimes. In: PILCHER, J. M. (Ed.). *The Oxford Handbook of Food History*. Oxford University Press, 2012.

MAKKI, F. Power and Property: Commercialization, Enclosures and the Transformation of Agrarian Relations in Ethiopia. *The Journal of Peasant Studies*, v.39, n.1, p.81-104, 2012.

MANN, S.; DICKINSON, J. M. Obstacles to the Development of Capitalista Strategies for Sustainability. *The Journal of Peaant Studies*, 5, p.466-81, 1978.

MARSDEN, T. Third Natures? Reconstituting Space through Place-Making Strategies for Sustainability. *International Journal of Sociology of Agriculture & Food*, v.19, n.2, p.257-74, 2012.

MARTINEZ-ALIER, J. *The Environmentalism of the Poor:* a Study of Ecological Conflicts and Valuation. Cheltenham: Edward Elgar, 2002.

MARX, K. *Capital*. New York: Vintage, 1990 [1867].

_____. *Grundrisse:* Foundations of the Critique of Political Economy. Harmondsworth: Penguin, 1973.

MASSSICOTE, M-J. Beyond Political Economy: Political Ecology and *La Vía Campesina*'s Struggle for Food Sovereignty through the Experience of the *Escola Latinoamericana de Agroecologia* (ELAA), Brazil. In: ANDREÉ, P. et al (Eds.). *Globalization and Food Sovereignty*. Toronto: University of Toronto Press, 2013.

MCAFEE, K. The Contradictory Logic of Global Ecosystem Services Markets. *Development and Change*, v.43, n.1, p.105-32, 2012.

MCCALLA, A. *World Agricultural Directions:* What Do They Mean for Food Security? Palestra, Cornell University, CIIFAD, 30 mar. 1999.

MCCORMACK, G. *The Empire of Japanese Affluence*. Nova York: M. E. Sharpe, 1996.

MCKEON, N. *Global Governance for World Food Security:* a Scorecard Four Years after the Eruption of the Food Crisis. Berlim: Heinrich-Böll-Stiftung, 2011.

MCKEON, N. Now's the Time to Make it Happen: the U.N.'s Committee on Food Security. In: HOLT-GIMÉNEZ, E. (Ed.). *Food Movements Unite!* Oakland: Food First Books, 2011.

MCLAUGHLIN, P. Rethinking the Agrarian Question: the Limits of Essentialism and the Promise of Evolutionism. *Research in Human Ecology*, v.5, n.2, p.25-39, 1998.

MCMICHAEL, P. Land Grabbing as Security Mercantilism in International Relations. *Globalizations*, v.10, n.1, p.47-64, 2013a.

_____. Value-Chain Agriculture and Debt Relations: Contradictory Outcomes. *Third World Quarterly*, v.34, n.4, p.671-90, 2013b.

_____. Food Regime Crisis and Revaluing the Agrarian Question. In: ALMAS, R.; CAMPBELL, H. (Eds.). *Rethinking Agricultural Policy Regimes:* Food Security, Climate Change and the Future Resilience of Global Agriculture. Bingley: Emerald Bokks, 2012a.

_____. The Land Grab and Corporate Food Regime Restructuring. *The Journal of Peasant Studies*, v.39, n.3/4, p.681-701, 2012b.

_____. Food System Sustainability: Questions of Environmental Governance in the New World (Dis)Order. *Global Environmental Change*, 21, p.804-12, 2011a.

_____. In the Short Run are We'll Dead? A Political Ecology of the Development Climate. In: LEE, R. E. (Ed.). *The Longue Dureé and World-Systems Analysis*. Albany: SUNY Press, 2011b.

_____; SCHNEIDER, M. Food Security Politics and the Milenium Development Goals. *Third World Quarterly*, v.32, n.1, p.119-39, 2011.

_____. Agrofuels in the Food Regime. *The Journal of Peasant Studies*, v.37, n.4, p.609-29, 2010.

_____. A Food Regime Genealogy. *The Journal of Peasant Studies*, v.36, n.1, p.139-70, 2009a.

_____. A Food Regime Analysis of the World Food Crisis. *Agriculture and Human Values*, 26, p.281-95, 2009b.

_____. Banking on Agriculture: a Review of the World Development Report (2008). *Journal of Agrarian Change*, v.9, n.2, p.235-246, 2009c.

_____. Food Sovereignty, Social Reproduction and the Agrarian Question. In: AKRAM-LODHI, A. H.; KAY, C. (Eds.). *Peasants and Globalisation:* Political Economy, Rural Transformation and the Agrarian Question. Londres: Routledge, 2009d.

_____. Peasants Make Their Own History, but Not Just as They Please... *Journal of Agrarian Change*, v.8, n.2-3, p.205-28, 2008.

MCMICHAEL, P. Feeding the World: Agriculture, Development and Ecology. In PANITCH, L.; LEYS, C. (Eds.). *Coming to Terms with Nature, Socialist Register*. Londres: Merlin, p.170-94, 2007.

_____; FRIEDMANN, H. Situating the retailing revolution. In: BURCH, D.; LAWRENCE, G. (Eds.). *Supermarkets and Agrofood Supply Chains: Transformations in the Production and Consumption of Foods*. Cheltenham: Edward Elgar, 2007.

_____. Peasant Prospects in a Neo-Liberal Age. *New Political Economy*, v.11, n.3, p.407-18, 2006.

_____. Global Development and the Corporate Food Regime. In: BUTTEL, F. H.; MCMICHAEL, P. (Eds.). *New Directions in the Sociology of Global Development*. Oxford: Elsevier, 2005. v.11. p.229-67.

_____. Food Security and Social Reproduction: Issues and Contradictions. In: BAKKER, I.; GILL, S. (Eds.). *Power, Production and Social Reproduction*. Nova York: Palgrave Macmillan, 2003.

_____. La restructuration globale des systems agroalimentaires. *Mondes em Developpment*, v.30, n.117, p.45-54, 2002.

_____. The Impact of Globalization, Free Trade and Technology on Food and Nutrition in the New Millennium. *Proceedings of the Nutrition Society*, 60, p.215-20, 2001.

_____. A Global Interpretation of the Rise of the East Asian Food Import Complex. *World Development*, v.28, n.3, p.409-24, 2000.

_____. The Global Crisis of Wage-Labour. *Studies in Political Economy*, 58, p.11-40, 1999.

_____. Rethinking Globalization: the Agrarian Question Revisited. *Review of International Political Ecnomy*, v.4, n.4, p.630-62, 1997.

_____. *Development and Social Change: a Global Perspective*. Thousand Oaks: Pine Forge Press, 1996.

_____; KIM, C-K. Japanese and South Korean Agricultural Restructuring in Comparative and Global Perspective. In: _____. (Ed.). *The Global Restructuring of Agro-Food Systems*. Ithaca: Cornell University Press, 1994.

_____. World Food System Restructuring under a GATT Regime. *Political Geography*, v.12, n.3, p.198-214, 1993.

_____. Incorporating Comparison within a World-Historical Perspective: an alternative Comparative Method. *American Sociological Review*, v.55, n.3, p.385-97, 1990.

_____. Foundations of U.S./Japanese World-Economic Rivalry in the Pacific Rim. *Journal of Developing Societies*, v.3, n.1, p. 62-77, 1987.

_____. *Settlers and the Agrarian Question:* Foundations of Capitalism in Colonial Australia. Cambridge: Cambridge University Press, 1984.

MEHTA, L.; VELWISCH, G. J.; FRANCO, J. Introduction to the Special Issue: Water Grabbing? Focus on the (Re)Appropriation of Finite Water Resources. *Water Alternatives*, v.5, n.2, p.193-207, 2012.

MENON, G. Recoveries of Space and Subjectivity in the Shadow of Violence: the Clandestine Politics of Pavement Dwellers in Mumbai. In: MCMICHAEL, P. (Ed.). *Contesting Development:* Critical Struggles for Social Change. Nova York: Londres: Routledge, 2010.

MERCOPRESS. Mozambique Offers Brazilian Farmers 6 Million Hectares to Develop Agriculture. *MercoPress*, 16 Ago. 2011. Disponível em: <http://en.mercopress.com/2011/08/16/mozambique-offers-brazilian-farmers-6-million-hectares-to-develop-agriculture>.

GREAT resource rush. *Middle East Business News*, 7 Maio 2012. Disponível em: <http://farmlandgrab.org/post/view/20448>.

MILLENIUM Ecosystem Assessment. *Ecosystems and Human Well-Being*. Washington, DC: Island Press, 2005.

MINTZ, S. *Sweetness and Power:* the Place of Sugar in Modern History. Nova York: Vintage, 1985.

MITCHELL, T. *Carbon Democracy:* Political Power in the Age of Oil. Londres: Verso, 2011.

_____. *American's Egypt:* Discourse of the Development Industry. *MERIP*, 169, p.18-34, 1991.

MONSALVE SUÁREZ, S. The Human Rights Framework in Contemporary Agrarian Struggles. *The Journal of Peasant Studies*, v.40, n.1, p.239-90, 2013.

MOOJ, J.; BRYCESON, D.; KAY, C. (Eds.). *Disappearing Peasantries?* Rural Labour in Latin America, Asia and Africa. Londres: ITGG, 2000.

MOORE, J. Transcending the Metabolic Rift: a Theory of Crises in the Capitalist World-Ecology. *The Journal of Peasant Studies*, v.38, n.1, p.1-46, 2011.

_____. The End of the Road? Agricultural Revolutions in the Capitalist World-Ecology (1450-2010). *Journal of Agrarian Change*, v.10, n.3, p.389-413, 2010.

_____. Environmental Crises and the Metabolic Rift in World-Historical Perspective. *Organization & Environment*, v.13, n.2, p.123-57, 2000.

MOYO, S.; YEROS, P. (Eds.). *Reclaiming the Land:* the Resurgence of Rural Movements in Africa, Asia and Latin America. Londres: Nova York: Zed, 2005.

MUNDY, M.; AL-HAKIMI, A.; PELAT, F. Neither Security Nor Sovereignty: Agriculture and Food Production in Yemen. In: BABAR, Z.; MIRGANI, S. (Eds.). *Food Security in the Middle East*. Londres: C. Hurst and Co. Publishers, 2013.

MURPHY, S. WTO, Agricultural Deregulation and Food Security. *Globalization Challenge Initiative*, v.4, n.34, p.1-4, 1999.

NDIAYE, T.; OUATTARA, M. Rural Women Create Thriving Food Systems in West Africa. In: HOLT-GIMÉNEZ, E. (Ed.). *Food Movements Unite*. Oakland: Food First Books, 2011.

NESVETAILOVA, A.; PALAN, R. The End of Liberal Finance: the Changing Paradigm of Global Financial Governance. *Millennium*, v.38, n.3, p.797-825, 2010.

NICHOLSON, P. Interview with Hannah Wittman. *The Journal of Peasant Studies*, v.36, n.3, p.676-82, 2009.

_____. Vía Campesina: Responding to Global Systemic Crisis. *Development*, v.51, n.4, p.456-59, 2008.

NIELSEN, J.; ARIFIN, B. Food Security and the De-Agrarianization of the Indonesian Economy. In: ROSIN, C.; STOCK, P.; CAMPBELL, H. (Eds.). *Food Systems Failure:* the Global Food Crisis and the Future of Agriculture. Londres: Nova York: Earthscan, 2012.

NYÉLÉNI Declaration on Food Sovereignty. *The Journal of Peasant Studies*, v.36, n.3, p.673-6, 2009.

O'CONNOR, J. *Natural Causes*. Nova York: Guilford Press, 1998.

_____. *Accumulation Crisis*. Nova York: Basil Blackwell, 1984.

OHNO, K. Japanese Agriculture Today: the Roots of Decay. *Bulletin of Concerned Asian Scholars*, v.24, n.4, p.45-57, 1988.

O'LAUGHLIN, B. Gender, Land and the Agrarian Question in Southern Africa. In: AKRAM-LODHI, H.; KAY, C. (Eds.). *Peasants and Globalization:* Political Economy, Rural Transformation and the Agrarian Question. Londres: Routledge, 2009.

O'ROURKE, K. The European Grain Invasion: 1870-1913. *Journal of Economic History*, 57, p.775-801, 1997.

OECD (Organization for Economic Co-operation and Development). *The Bio-Economy to 2030:* Designing a Policy Agenda. Paris: OECD Publishing, 2005.

_____. *Decoupling:* a Conceptual Overview. Paris: OECD Publishing, 2001.

OLMSTEAD, J. *Feeding the World?* Twelve Years Later U.S. Grain Exports Are up, So Too Is Hunger. Minneapolis: IATP, 2011. Disponível em: <www.iatp.org>.

OTERO, G. The Neoliberal Food Regime in Latin America: State, Agribusiness Transnational Corporations and Biotechnology. *Canadian Journal of Development Studies*, v.33, n.3, p.282-94, 2012.

PARINGAUX, R-P. The Deliberate Destruction of Agriculture: India – Free Markets, Empty Bellies. *Le Monde Diplomatique*, 1-9 Set. 2001.

PATEL, R. The Long Green Revolution. *The Journal of Peasant Studies*, v.40, n.1, p.1-63, 2012.

_____. The Story of Rice. *Raj's Blog*, 5 Abr. 2008. Disponível em: <www.stuffedandstarved.org>.

_____. Transgressing Rights: La Vía Campesina's Call for Food Sovereingty. *Feminist Economics*, v.13, n.1, p.87-93, 2007a.

_____. *Stuffed and Starved:* Markets, Power and the Hidden Battle over the World's Food System. Londres: Portobello Books, 2007b.

_____. International Agrarian Restructuring and the Practical Ethics of Peasant Movement Solidarity. *Journal of Asian and African Studies*, v.41, n.1-2, p.71-93, 2006.

_____; MCMICHAEL, P. A Political Economy of the Food Riot. *Review* XXXII, 1, p.9-36, 2009.

PATNAIK, P. The Accumulation Process in the Period of Globalization. *Economic & Political Weekly*, 28, p.108-13, 2008.

PEARCE, F. *The Land Grabbers:* the New Fight over Who Owns the Earth. Boston: Beacon Press, 2012.

PECHLANER, G.; OTERO, G. The Third Food Regime: Neoliberal Globalism and Agricultural Biotecnology in North America. *Sociologia Ruralis*, v.48, n.4, p.1-21, 2008.

PEINE, E. K. Trading on Pork and Beans: Agribusiness and the Construction of the Brazil-China-Soy-Pork Commodity Complex. In: JAMES Jr., H. (Ed.). *The Ethics and Economics of Agrifood Competition*. Amsterdã: Springer, 2013.

_____. Corporate Mobilization on the Soybean Frontier of Mato Grosso, Brazil. In: MCMICHAEL, P. (Ed.). *Contesting Development:* Critical Struggles for Social Change. Nova York: Londres: Routledge, 2010.

PERFECTO, I.; VANDERMEER, J.; WRIGHT, A. *Nature's Matrix:* Linking Agriculture, Conservation and Food Sovereingty. Londres: Earthscan, 2009.

PHILIPS, L.; ILCAN, S. A World Free from Hunger: Global Imagination and Governance in the Age of Scientific Management. *Sociologia Ruralis*, v.43, n.4, p.433-53, 2003.

PHILPOTT, T. Feeding the beast. *Grist*, 13 Dez. 2006. Disponível em: <www.grist.org>.

PINGALI, Prabhu L. Green Revolution: Impacts, Limits and the Path Ahead. *PNAS*, 2012. Disponível em: <www.pnas.org/cgi/doi/10.1073/pnas.0912953109>.

PIONETTI, C. *Sowing Autonomy:* Gender and Seed Politics in Semi-Arid India. Londres: IIED, 2005.

PISTORIUS, R.; WIJK, J. van. *The Exploitation of Plant Genetic Information:* Political Strategies in Crop Development. Oxon: CABI Publishing, 1999.

POLANYI, K. *The Great Transformation:* the Political and Economic Origins of our Time. Boston: Beacon Press, 1957.

POTTER, C.; TILZEY, M. Agricultural Policy Discourses in the European Post-Fordist Transition: Neoliberalism, Neomercantilism and Multifunctionality. *Progress in Human Geography,* v.29, n.5, p.581-600, 2005.

PRESCHARD, K. Unexpected Discontent: Exploring New Developments in Brazil's Transgenics. *Canadian Journal of Development Studies,* v.33, n.3, p.326-37, 2012.

PRETTY, J. et al. Resource Conserving Agriculture Increases Yields in Developing Countries. *Environmental Science & Technology,* v.40, n.4, p.1114-9, 2006.

_____; HINE, R. *Reducing Food Poverty with Sustainable Agriculture:* a Summary of New Evidence. Relatório final do SAFE World Research Project, University of Essex, 2001. Disponível em: [www2.essex.ac.uk/ces/FresearchProgrammes/SAFEWexecsummfinalreport.htm>.

_____; MORISON, J. J. L.; HINE, R. E. Reducing Food Poverty by Increasing Agricultural Sustainability in Developing Countries. *Agriculture, Ecosystems and Environment,* 95, p.217-34, 2003.

PRITCHARD, B. The Long Hangover from the Second Food Regime: a World Historical Interpretation of the Collapse of the WTO Doha Round. *Agriculture and Human Values,* 26, p.297-307, 2009.

_____. Food Regimes. In: KITCHIN, R.; THRIFT, N. (Eds.). *The International Encyclopedia of Human Geography.* Amsterdã: Elsevier, 2007.

_____; BURCH, D. *Agri-Food Globalization in Perspective:* International Restructuring in the Processing Tomato Industry. Aldershot: Ashgate, 2003.

PUBLIC CITIZEN. *Down on the Farm:* NAFTA's Seven-Years War on Farmers and Ranchers in the U.S., Canada and Mexico. 2001a. Disponível em: <www.citizen.org>.

_____. *Down on the Farm:* NAFTA's Seven-Years War on Farmers and Ranchers in Florida. 2001b. Disponível em: <www.citizen.org>.

RAGHAVAN, C. *Recolonization:* GATT, the Uruguay Round and the Third World. Penang: Third World Network, 1990.

RAYNOLDS, L. New Plantations, New Workers: Gender and Production Politics in the Dominican Republic. *Gender & Society,* v.15, n.1, p.7-28, 2001.

RAYNOLDS, L. Re-Embedding Global Agriculture: the International Organic and Fair Trade Movements. *Agriculture and Human Values*, 17, p.297-309, 2000.

_____. Restructuring National Agriculture, Agro-Food Trade and Agrarian Livelihoods in the Caribbean. In: GOODMAN, D.; WATTS, M. J. (Eds.). *Globalising Food:* Agrarian Questions and Global Restructuring. Londres: Routledge, 1997.

_____. et al. The New Internationalization of Agriculture: a Reformulation. *World Development,* v.21, n.7, p.1101-21, 1993.

RAZAVI, S. Engendering the Political Economy of Agrarian Change. *The Journal of Peasant Studies,* v.36, n.1, p.197-26, 2009.

REARDON, T.; TIMMER, C. Transformation of Markets for Agricultural Output in Developing Countries Since 1950: How Has Thinking changed? In: EVENSON, R.; PINGALI, P.; SCHULTZ, T. (Eds.). *Handbook of Agricultural Economics – Agricultural Development:* Farmers, Farm Production and Farm Markets. Oxford: Elsevier Press, 2005.

_____. et al. The Rise of Supermarkets in Africa, Asia and Latin America. *American Journal of Agricultural Economics,* v.85, n.5, p.1140-6, 2003.

REIJI, C. More stories in Africa's drylands than often assumed. *ROPPA,* 2006. Disponível em: <roppa.info?IMG/pdf/More_success_stories_in_Africa_Reiji_Chris.pdf.>.

REVEL, A.; RIBOUD, C. *American Green Power*. Baltimore: Johns Hopkins University Press, 1986.

RICH, B. *Mortgaging the Earth:* the World Bank, Environmental Impoverishment, and the Crisis of Development. Boston: Beacon Press, 1994.

RIETHMULLER, P.; WALLACE, N.; TIE, G. Government Intervention in Japanese Agriculture. *Quarterly Review of Rural Economy,* v.10, n.2, p.154-63, 1988.

RIFKIN, J. *Beyond Beef:* the Rise and Fall of the Cattle Culture. Nova York: Penguin, 1993.

RIOUX, S. *Labouring Bodies:* Living Standards and the Distribution of Food in Britain (1850-1914). 2012. Thesis – Political Science, York University.

RITCHIE, M. The World Trade Organization and the Human Right to Food Security (General Assembly). *International Cooperative Agriculture Organization.* 29 ago. 1999. Disponível em: <www.agricoop.org/activities/mark_ritchie.pdf>.

_____. *Impact of GATT on Food Self-Reliance and World Hunger*. Minneapolis: Institute for Agriculture and Trade Policy, 1998.

_____. *Breaking the Deadlock:* the United States and Agricultural Policy in the Uruguay Round. Minneapolis: Institute for Agriculture and Trade Policy, 1993.

ROBERTS, W. *The No-Nonsense Guide to World Food*. Oxford: New Internationalist, 2008.

ROSE, N. *Optimism of the Will:* Food Sovereignty as Transformative Counter-Hegemony in the 21st Century. 2012. Thesis – School of Global Studies, Royal Melbourne Institute of Technology.

ROSEBERRY, W. Beyond the Agrarian Question in Latin America. In: COOPER, F. et al (Eds.). *Confronting Historical Paradigms:* Peasants, Labor, and the Capitalist World System in Africa and Latin America. Madison: University of Wisconsin Press, 1993.

ROSIN, C.; STOCK, P.; CAMPBELL, H. (Eds.). *Food Systems Failure:* the Global Food Crisis and the Future of Agriculture. Londres; Nova York: Earthscan, 2012.

ROSSET, P. M. Food Sovereignty and the Contemporary Food Crisis. *Development*, v.51, p.4, p.46-63, 2008.

_____. *Food Is Different:* Why We Must Get the WTO out of Agriculture. Halifax: Fernwood, 2006.

ROSSET, P. M.; MARTINEZ-TORRES, M. E. Rural Social Movements and Agroecology: Context, Theory and Process. *Ecology and Society*, v.17, n.3, artigo 17, 2012. Disponível em: <www.ecologyandsociety.org/vol17/iss3/>.

ROSSET, P.; PATEL, R.; COURVILLE, M. (Eds.). *Promised Land:* Competing Visions of Agrarian Reform. Oakland: Food First Books, 2006.

ROSTOW, W. W. *The Stages of Economic Growth:* a Non-Communist Manifesto. Cambridge: Cambridge University Press, 1960.

ROTHACHER, A. *Japan's Agro-Food Sector:* the Politics and Economics of Excess Protection. Nova York: St. Martin's Press, 1989.

ROYAL SOCIETY. *Reaping the Benefits:* Science and the Sustainable Intensification of Global Agriculture. Londres: 2009.

RUGGIE, J. G. International Regimes, Transactions and Change: Embedded Liberalism in the Postwar Economic Order. *International Organization*, 36, p.397-415, 1992.

RUGGIERO, R. *Trading towards Peace?* In: MENA II Conference, 11 dez. 1996, Cairo, Egito. [Discurso].

RUSSI, L. *Hungry Capital:* the Financialization of Food. Winchester, UK: Zero Books, 2013.

SACHS, W. (Ed.). *Global Ecology*. Londres: Zed, 1993.

SALAMI, H.; MOHTASHAMI, T.; NAEINI, M. S. N. Prospects for Food Self-Sufficiency in Iran in 2025. In: BABAR, Z.; MIRGANI, S. (Eds.). *Food Sovereignty in the Middle East*. Londres: C. Hurst and Co. Publishers, 2013.

SASSEN, S. A Savage Sorting of Winners and Losers: Contemporary Versions of Primitive Accumulation. *Globalizations,* v.7, n.1, p.23-50, 2011.

SAUL, S. B. *Studies on Overseas British Trade:* 1870-1914. Liverpool: Liverpool University Press, 1960.

SCHAEFFER, R. Free Trade Agreements: Their Impact on Agriculture and the Environment. In: MCMICHAEL, P. (Ed.). *Food and Agrarian Orders in the World-Economy.* Westport, CT: Greenwood Press, 1995.

SCHIAVONI, C.; CAMACARO, W. The Venezuelan Effort to Build a New Food and Agriculture System. *Monthly Review,* v.61, n.3, p.129-41, 2009.

SCHNEIDER, M. Modern Meat and Industrial Swine: China and the Remaking of Agri-Food Politics in the 21st Century. 2013. Thesis – Development Sociology, Cornell University.

_____; MCMICHAEL, P. Deepening, and Repairing, the Metabolic Rift. *The Journal of Peasant Studies,* v.37, n.3, p.461-84, 2010.

_____; NIEDERIE, P. A. Resistance Strategies and Diversification of Rural Livelihoods: the Construction of Autonomy among Brazilian Family Farmers. *The Journal of Peasant Studies,* v.37, n.2, p.379-406, 2010.

SCONES, I. Livelihoods Perspectives and Rural Development. *The Journal of Peasant Studies,* v.36, n.1, p.171-96, 2009.

SCOTT, J. *Seeing Like a State:* How Certain Schemes to Improve the Human Condition Have Failed. New Haven: Yale University Press, 1998.

SEMMEL, B. *The Rise of Free Trade Imperialism:* Classical Political Economy and the Empire of Free Trade and Imperialism (1750-1850). Cambridge: Cambridge University Press, 1970.

SHELLER, M. *Consuming the Caribbean.* Nova York: Routledge, 2003.

SHINOHARA, T. *Japanese Import Requirements:* Projections of Agricultural Supply and Demand for 1965, 1970, and 1975. University of Tokyo: Institute for Agricultural Economic Research, Department of Agricultural Economics, 1964.

SHIVA, V. *The Violence of the Green Revolution.* Londres: Zed, 1991.

_____. *Staying Alive:* Women, Ecology and Development. Boston: South End Press, 1988.

SCOTT, J. *Seeing Like a State:* How Certain Schemes to Improve the Human Condition Have Failed. New Haven: Yale University Press, 1998.

SMALLER, C.; QIU W.; LIU Y. *Farmland and Water: China Invests Abroad.* Winnipeg: International Institute for Sustainable Development, 2012.

SMEETS, E. et al. A Quick Scan of Global Bio-Energy Potentials to 2050. *Bio Energy Trade,* mar. 2004. Disponível em: <www.bioenergytrade.org/downloads/smeetsglobalquickscan2050.pdf>.

SMOLKER, R. The New Bioeconomy and the Future of Agriculture. *Development*, v.51, n.4, p.519-26, 2008.

STEDILE, J. P. Landless Battalions. *New Left Review*, p.77-104, 15 maio-jun. 2002.

_____; CARVALHO, H. M de. People Need Food Sovereignty. In: HOLT-GIMÉNEZ, E. (Ed.). *Food Movements Unite!* Oakland: Food First Books, 2011.

SUEHIRO, A. *Capital Accumulation in Thailand*. Tóquio: Centre for East Asian Cultural Studies, 1989.

SUTHY, P.; SONTEPERTKWONG, K. Structural Forces behind Japan's Economic Expansion and the Case of Japanese-Thai Economic Relations. In: PHONGPAICHIT, P.; KUNASMIN, B.; RUCHATORN, B. (Eds.). *The Lion and the Mouse?* Japan, Asia and Thailand. Bangcoc: Chulalongkorn University Press, 1986.

TAHA, F. A. Patterns of Change in Japanese Cereal Production, Consumption, and Trade. *World Agriculture:* Situation and Outlook Report. Washington, DC: USDA, Economic Research Service, 1989.

TETRÉAULT, M. A.; WHEELER, D.; SHEPHERD, B. Win-Win versus Lose-Lose: Investments in Foreign Agriculture as a Food Security Strategy for the Persian Gulf States. In: BABAR, Z.; MIRGANI, S. (Eds.). *Food Security in the Middle East*. Londres: C. Hurst and Co. Publishers, 2013.

TEUBAL, M. Genetically Engineered Soybeans and the Crisis of Argentina's Agriculture Model. In: OTERO, G. (Ed.). *Food for the Few:* Neoliberal Globalism and Biotechnology in Latin America. Austin: University of Texas Press, 2008.

TOMICH, D. Agricultural Production. In: MILLER, J. E. (Ed.). *Princeton Companion to Atlantic History*. Princeton: Princeton University Press, 2013.

_____. *Through the Prism of Slavery:* Labor, Capital and the World Economy. Lanham, MD: Rowman and Littlefield, 2004.

TUBIANA, L. World Trade in Agricultural Products: from Global Regulation to Market Fragmentation. In: GOODMAN, D.; REDCLIFT, M. (Eds.). *The International Farm Crisis*. Nova York: St Martin's Press, 1989.

VAN DER PLOEG, J. D. The Peasantries of the Twenty-First Century: the Commoditization Debate Revisited. *The Journal of Peasant Studies*, v.37, n.1, p.1-30, 2010.

_____. *The New Peasantries:* Struggles for Autonomy and Sustainability in an Era of Empire and Globalization. Londres: Earthscan, 2009.

VANHAUTE, E. The End of Peasantries? Rethinking the Role of Peasantries in a World Historical View. *Review* XXXI, 1, p.39-60, 2008.

VÍA CAMPESINA. *Seattle Declaration:* Take WTO Out of Agriculture. 3 dez. 1999. Disponível em: <www.viacampesina.org/welcome_english.php.3>.

_____. Our World is Not for Sale: Priority to Peoples' Food Sovereignty. *Bulletin*, 1 nov. 2001. Disponível em: <www.viacampesina.org/welcome_english. php.3>.

_____. *Declaration of the International Meeting of the Landless in San Pedo Sula*. Honduras: [s.n.], 2000.

_____. Proposals of Vía Campesina for Sustainable, Farmer Based Agricultural Production. *Bulletin*, ago. 2002. Disponível em: <www.viacampesina.org/welcome_english.php.3>.

_____. Statement on Agriculture after Cancun. *Bulletin*, 15 dez. 2003. Disponível em: <www.viacampesina.org/welcome_english.php.3>.

_____. The Domination of Capital over Agriculture. *Bulletin*, 18 jun. 2004. Disponível em: <www.viacampesina.org/welcome_english.php.3>.

_____. Impact of the WTO on Peasants in South East Asia and East Asia. *Jl Mampang Prapatan*, XIVV, n.5, 2005.

_____. *A Response to the Global Food Crisis:* Sustainable Family Faming Can Feed the World. Press release, 15 fev. 2008.

_____. *La Vía Campesina to the Ministerial Meeting:* 'It is time to end the WTO'! 16 dez. 2011. Disponível em: <http://viacampesina.org/en/index.php/actions-and-events-mainmenu-26/10-years-of-wto-is-enough--mainmenu-35/1161-via-campesina-to-the-ministerial-meeting-qit--is-time-to-end-the-wto>.

_____. *The People of the World Confront the Advance of Capitalism:* Rio +20 and beyond. 2012. Disponível em: <http://viacampesina.org/en/index.php/actions-and-events-mainmenu-26/-climate-change-and-agrofuels--mainmenu-75/1248- the-people-of-the-world-confront-the-advance-of--capitalism-rio-20-and-beyond>.

VIDAL, J. Land Acquired over Past Decade Could Have Produced Food for a Billion People. *Guardian Weekly*, 3 out. 2012.

WALD, N.; ROSIN, C.; HILL, D. Soyization and food security in South America. In: ROSIN, C.; STOCK, P.; CAMPBELLL, H. (Eds.). *Food Systems Failure:* the Global Food Crisis and the Future of Agriculture. Londres: Nova York: Earthscan, 2012.

WALKER, K. L. M. From Covert to Overt: Everyday Peasant Politics in China and the Implications for Transnational Agrarian Movements. *Journal of Agrarian Change*, v.8, n.2&3, p.462-88, 2008.

WALKER, R. A. *The Conquest of Bread:* 150 Years of Agribusiness in California. Nova York: The New Press, 2005.

WALLERSTEIN, I. *The Modern World System:* Capitalist Agriculture and the Origins of the European World-Economy in the Sisteenth Century. Nova York: Academic Press, 1974.

WEIS, T. The Accelerating Biophysical Contradictions of Industrial Capitalist Agriculture. *Journal of Agrarian Change,* v.10, n.3, p.315-41, 2010.

_____. *The Global Food Economy:* the Battle for the Future of Farming. Londres: Zed, 2007.

WEISSMAN, R. T. Prelude to a New Colonialism: the Real Purpose of GATT. *The Nation,* 337, 18 mar. 1991.

WELLS, M. *Strawberry Fields:* Politics, Class, and Work in California Agriculture. Ithaca: Cornell University Press, 1996.

WEN, T. Deconstructing Modernization. *Chinese Sociology and Anthopology,* v.39, n.4, p.10-25, 2007.

WESSEL, J. *Trading the Future:* Farm Export and the Concentration of Economic Power in Our Food System. São Francisco: Institute for Food and Development Policy, 1983.

WILKINSON, J. The Globalization of Agribusiness and Developing World Food Systems. In: MAGDOFF, F.; TOKAR, B. (Eds.). *Agriculture and Food Crisis:* Conflict, Resistance and Renewal. Nova York: Monthly Review Press, 2010.

WILSON, J. Irrepressible toward Food Sovereignty. In: HOLT-GIMÉNEZ, E. (Ed.). *Food Movements Unite!* Oakland: Food First Books, 2011.

WILSON, J. B. *The Reformed Committee on World Food Security:* a Briefing Paper for Civil Society. Bilbao: International Planning Committee for Food Sovereignty, 2010.

WINDERS, B. *The Politics of Food Supply:* U.S. Agricultural Policy in the World Economy. New Haven: Yale University Press, 2009.

WITTMAN, H.; DESMARAIS, A. A.; WIEBE, N. (Eds.). *Food Sovereignty:* International Perspectives on Theory and Practice. Halifax: Fernwood, 2010.

_____. Reworking the Metabolic Rift: La Vía Campesina, Agrarian Citizenship and Food Sovereignty. *The Journal of Peasant Studies,* v.36, n.4, p.805-26, 2009.

WOERTZ, E. The Governance of Gulf Agro-Investments. *Globalizations,* v.10, n.1, p.87-104, 2013a.

_____. Historic Food Regimes and the Middle East. In: BABAR, Z.; MIRGANI, S. (Eds.). *Food Security in the Middle East.* Londres: C. Hurst and Co. Publishers, 2013b.

WOODRUFF, W. *Impact of Western Man:* a Study of Europe's Role in the World Economy (1850-1960). Nova York: St. Martin's Press, 1967.

World Development Report, 2008. Washington, DC: World Bank, 2007.

ZHANG, F.; DONALDSON, J. A. From Peasants to Farmers: Peasant Differentiation, Labor Regimes, and Land-Rights Institution in China's Agrarian Transition. *Politics & Society,* v.38, n.4, p.458-89, 2010.

ÍNDICE REMISSIVO

Abu Dhabi, 132
Acordo Geral de Tarifas e Comércio (GATT), 14, 27, 52, 60, 76, 79
Action Aid, 192
açúcar, 39-40, 53, 131, 141, 143, 167, 171
Acumulação
   crise, 59, 60, 115, 150, 156, 157, 160, 165, 167, 170, 208
   dinâmica, 37, 42, 88
   problemática, 98
Acumulação de capital, 86
   dinâmica, 37, 42, 53
   forma extensiva, 46
   forma intensiva, 52
adoçante, 138
Africa Center for Holistic Management, 190
África, 161, 164, 168, 171, 174
   ocidental, 168
   subsaariana, 164
agricultura comunitária, 199
agricultura familiar, 27
agricultura mundial, 137
agrocombustíveis, 125, 131, 150, 157, 158, 167, 169, 175, 180
   projeto, 155
agroecologia, 93, 114, 187, 192, 203
agroexportação, 33, 34, 47, 68, 70, 74, 82, 88, 90, 101, 107, 118, 130, 131, 135, 162, 167, 170, 171, 173, 175, 215
agroexportações não tradicionais (NTEs, do inglês *Non-traditional Agro-exports*), 33, 120, 121, 125
agroindustrialização, 19, 27, 47, 70, 92, 93, 103, 125, 138, 141, 154, 162, 169, 179, 211, 213
agronegócio, 18, 19, 34, 36, 52, 53, 55, 56, 57, 58, 68, 82, 88, 90, 101, 105, 111, 112, 119, 120, 123, 124, 125, 130, 134, 150, 160, 162, 163, 170, 172, 174, 192, 212
agroquímicos, 57, 125, 139

água
  apropriação, 168, 170, 171
  limites, 152
ajuste estrutural, 30, 31, 33, 69, 72, 79, 88, 151, 173, 173, 211
alimentando o mundo, 51, 57, 144, 151, 152, 201
alimento
  ajuda, 16, 28, 31, 51, 53, 71, 102, 118, 129
  complexo de importação, 118, 121, 124
  crise, 143, 151, 153, 156, 205
  dependência, 82, 128-9, 131, 151, 173
  direito a, 200
  especulação, 160, 169
  excedentes, 19, 51, 70, 75, 102, 119, 130
  império, 140
  manufatura, 140
  mercados futuros, 160
  mercantilização, 153, 188
  processado, 53, 138, 141, 141
alimento barato, 26, 33, 42, 44, 46, 52, 70, 79, 82, 88, 95, 99, 102, 107, 145, 181
  regime, 112, 150, 175
alimento durável, 53
alimentos de clima temperado, 41, 43, 60
alimentos não cultivados, 197
alimentos tropicais, 43, 53
Alliance for a Green Revolution in Africa (AGRA), 205
América Central, 47, 57, 161
América Latina, 54, 55, 57, 81, 104, 123, 124, 130, 132, 162, 164

Antropoceno, 177
Anulação biofísica, 147, 179
apropriação de terras, 30, 43, 123, 129, 131, 160, 161, 164, 166, 168-9, 170, 171, 198, 204
apropriação verde, 168
Aquicultura, 120
Arábia Saudita, 130
  iniciativa do rei Abdullah, 131, 171
Argentina, 47, 57, 122, 124, 125, 153, 162
arroz dourado, 143
arroz, 118, 130, 131, 143, 153, 171
Ásia, 174
  leste, 153, 171
  sudeste, 153, 161, 175
  sul, 192
Austrália, 11, 19, 52, 119
autoabastecimento, 188
autodeterminação, 209

Bananas, 118, 133, 167
Banco de Compensações Internacionais [BIS, do inglês Bank for International Settlements], 31, 68, 72, 159, 212
Banco Mundial, 58, 68, 154, 162, 164, 167, 175, 180, 212
  International Finance Corporation, 159
  Projeto de Combate à Pobreza Rural, 105
  Responsible Agriculture Investment Principles, 161, 174
  World Development Report, 2008, 160, 167

Bangladesh, 192
Biocapitalismo, 166
biodiversidade agrícola, 189
Biodiversidade, 147, 183
Bioeconomia, 163-4, 166, 179
Bioespecialistas, 164
Biofortificação, 143
Biopoder, 136
Biorrecuperação, 199
Biotecnologia, 124-5, 135, 165
Biovalor, 166
Bolívia, 206
Brasil, 47, 68, 104, 114, 120, 122, 124, 126, 161, 162, 175, 187, 194
Bretton Woods, 59, 64, 66-7, 205
BRICs (Brasil, Rússia, Índia, China), 171
Burkina Faso, 194

cadeias globais de commodity, 14, 19
café, 167
caloria, 142, 152
camarão, 118, 183
Camboja, 153
campesinização, 55
camponês
    alimentos, 59
    condição, 194
    contramovimento, 126, 128, 152, 179, 180, 199, 200
    modo de lavoura, 196
    papel de suprimento de alimentos, 69
    práticas, 183, 187, 191, 197-8, 203
    questão, 98, 102, 103, 107, 112, 198, 204, 215
Canadá, 82, 132
carbono, 147, 161, 164, 166, 168, 174, 177, 183, 203, 158, 212
carne bovina, 118, 122
carne suína, 56, 122, 124, 138, 202
carne, 119, 120
carnificação, 122, 146
Catar, 131, 171
Cazaquistão, 123, 153
celeiro
    do norte, 33, 173
    global, 61, 119
Centro de Desarrollo Integral Campesino para la Mixteca (CEDICAM), 187
cercamento, 23, 169
    global, 174
China, 19, 47, 53, 81, 119, 120, 121, 122, 124, 125, 162, 171, 186
Cidadania agrária, 87
City de Londres, 25, 36, 72
Classe
    análise, 64, 98, 108, 112
    camponesa, 88
    dietas, 19, 26, 38, 40, 43, 45, 65, 83, 120, 122, 123, 141, 155, 215
    latifundiário, 89, 99, 106
    política, 26, 44, 48, 51, 56, 59, 67, 99, 103, 107, 135
    relações, 42, 71, 94, 105, 112, 132, 212
    transformação, 19, 90, 93, 97, 98, 122, 215
códigos de conduta voluntária, 174
Colômbia, 172
coloniais, 28, 45, 46, 99, 212
    agricultores, 25, 36
    fronteiras, 46, 101

regiões, 161
Estados, 14, 15, 17, 19, 26, 46
Colônias, 18, 26, 39, 40, 43, 118, 161
Committee on World Food Security (CFS), 177, 205
Commodity
    cadeia, 134
    estabilização, 28, 50, 52, 54, 101
    fetichismo, 145
Comunidade Econômica Europeia (CEE), 57
Confederação de Nacionalidades Indígenas do Equador, 206
Conselho de Cooperação do Golfo, 130, 171
conservação ambiental, 199
Consultative Group on International Agricultural Research (CGIAR), 125
Contrato
    alimento, 147, 159
    lavoura, 13, 14, 74, 105, 133, 133, 211, 215
    suprimento, 56, 69
    trabalho, 136, 140, 215
Coordination Paysanne Européene (CPE), 198
Coreia do Sul, 56, 119, 172
Corn Laws, 25, 43, 44, 99
corporações transnacionais (TNCs), 14, 30, 33, 47, 57, 64, 74, 75, 77, 82, 118, 124, 130
    comerciantes de commodities, 171
    varejistas, 83, 173
corporativo, 19, 21, 31, 33, 34, 64, 68, 70, 71, 81, 126, 138, 144, 150, 156, 174, 187, 208, 208

Costa do Marfim, 104
Crise agrária, 36, 152, 153, 156, 161, 208
crise epistêmica, 180
Crise, 59, 60, 69-70, 84, 94, 102, 113, 153, 156, 157, 160
Cuba, 55, 202
cultivos de ração animal, 56, 119, 120, 122, 126, 129, 154
cultivos preparados para mudança climática, 166
cultura de milho doce, 126, 177
culturas flexíveis, 157, 159, 161, 179
culturas transgênicas, 124-6, 144, 213
Cúpula da Terra, 110

Deccan Development Society (DDS), 193
Desagrarianismo, 80
Descampesinização, 11, 106, 133
Desenvolvimentismo, 17, 107, 213
Desmercantilizar, 197
desnutrição, 142, 150, 167
Desqualificação, 196
Dietas, 43, 56, 65, 118, 141, 142
direitos, 108, 109
divisão internacional do trabalho, 19, 33, 75
Dumping, 18, 19, 33, 71, 79, 102, 175

ecologia global, 164, 168
ecologia mundial, 156
ecológico
    capital, 46, 156, 196-7
    conhecimento, 156
    desastre, 50
    feedback, 145, 178

intercâmbio, 199
pegada animal, 146
prática, 183
questão, 92
valor, 196
economia do salário familiar, 134
ecossistema
    esgotamento, 37, 43, 141, 157, 158, 160, 167, 181, 216
    serviços, 157, 182
Egito, 56, 129, 131, 153, 171
Emirados Árabes Unidos, 171
emissão de gases estufa, 158, 175
Equador, 206
espoliação, 19, 80, 82, 92-5, 125, 166, 181
Estados árabes, 128
Estados do Golfo, 131
Estados Unidos (EUA), 15, 17, 19, 30, 46, 51, 66, 70, 72, 82, 98, 118, 123, 129, 130, 153, 175
cadeia alimentar, 137
Etiópia, 130
Europa, 133, 136, 154, 161

fertilizante, 47, 52, 57, 58, 75, 91, 99, 147, 152, 169, 179, 188, 202, 203, 216
Filipinas, 118
financeirização, 30, 72, 138-41, 156, 159, 161, 168
fome, 48
Food and Agricultural Organization (FAO), 59, 60, 80, 85, 151, 160, 175, 180, 185, 205
fora da propriedade agrícola
    mão de obra, 80
    renda, 188

formação de preço, 46
fosfato, 152
frango, 119, 120, 121, 133, 138-9
fronteira, 25, 41, 43, 44, 46, 60, 95, 99, 161, 168, 170
    agrícola, 102
    de capital, 92, 157, 160, 168, 168, 176
Fundo Monetário Internacional (FMI), 68, 72, 74, 52, 85, 151, 180
Fundos de contrapartida, 56
fundos soberanos, 131, 172
Fungibilidade da colheita, 141, 167, 176, 179

gado, 126
    complexo, 53, 56, 119, 122, 125, 131
gênero
    desigualdade, 191
    ideologia, 134, 143
global sourcing, 33, 74, 76, 120, 121, 124, 140, 214
Global-GAP, 64
globalização, 14
gorduras, 53, 141
governança, 31, 68, 76, 79, 87, 88, 142, 143, 165, 175, 185
Grupo dos 20 (G-20), 68, 153, 175
Guatemala, 126, 167, 172, 189
Guerra Fria, 16, 26, 51, 53, 57, 102

hegemonia, 15, 17, 20, 38, 52, 61, 65, 67, 68, 73, 78, 86, 88, 99, 214, 216
hidropônico, 131
Holanda, 194
Honduras, 104, 188
Iêmen, 131

Índia, 47, 81, 98, 104, 114, 153, 161
Indonésia, 104, 114, 143, 153, 162, 172
intensificação sustentável, 165, 168
International Assessment of Agricultural Science and Technology for Development (IAASTD), 157, 180, 185, 200
International Food and Policy Research Institute (IFPRI), 180
International Planning Committee for Food Sovereignty (IPC), 84, 205
Irã, 131
Iraque, 129
Itália, 136, 194

Japão, 118-21, 153
Jordânia, 131

lacuna de produtividade, 164, 168
lavoura alta, 99
Lavoura de preservação, 189
lavoura mundial, 88
lavoura orgânica
    Cuba, 202
    resiliência, 203
    superioridade, 201-2
Líbano, 131
liberalização, 33
livre comércio, 46, 60, 78, 79, 96
    império, 16, 96, 128
longue dureé, 150, 175, 201

Malásia, 104, 162, 171
Mali, 114, 206
mão de obra
    autoexploração, 45
    casualizada, 16, 68, 84, 135, 136

escravo, 39, 43
gênero, 135
mercantilização, 48
migração, 133, 136
promovida pelo Estado, 173
Mão de obra barata, 59
mão de obra feminina, 190
mercantilismo, 37, 43, 102
Mercantilização da segurança agrária, 170-3
Mercantilização, 13, 21, 26, 27, 37, 41, 46, 48, 149, 153, 174, 179
México, 57, 74, 81, 126, 128, 134, 188, 194
Milho, 33, 44, 53, 57, 74, 80, 81, 82, 99, 119, 120, 122, 126, 127, 131, 138, 141, 144, 154, 161, 167, 171, 173, 177, 179, 187, 188, 211, 213
importações, 57
melado, 53
Millenium Development Goals (MDGs), 71
Millenium Ecosystem Assessment, 113, 157
milpa, 187, 189
Moçambique, 114, 171
moeda internacional, 21, 30, 46, 65, 66
monocultura, 125
morango, 135
Movimento dos Trabalhadores Rurais Sem Terra (MST), 187
movimentos sociais, 28
Movimiento Unificado Campesino del Aguan, 188
Mudança climática, 110, 147, 165, 189, 192, 213

mulheres, 58, 133, 134, 135, 143, 168, 190-4, 191
multifuncionalidade, 78, 185-6, 198
multilateralismo, 163, 175

Nações Unidas, 87
 Administração das Nações Unidas para Assistência e Reabilitação (UNRRA), 51
 Food and Agricultural Organization (FAO), 51
 "Freedom from Hunger", 52
 sistema de proteção aos direitos humanos, 200
natureza excedente, 156, 175, 181
neoliberalismo, 31, 69, 143, 150, 186, 191
neoliberalização da natureza, 163
Nepal, 192, 206
Network of Peasant Organization and Agricultural Producers da África Ocidental (ROPPA), 191
Nicarágua, 114
Níger, 114, 190
Nigéria, 56
Nova Reconstrução Rural, 186
novo campesinato, 112, 199
Novos Países Agrícolas (NACs, do inglês *New Agricultural Countries*), 33, 74, 75, 120
nutracêuticos, 139
nutricionalização, 141-2, 146
nutricionismo, 143

oficina do mundo, 14, 19, 44, 46, 70, 99
óleo de palma, 155, 166, 172
óleos, 53, 141

Organização Mundial do Comércio (OMC), 33, 42, 69, 70, 76, 77, 85, 125, 151
 Acordo sobre Agricultura, 33, 79, 82, 144, 173, 185
 liberalização, 151
 obsolescência, 153
 regime, 162, 175
Oriente Médio, 128-9, 171
 e África do Norte (MENA), 172
óxido nitroso, 147

padrão-ouro, 20, 25, 39, 46, 48, 66, 215
Paraguai, 47, 114, 162
parceria agrícola, 135-6
pecuaristas, 18, 36, 109, 161, 205
peixes, 56, 74, 121, 152, 183
Peru, 194
pescadores, 20, 36, 109, 205, 207
pesticida, 134, 147, 179
petro-agricultura, 147
petróleo
 auge, 150, 158, 168, 202
 mercado, 151
 preço, 154
 regime, 153
planeta de campinas, 186
planeta de favelas, 91, 186
Plantação comunitária, 161, 164
 global, 170
pluralidade de atividades, 188
Política Agrícola Comum (PAC), 78
população nativa, 166
preço mundial do alimento, 23, 31, 38, 41, 43, 45, 46, 69, 80, 94
preços de terras, 160

produção de pequenas commodities, 56, 104, 189, 195
produtividade de grãos, 151
Programa PL-480, 56
proibições à exportação, 153
conhecimento, 192
Projeto de desenvolvimento, 17, 53, 71, 105
projeto de globalização, 71
projeto do Sudão, 130
protecionismo, 46, 50, 95
Proteína animal, 119, 129, 138, 141, 181
protestos por comida, 151
Protocolo de Kyoto
  Clean Development Mechanism, 161
  Reduced Environmental Degradation e Deforestation (REDD), 161

Quênia, 74, 104, 133
Questão agrária, 11, 16, 89, 90, 91, 93, 94, 95, 96, 98, 102, 105, 106, 107, 108, 110, 111, 112, 113, 180, 184, 185, 194, 198, 199, 215
  alimentar, 114, 182

racialização, 135, 136
recampesinização, 104, 106, 194, 197, 198
recursos genéticos, 188, 191
Rede de alimentos alternativos, 126, 204
reforma fundiária, 19, 36, 104, 129
regime alimentar, 13, 16, 17, 35, 167
  centrado no modelo britânico, 18, 21, 24, 43
  centrado no modelo norte-americano, 19, 50, 56, 57, 60, 132
  como método, 14, 20, 21-2, 35, 36, 38-9, 40, 41, 102, 114, 117, 129, 145, 147, 150, 177-8
  corporativo-ambiental, 28, 64
  crise, 94, 151
  de procedência conhecida, 146, 147, 209
  de procedência desconhecida, 146, 147, 209
  financeirizado, 139
  geografia, 171-2
  neoliberal, 126, 127
  pré-história, 39
  projeto, 11, 12, 13, 14, 17, 22, 23, 70, 117, 148, 156, 183
  regras, 23-4, 36, 39, 42
  transição, 20, 21, 27, 37
Regime de endividamento, 73
regime de fome, 201
regime privado, 60, 68, 69, 71, 174
regulação
  nacional, 14
  teoria, 26, 26
Reino Unido (UK), 133, 206
  Gallagher Report (2008), 180
relações globais de valor, 21, 22, 46, 89, 95, 156, 179, 181
remessas, 134
Renewable Fuels Standards (EUA), 154
reprodução social, 114, 127, 133, 136, 152, 155, 169, 178, 179, 182, 186, 190, 191, 197, 208, 216
República Dominicana, 133
retórica da pobreza, 194
Revolução azul, 118

revolução de micronutrientes, 143
revolução verde, 19, 57-8, 75, 90, 105, 152
Rodada de Doha, 32
Rodada Uruguai, 14, 32, 60, 77, 153
ruptura metabólica, 35, 92, 141, 146, 147, 156, 185, 187, 216
Rússia, 99, 153

saúde pública, 20, 28, 85, 110, 125, 141-2, 145, 146, 207, 216
Seca, 27, 50, 52
segurança alimentar, 20, 49, 51, 54, 60, 61, 70, 71, 82, 84, 88, 112, 114, 125, 130, 131, 136, 142, 143, 151, 157, 158, 161, 185, 190, 201, 205, 206, 207, 208, 213
semente
  reserva, 192
  tecnologia, 196
sementes híbridas, 57, 134, 139
semiproletarização, 107, 133, 216
Senegal, 206
sistema de Estado-Nação, 16
sistema mundial, 13, 27
Slow Food, 146
soberania alimentar, 12, 20, 36, 84, 85, 86, 88, 92, 93, 96, 107, 108, 110, 112, 113, 114, 126, 132, 144, 152, 178, 179, 186-7, 197, 200, 203, 204, 205, 206, 207, 208, 212, 213
  declaração de Nyéléni (2007), 200
soberania da terra, 92, 133, 178, 187, 199, 216
soja
  complexo, 125
  importações, 57, 122, 123

óleo, 53
revolução, 162
vagens, 57, 121, 125, 141, 144
sub-reprodução, 156, 168, 191
subsídios, 18, 31, 33, 52, 71, 78, 79, 80, 130, 154, 161, 185
subsistência, 55, 103, 114, 135, 136, 151, 178, 189, 190, 194, 195, 196
super ervas daninhas, 125
supermercado, 139
revolução, 19, 26, 181

Tailândia, 49, 118, 153, 162
Taiwan, 118
tomate, 135, 141
Toronto Food Policy Council, 207
trabalhadores agrícolas, 136
Trade Related Intellectual Property Rights (TRIPs), 75, 125
transição da nutrição, 141, 181
Tratado Norte-Americano de Livre Comércio (NAFTA, do inglês *North American Free Trade Agreement*), 81, 188
trigo, 11, 25, 31, 33, 41, 44, 46, 47, 53, 55, 56, 57, 80, 82, 94, 98, 101, 119, 123, 129, 130, 131, 141, 143, 153, 154, 161, 167, 171, 173

Ucrânia, 153
União Europeia (UE), 130, 162, 185, 198
  Emission Trading Scheme (ETS), 172
  High Level Group on the Competitiveness of the Agro-Food Industry (HLGCAI), 162

União Soviética, 58, 119, 202
urbanização do campo, 157
utopia real, 209

valor
    agregação, 196, 197
    anulação, 91, 102, 108
    cadeia, 36, 160, 192
    ecológico, 196
    relações, 21, 22, 41, 42, 46, 84, 89, 95, 134, 158
    teoria, 184, 185

Vantagem comparativa, 25, 68, 134, 172
Venezuela, 114, 206
Vía Campesina, 12, 34, 84, 109, 111, 112, 114, 126, 137, 175, 179, 186, 200
Vietnã, 153

wage foods, 22, 122
World Food Board, 52
World Food Summit, 59, 85, 159

Zimbábue, 114

SOBRE O LIVRO

Formato: 14 x 21 cm
Mancha: 23 x 40 paicas
Tipologia: Horley Old Style 10,5/14
Papel: Offset 75 g/m² (miolo)
Cartão Supremo 250 g/m² (capa)
1ª *edição*: 2016

EQUIPE DE REALIZAÇÃO

Capa
Estúdio Bogari

Edição de Texto
Dafne Melo (copidesque)
Camilla Bazzoni de Medeiros (revisão)

Editoração eletrônica
Sergio Gzeschnik

Assistência Editorial
Alberto Bononi

Vozes do Campo

Vozes do Campo é uma coleção do Programa de Pós-Graduação em Desenvolvimento Territorial na América Latina e Caribe do Instituto de Políticas Públicas e Relações Internacionais (IPPRI) da Unesp em parceria com a Cátedra Unesco de Educação do Campo e Desenvolvimento Territorial. Publica livros sobre temas correlatos ao Programa e à Cátedra sobre todas as regiões do mundo. Visite: http://catedra.editoraunesp.com.br/.

Conselho editorial
Coordenador: Bernardo Mançano Fernandes (Unesp). *Membros:* Raul Borges Guimarães (Unesp); Eduardo Paulon Girardi (Unesp); Antonio Thomaz Junior (Unesp); Bernadete Aparecida Caprioglio Castro (Unesp); Clifford Andrew Welch (Unifesp); Eduardo Paulon Girardi (Unesp); João Márcio Mendes Pereira (UFRRJ); João Osvaldo Rodrigues Nunes (Unesp); Luiz Fernando Ayerbe (Unesp); Maria Nalva Rodrigues Araújo (Uneb); Mirian Cláudia Lourenção Simonetti (Unesp); Noêmia Ramos Vieira (Unesp); Pedro Ivan Christoffoli (UFFS); Ronaldo Celso Messias Correia (Unesp); Silvia Beatriz Adoue (Unesp); Silvia Aparecida de Souza Fernandes (Unesp); Janaina Francisca de Souza Campos Vinha (UFTM); Paulo Roberto Raposo Alentejano (Uerj); Nashieli Cecilia Rangel Loera (Unicamp); Carlos Alberto Feliciano (UFPE); Rafael Litvin Villas Boas (UnB).

LIVROS PUBLICADOS

1. **Os novos camponeses: leituras a partir do México profundo** – Armando Bartra Vergés – 2011
2. **A Via Campesina: a globalização e o poder do campesinato** – Annette Aurélie Desmarais – 2012
3. **Os usos da terra no Brasil: debates sobre políticas fundiárias** – Bernardo Mançano Fernandes, Clifford Andrew Welch e Elienai Constantino Gonçalves – 2013

Série Estudos Camponeses e Mudança Agrária

A **Série Estudos Camponeses e Mudança Agrária** da Initiatives in Critical Agrarian Studies (Icas), Programa de Pós-Graduação em Desenvolvimento Territorial na América Latina e Caribe – IPPRI-Unesp e Programa de Pós-Graduação em Desenvolvimento Rural – UFRGS, publica em diversas línguas "pequenos livros de ponta sobre grandes questões". Cada livro aborda um problema específico de desenvolvimento, combinando discussão teórica e voltada para políticas com exemplos empíricos de vários ambientes locais, nacionais e internacionais.

Conselho editorial
Saturnino M. Borras Jr. – International Institute of Social Studies (ISS) – Haia, Holanda – College of Humanities and Development Studies (COHD) – China Agricultural University – Pequim, China; Max Spoor – International Institute of Social Studies (ISS) – Haia, Holanda; Henry Veltmeyer – Saint Mary's University – Nova Escócia, Canadá – Autonomous University of Zacatecas – Zacatecas, México.

Conselho editorial internacional: Bernardo Mançano Fernandes – Universidade Estadual Paulista (Unesp) – Brasil; Raúl Delgado Wise – Autonomous University of Zacatecas – México; Ye Jingzhong – College of Humanities and Development Studies (COHD) – China Agricultural University – China; Laksmi Savitri – Sajogyo Institute (SAINS) – Indonésia.

LIVROS PUBLICADOS

1. **Dinâmica de classe e da mudança agrária** – Henry Bernstein – 2011
2. **Regimes alimentares e questões agrárias** – Philip McMichael – 2016
3. **Camponeses e a arte da agricultura: um manifesto Chayanoviano** – Jan Douwe van der Ploeg – 2016

Série Estudos Rurais

A **Série Estudos Rurais** publica livros sobre temas rurais, ambientais e agroalimentares que contribuam de forma significativa para o resgate e/ou o avanço do conhecimento sobre o desenvolvimento rural nas ciências sociais em âmbito nacional e internacional.

A **Série Estudos Rurais** resulta de uma parceria da Editora da UFRGS com o Programa de Pós-Graduação em Desenvolvimento Rural da Universidade Federal do Rio Grande do Sul. As normas para publicação estão disponíveis em www.ufrgs.br/pgdr/livros.

Comissão editorial executiva
Editor-chefe: Prof. Sergio Schneider (UFRGS). *Editor associado:* Prof. Marcelo Antonio Conterato (UFRGS). *Membro externo:* Prof. Jan Douwe Van der Ploeg (WUR/Holanda). *Conselho editorial:* Lovois Andrade Miguel (UFRGS); Paulo Andre Niederle (UFRGS); Marcelino Souza (UFRGS); Lauro Francisco Mattei (UFSC); Miguel Angelo Perondi (UTFPR); Cláudia J. Schmitt (UFRRJ); Walter Belik (Unicamp); Maria Odete Alves (BNB); Armando Lirio de Souza (UFPA); Moisés Balestro (UnB); Alberto Riella (Uruguai); Clara Craviotti (Argentina); Luciano Martinez (Equador); Hubert Carton Grammont (México); Harriet Friedmann (Canadá); Gianluca Brunori (Itália); Eric Sabourin (França); Terry Marsden (Reino Unido); Cecilia Díaz-Méndez (Espanha); Ye Jinhzong (China).

LIVROS PUBLICADOS

1. **A questão agrária na década de 90 (4.ed.)** – João Pedro Stédile (org.)
2. **Política, protesto e cidadania no campo: as lutas sociais dos colonos e dos trabalhadores rurais no Rio Grande do Sul** – Zander Navarro (org.)
3. **Reconstruindo a agricultura: ideias e ideais na perspectiva do desenvolvimento rural sustentável (3.ed.)** – Jalcione Almeida e Zander Navarro (org.)
4. **A formação dos assentamentos rurais no Brasil: processos sociais e políticas públicas (2.ed.)** – Leonilde Sérvolo Medeiros e Sérgio Leite (org.)
5. **Agricultura familiar e industrialização: pluriatividade e descentralização industrial no Rio Grande do Sul (2.ed.)** – Sergio Schneider
6. **Tecnologia e agricultura familiar (2.ed.)** – José Graziano da Silva
7. **A construção social de uma nova agricultura: tecnologia agrícola e movimentos sociais no sul do Brasil (2.ed.)** – Jalcione Almeida
8. **A face rural do desenvolvimento: natureza, território e agricultura** – José Eli da Veiga
9. **Agroecologia (4.ed.)** – Stephen Gliessman
10. **Questão agrária, industrialização e crise urbana no Brasil (2.ed.)** – Ignácio Rangel (org. José Graziano da Silva)
11. **Políticas públicas e agricultura no Brasil (2.ed.)** – Sérgio Leite (org.)
12. **A invenção ecológica: narrativas e trajetórias da educação ambiental no Brasil (3.ed.)** – Isabel Cristina de Moura Carvalho
13. **O empoderamento da mulher: direitos à terra e direitos de propriedade na América Latina** – Carmen Diana Deere e Magdalena León
14. **A pluriatividade na agricultura familiar (2.ed.)** – Sergio Schneider
15. **Travessias: a vivência da reforma agrária nos assentamentos (2.ed.)** – José de Souza Martins (org.)
16. **Estado, macroeconomia e agricultura no Brasil** – Gervásio Castro de Rezende
17. **O futuro das regiões rurais (2.ed.)** – Ricardo Abramovay
18. **Políticas públicas e participação social no Brasil rural (2.ed.)** – Sergio Schneider, Marcelo K. Silva e Paulo E. Moruzzi Marques (org.)
19. **Agricultura latino-americana: novos arranjos, velhas questões** – Anita Brumer e Diego Piñero (org.)

20. O sujeito oculto: ordem e transgressão na reforma agrária – José de Souza Martins

21. A diversidade da agricultura familiar (2.ed.) – Sergio Schneider (org.)

22. Agricultura familiar: interação entre políticas públicas e dinâmicas locais – Jean Philippe Tonneau e Eric Sabourin (org.)

23. Camponeses e impérios alimentares – Jan Douwe Van der Ploeg

24. Desenvolvimento rural (conceitos e aplicação ao caso brasileiro) – Angela A. Kageyama

25. Desenvolvimento social e mediadores políticos – Delma Pessanha Neves (org.)

26. Mercados redes e valores: o novo mundo da agricultura familiar – John Wilkinson

27. Agroecologia: a dinâmica produtiva da agricultura sustentável (5.ed.) – Miguel Altieri

28. O mundo rural como um espaço de vida: reflexões sobre propriedade da terra, agricultura familiar e ruralidade – Maria de Nazareth Baudel Wanderley

29. Os atores do desenvolvimento rural: perspectivas teóricas e práticas sociais – Sergio Schneider e Marcio Gazolla (org.)

30. Turismo rural: iniciativas e inovações – Marcelino de Souza e Ivo Elesbão (org.)

31. Sociedades e organizações camponesas: uma leitura através da reciprocidade – Eric Sabourin

32. Dimensões socioculturais da alimentação: diálogos latino-americanos – Renata Menasche, Marcelo Alvarez e Janine Collaço (org.)

33. Paisagem: leituras, significados e transformações – Roberto Verdum, Lucimar de Fátima dos Santos Vieira, Bruno Fleck Pinto e Luís Alberto Pires da Silva (org.)

34. Do "capital financeiro na agricultura" à economia do agronegócio: mudanças cíclicas em meio século (1965-2012) – Guilherme Costa Delgado

35. Sete estudos sobre a agricultura familiar do vale do Jequitinhonha – Eduardo Magalhães Ribeiro (org.)

36. Indicações geográficas: qualidade e origem nos mercados alimentares – Paulo André Niederle (org.)

37. Sementes e brotos da transição: inovação, poder e desenvolvimento em áreas rurais do Brasil – Sergio Schneider, Marilda Menezes, Aldenor Gomes da Silva e Islandia Bezerra (org.)

38. Pesquisa em desenvolvimento rural: aportes teóricos e proposições metodológicas (v.1) – Marcelo Antonio Conterato, Guilherme Francisco Waterloo Radomsky e Sergio Schneider (org.)

39. Turismo rural em tempos de novas ruralidades – Artur Cristóvão, Xerardo Pereiro, Marcelino de Souza e Ivo Elesbão (org.)

40. Políticas públicas de desenvolvimento rural no Brasil – Catia Grisa e Sergio Schneider (org.)

41. O rural e a saúde: compartilhando teoria e método – Tatiana Engel Gerhardt e Marta Júlia Marques Lopes (org.)

42. Desenvolvimento rural e gênero: abordagens analíticas, estratégia e políticas públicas – Jefferson Andronio Ramundo Staduto, Marcelino de Souza e Carlos Alves do Nascimento (org.)

43. Pesquisa em desenvolvimento rural: técnicas, bases de dados e estatística aplicadas aos estudos rurais (v.2) – Guilherme Francisco Waterloo Radomsky, Marcelo Antonio Conterato e Sergio Schneider (org.)

44. O poder do selo: imaginários ecológicos, formas de certificação e regimes de propriedade intelectual no sistema agroalimentar – Guilherme Francisco Waterloo Radomsky

45. Produção, consumo e abastecimento de alimentos: desafios e novas estratégias – Fabiana Thomé da Cruz, Alessandra Matte e Sergio Schneider (org.)

46. Construção de mercados e agricultura familiar: desafios para o desenvolvimento rural – Flávia Charão Marques, Marcelo Antônio Conterato e Sergio Schneider (org.)

47. Regimes alimentares e questões agrárias – Philip McMichael – 2016

48. Camponeses e a arte da agricultura: um manifesto Chayanoviano – Jan Douwe van der Ploeg – 2016

49. Pecuária familiar no Rio Grande do Sul: história, diversidade social e dinâmicas de desenvolvimento – Paulo Dabdab Waquil, Alessandra Matte, Márcio Zamboni Neske, Marcos Flávio Silva Borba (org.)

Impressão e Acabamento

(011) 4393-2911